ON THE PROTECTION OF THE RIGHT
TO LIFE IN THE PENAL CODE

刑法与生命：
生命权的刑法保护研究

朱本欣/著

中国出版集团
世界图书出版公司
广州·上海·西安·北京

图书在版编目（CIP）数据

刑法与生命：生命权的刑法保护研究 / 朱本欣著 . —广州：
世界图书出版广东有限公司, 2013.3
ISBN 978-7-5100-5877-6

Ⅰ . ①刑… Ⅱ . ①朱… Ⅲ . ①生命—刑法—研究 Ⅳ .
① D914.04

中国版本图书馆 CIP 数据核字（2013）第 050406 号

刑法与生命：生命权的刑法保护研究

策划编辑 孔令钢
责任编辑 黄 琼
出版发行 世界图书出版广东有限公司
地 址 广州市新港西路大江冲 25 号
http:// www.gdst.com.cn
印 刷 虎彩印艺股份有限公司
规 格 787mm × 1092mm 1/16
印 张 13
字 数 240 千
版 次 2013 年 3 月第 1 版 2014 年 3 月第 2 次印刷
ISBN 978-7-5100-5877-6/D · 0064
定 价 39.00 元

序

生命的过程是人们享有权利和自由的条件。在这个意义上，没有一项权利比生命权更为珍贵。作为现代社会中所普遍尊重的最基本人权，生命权的刑法保护问题，也为各国刑事立法、刑法理论所普遍关注和重视。在我国，虽然也有一些著述对相关问题进行了研究，但全面而系统地研究此课题的，目前还没有。朱本欣同志大胆选择生命权的刑法保护问题作为博士学位论文选题，不但具有重要的理论和现实意义，在生命科学正迅猛发展的背景下，也具有一定的前瞻性。

在以《生命权的刑法保护研究》为题的博士学位论文中，朱本欣同志以扎实的理论功底和孜孜以求的钻研精神，系统地探讨了生命权刑法保护的几乎所有问题。论文通过答辩后，作者又结合最新研究成果和国内外立法司法的最新动态进行了修改，始成本书。

本书主要从生命权的内涵、主体范围、历史与现状、侵犯生命权的具体罪名体系等方面出发，对生命权的刑法保护进行了较为系统的研究。概括来说，本书具有以下几个亮点。

首先，有充分的比较研究。有比较，才有鉴别。朱本欣同志收集了大量的域外最新生命权理论与刑事立法的文献，在充分的横向比较的基础上，对生命权的概念、主体范围、起止时间及认定标准、侵犯生命权的具体罪种等问题进行了细致的研究。

其次，密切联系民法学、伦理学、生命科学理论。关于生命权的内涵、主体范围等基础问题方面，本书借助民法学关于人格权的理论，展开对这些问题的探讨；在关于生命的含义、生命权平等保护的理论基础等问题上，则从生命伦理学的角度出发，深入探讨生命价值观、生命价值之所以平等的深层依据；在植物人、克隆人、胎儿的生命权问题上，紧密联系生命科学的发展，从生命权的本质属性上加以分析。

最后，立论可取，论证充分。文章旁征博引，在充分论证的基础上对诸多问题提出了自己的见解。如提出为凸显生命权之至上性，应在刑法分则中适当提前生命权犯罪的法条位置；为更好地实现罪刑法定与罪责刑相适应原则，同时更好地限制死刑的实际适用，应将故意杀人罪的量刑情节尤其是从重情节予以法定化；为保障胎儿的生命延伸利益，建议新增独立的杀害胎儿罪；为贯彻生命权的平等原则，应严禁以生命为牺牲利益的紧急避险，等等。这些主张和建议的提出，在论证上也是颇具说服力的。如在故意杀人罪犯罪情节法定化的探讨中，作者首先剖析了域外刑事立法中关于故意杀人罪量刑情节的规定情况，而后分析了我国刑法对此问题的立法态度及理由，对该理由予以理论上的辩驳，分析此种立法的弊端，而后探讨此种粗放式立法前提下司法机关所做弥补工作仍存在的问题，最后得出结论：应在刑事立法上对故意杀人罪量刑情节予以法定化。并且从具体的立法内容、立法形式方面做了进一步的阐述。

当然，本书也还存在一些需要进一步完善之处。如，关于基本罪与补充罪的划分标准问题，其他犯罪中致人死亡的行为在侵犯生命权的犯罪体系中的地位等问题，都值得进一步研究。此外，书中大陆法系的原文资料不够翔实，实证性研究也略感欠缺。但瑕不掩瑜，本书总体上仍是一本选题独到、条理清晰、颇有见解的学术专著。

作为朱本欣同志的博士生导师，对于她学术上的成长轨迹，我十分了解和关注。因此，看到本书的出版，我很是欣慰。希望朱本欣同志能继续潜心治学，在今后的工作中，进一步加强学术研究，取得更大的进步。

高铭暄
2012 年 11 月 30 日

前　言

有些权利是我们在任何社会中都该拥有的，我们就把这种权利叫做人权。[1]
而"人权"概念在最初提出时，是以实现人生命的价值和意义为目的的。正如巴黎第一大学宪法教授、宪法研究中心主任 Bertrand Mathieu 先生所言："人权，每一个人的权利，是以其生理过程的存在，即生命为条件的。人权不仅关系到一个特定的理想或意识形态，即人性；同时也关系到一个具体的个人，其载体是生命的过程。因而，生命权被认为是旨在保障这一生命过程，而生命过程是人民享有权利和自由的条件。在这个意义上，生命权被视为第一人权。"[2]

正是缘于生命权作为自然人最重要的基本权利这一重要地位，其在国际人权法领域得到了广泛的关注。

在国外刑法学界，如何实现生命权刑法保护并加大保护力度，也日益引起重视。早在 1957 年美国学者威廉姆斯（G. Williams）即已出版其个人专著《生命神圣与刑法》，从避孕、堕胎、杀婴、自杀以及安乐死几个方面探讨刑法对生命的保护。1962 年爱尔兰学者答利（C. B. Daly）也出版了其著作《道德法和生命：对一本书的考察：生命神圣与刑法》，对前述威廉姆斯该书所持观点予以批评。1987 年出版的日本齐藤诚二教授的个人专著《刑法中生命的保护》，也从器官移植、尊严死以及胎儿伤害等几个方面对刑法中生命的保护予以探讨。不仅如此，2000 年 10 月在韩国召开的国际性刑法学术会议上，其主题亦为"刑法对生命的保护"。此次会议德、日、韩等国均有著名刑法学者参加。此次会议中，德国刑法学家 Roxin 就胚胎保护、妊娠中止的规制、安乐死、脑死亡、器官移植等众多涉及生命权的重要问题进行了深入的探讨。

随着人权理论研究的逐步深入，20 世纪末期以来，生命权也越来越引起了我国法学研究者们的关注。其中尤以宪法学法理学研究者为甚。如韩大元教授所著的《生命权的宪法逻辑》（译林出版社 2012 年出版）、赵雪纲博士的论文《论

---

[1]Ronald Dworkin.*Rights as Trumps*.Jeremy Waldron ed. Theories of Rights.Oxford University Press，1984.

[2] 转引自韩大元：《生命权的宪法逻辑》，译林出版社 2012 年版，第 2—3 页。

人权的哲学基础：以生命权为例》（后于 2009 年由社会科学文献出版社出版）、上官丕亮博士的论文《宪法与生命：生命权的宪法保障研究》（后于 2010 年由法律出版社出版）。从刑法角度研究生命权之保障者，多在研究生命科技犯罪或医疗刑法中有所涉猎。前者如刘长秋教授之《生命科技犯罪及现代刑事责任理论与制度研究》（上海人民出版社 2011 年版）与《生命科技犯罪及其刑法应对策略研究》（法律出版社 2006 年版）、熊永明博士之《现代生命科技犯罪及其刑法规制》（法律出版社 2012 年版）。后者则如刘维新博士所著之《医事刑事法初论》（中国人民公安大学出版社 2009 年版）、杨丹博士所著之《医疗刑法研究》（中国人民大学出版社 2010 年版）。从刑法学的角度全面研究生命权之保护者，则尚未见。尽管目前国内刑法界公开发表的研究死刑的专著已屡见不鲜，研究杀人罪、安乐死的专著也均有出版。更不用说关于死刑、安乐死、故意杀人罪的文章可谓汗牛充栋。但其中从生命权的角度着眼者，屈指可数，更弗论系统研究生命权之刑法保护。

而且，即使是对死刑之存废、安乐死应否合法化、死亡标准之确立等问题的讨论，学界亦往往从死刑是否有效威慑犯罪、节省医疗资源、解决器官移植供体等纯粹功利主义的立场出发，将生命作为一种增进和满足某种目的的手段。这种思路显然有违现代人道主义观念。"人道主义的观点正是由个人——而不是别的什么人——决定着他或她自己的生命质量和延续其生命的欲望程度。"[1] 而从权利之应然出发，一旦当生命也可以功利主义为基础来进行衡量时，则人权概念和权利理念的意义，实在已经丧失殆尽。

感于生命权之刑法保护国内外关注程度之巨大差异，并期望倡导对生命保护之人本主义立场，笔者以《刑法与生命：生命权的刑法保护研究》为题，写就此书。

---

[1]〔美〕保罗·库尔兹：《21 世纪的人道主义》，肖峰等译，东方出版社 1998 年版，第 359 页。

目　　录

第一章　生命权法律保护概要

第一节　生命与生命观念

一、生命的含义

在不同的学科，生命有着不同的界定。从最一般的意义上讲，生命是一种最高级、最复杂的运动形式，它是蛋白质的存在方式，表现为无数种植物和动物的形态。本书所讨论之生命，仅指人之生命。

对生命本身的认识，直接关系到我们对人自身价值的认识和正确认识生死。

概括而言："人是处于直接社会关系中，扮演一定的社会角色，具有或可能具有自我意识，能劳动或具有劳动潜能的生物实体。"[1]

人的生命具有自然属性和社会属性两方面的特征。

（一）自然属性

关注人的自然属性，是说人的生命是自然生成的生命体，是两性结合、自然繁衍的生命结晶。或许有人会提出目前人工辅助生殖技术下出生的婴儿是否属于"自然繁衍"的问题。对此，我们的答案当然是肯定的。因为目前的人工辅助生殖技术，虽然可以体外受精、试管培育，但仍然是两性精子与卵子的结合，并在母亲的子宫中发育直至分娩。在这个意义上说，它仍是两性自然繁殖的结果，是两性结合、自然繁衍的生命结晶，具有人的生命的自然属性。

在此问题上真正存在疑问的，是克隆人是否具有人的生命之自然属性问题。

所谓克隆人，是指从被复制人的身上取出一个细胞，将它的基因与一个

---

[1] 彭开坤等：《中国社会主义医学伦理学》，青岛海洋大学出版社 1999 年版，第 46 页。

剥离基因的卵子细胞结合，让其在实验室中长成胚胎，移植到母体子宫内发育成熟后产下的与被复制人几乎一模一样的类人生物体。自从克隆羊多利诞生之后，人们对克隆技术将会被应用于人类充满了忧虑，这种忧虑在美国芝加哥科学家理查德·锡德 1998 年宣布其"克隆人计划"后更是得到了前所未有的加强。1991年 11 月 11 日，联合国科教文组织第 29 届大会在巴黎通过的《世界人类基因组与人权宣言》即明确表明了其反对利用克隆技术繁殖人的态度。1998 年 1 月 12日，在锡德公开其"克隆人计划"后仅一周，欧洲 19 个国家：法国、丹麦、立陶宛、芬兰、希腊、爱尔兰、意大利、拉脱维亚、卢森堡、摩尔达维亚、挪威、葡萄牙、罗马尼亚、斯洛文尼亚、西班牙、瑞典、马其顿、土耳其、圣马力诺，又在巴黎签署了一项严格禁止克隆人的协议。不仅如此，各国政府也纷纷立法严格禁止克隆人。如美国前总统克林顿曾要求国会立即立法禁止克隆人。在他的呼吁下，美国加利福尼亚州率先通过法案，规定对从事克隆人的技术机构的最高罚款为 1 000 万美元，个人罚款为 25 万美元；俄亥俄州、威斯康星州等州的议员也纷纷提交将克隆人类的行为定为重罪的提案。日本则于 2000 年 11 月立法，禁止克隆人类，违者的最高刑罚为十年监禁和 1 000 万日元的罚金。意大利众议院2002 年 6 月 18 日通过的一项关于人工生殖的法案规定，对试图进行人体克隆的人可判处最多二十年的徒刑；法国卫生部长让·弗朗索瓦·马太也曾于 2003 年1 月 21 日公布了一项法律草案，宣布法国把克隆人类的行为确定为"反人种罪"，违者可被判处二十年或更长时间的监禁。德国联邦议会、加拿大参议院社会事务委员会、英国政府也纷纷通过新法案，反对克隆人。[1] 我国卫生部前部长陈敏章也曾代表我国政府，明确表示反对克隆人。该立场也体现在已于 2004 年 1 月 13日印发全国相关单位的《人胚胎干细胞研究伦理指导原则》之中。该指导原则第四条规定："禁止进行生殖性克隆人的任何研究。"[2]

尽管国际社会和各国家或地区都曾明确禁止克隆人（虽然它们之间也存在着全面禁止与仅禁止生殖性克隆的区别），但"治疗性克隆"所描绘的美好前景，同时在生产移植器官和攻克疾病方面具有极大的诱惑力。正是基于此考虑，在美国、法国、澳大利亚等国，也逐渐听到了要求放松对治疗性克隆限制的声音。2000 年 8 月 23 日美国总统克林顿宣布，统一利用联邦资金进行克隆人类胚胎的研究；2001 年 8 月 9 日美国总统布什发表电视讲话，宣布他决定允许联邦政府拨款资助人胚胎干细胞的研究；2009 年 3 月 9 日，美国总统奥巴马签署行

---

[1] 以上各国政府对克隆人的态度，参见新华网 2001 年 11 月 23 日、2002 年 6 月 19 日、2003年 1 月 19 日、人民网 2003 年 1 月 23 日、2004 年 3 月 4 日等相关报告。

[2] www.people.com.cn/GB/keji/1056/2295854.html。

政命令宣布解除对用联邦政府资金支持胚胎干细胞研究的限制。奥巴马还表示，在适当的指导方针和严密监管下，胚胎干细胞研究可能带来的相关危险是可以避免的。[1] 克隆人出现后的法律地位却仍是一个不容回避的问题。

2002 年 12 月 27 日，克隆援助公司总裁 Brigitte Boisselier 声称，一位 31 岁的英国妇女 26 日通过剖腹顺利生下了名叫"夏娃"的"世界首例克隆婴儿"。一时引起轩然大波。但多数科学家对克隆人诞生的新闻表示质疑，认为这可能是人类历史上的又一个科学谎言。他们认为，虽然克隆人在理论上是可行的，但要真正完成克隆人的工作要面临复杂的技术问题。凡是参与过动物克隆的科学家都知道，要成功克隆一个动物，首先要经历无数次的失败。克隆动物的成功率大约为 2%。而且这样诞生的克隆动物很可能具有某些方面的生理缺陷，如肾脏和心脏功能不全等。大部分在出生不久就会死亡。所以他们很怀疑这家与宗教有关的公司有没有这样的实力成功地完成人的克隆。[2] 随后美国科学家们更进一步以克隆早期猴胚胎进行实际实验研究，指出，现有克隆技术"对灵长目动物并不适用"，因为"灵长目动物繁殖过程中对纺锤体组装的要求比其他哺乳动物更为严格"。[3]

技术上的难题，随着生命技术的进一步发展，或许在不久后的将来会被攻克，克隆人不再是谎言，而是活生生站在我们面前的、视觉效果与你我无异的"人"。届时，克隆人是否能毫无差异地被赋予法律意义的生命权呢？

从物种上看，克隆人具备与被复制对象完全一致的人类基因。因此，若从物种分类上划分，其似乎也应属于人之生命，并进而与正常人一样享有生命权等一系列基本权利。但笔者认为，从人之生命的自然属性对生命的自然生成的要求上看，克隆人为单性繁殖的产物，而非两性结合的生命结晶。而且，其自产生起即并非作为一种有尊严的"人"，而不过是一种实验成果与对象，不具有我们所说的人本身即为目的而非手段的终极价值。因此，笔者认为，即使克隆人真的产生，它也并非人的生命，不属于我们所要讨论的生命权的法律保护的对象。当然，克隆人关乎科技、医学、哲学、伦理和法律等多个学科，具有相当的复杂性，鉴于篇幅所限，本书在此不做进一步的研究。

---

[1]《奥巴马解除对用联邦政府资金支持胚胎干细胞研究的限制》，新华网新闻中心，http://news.xinhuanet.com/newscenter/2009-03/10/content_10979235.htm。

[2] 参见《多数科学家对克隆人诞生的新闻表示质疑》，搜狐 IT 频道 it.sohu.com/67/87/article205288767.shtm。

[3] 参见《美国最新研究结果显示：现有技术无法克隆人》，搜狐 IT 频道，it.sohu.com/11/71/article208387111.shtm。

（二）社会属性

根据美国医学和胎儿学家的研究，胎儿到43天后就有了跳动着的心脏和产生脑电波的大脑，13周后则确切地能体验疼痛。因此，从生物意义上讲，在其出生以前，已经完备了作为人的物质基础——脑的发育与成熟，在相当程度上具有了人的自然属性。但由于其此时仍未独立存在，与他人互动扮演一定的角色，即尚未具备人的社会属性，一般不认为其为社会科学意义上人的生命。

二、生命观念

生命伦理学关于生命观念，主要有生命神圣论、生命质量论和生命价值论。

（一）生命神圣论

生命神圣论是一种古老的伦理观念。我国古代传统的伦理观念认为："人命至重，有贵千金。"古希腊的毕达哥拉斯则提出："生命是神圣的，我们不能结束自己和别人的生命。"而历代基督教和天主教主张："谁杀死自己就是对上帝的犯罪。"佛教则认为宇宙中存在的各种生命现象都是生命之法的安排，也是生命之法的体现，任何生命都潜藏着佛的生命种子，并可以通过修行变革自身的生命状态。所以，所有生命都是宝贵的，都应该加以尊重，而不应随意杀生。

现代生命神圣论者则从强调任何人类生命，无论其形式、状态或所处阶段，都应得到确认、珍爱和尊重的角度认识生命。他们将生命神圣具体化为以下几点：①对人种的存在和完整性给予充分的考虑。这里强调的是人类至少主要类似于现在，在尘世中的继续存在。②对家族存在与完整性的尊重。③肉体生命的完整性，其核心是，个人应当被允许活着并享受他的伙伴们所给予的保护。④一个人应当被允许做出明显关乎其个人命运的选择，不受他人精神或情绪的操纵所妨碍；⑤个人个体肉体的完整性。个人的身体，包括其器官，不受侵犯。[1]

生命神圣论充分强调了生命的神圣性，把生命置于绝对不可侵犯的地位。应该说，它立足于个体生命价值的认识，维护自然人的生命权利，有助于捍卫人类生命的尊严，对于我们在现代法治中强调生命权的法律保护也能提供强有力的伦理基础。当然，对于古代生命神圣论中的一些陈腐观念应予摒弃，如不允许对生命体做任何改进或修补的主张实际是不利于生命价值之实现的。

（二）生命质量论

生命质量论是以人的自然素质优劣高低来衡量其生命存在对自身、他人及

---

[1]http://imc.gsm.com/demos/dddemo/consult/sanctity.htm。

社会的价值的一种学说，主张以生命质量的优劣来确定生命存在有无必要。生命的质量主要取决于个体的身体、智力状态、人际交往在社会和伦理上的相互作用等方面。

生命质量论认为，医务人员的目标应是给患者提供最大程度的愉悦，并最大限度地减少患者的痛苦，提高其生命的质量，只要是有助于实现这一目标的行为就是善的和道德的。由于对不符合生命质量标准的人进行治疗不能给其增添快乐和幸福，无助于减少其痛苦，因此放弃或不予治疗的行为是善的。这在伦理上体现了功利主义的思想。

生命质量论的出现使得人类对生命的态度由繁衍和维系生存的低层次过渡到提高生命质量的高层次上来，为人们认识和处理生命问题提供了重要的理论依据，可以作为一定情况下是否延长、维持或结束生命的依据，如对缺陷新生儿的处理等。但从该论出发，健康状况恶劣的人，包括晚期癌症病人、严重残疾的人、植物人、智商低于 20 的人等，其生命质量都被认为已经足够低到不应该维持的水平，应予终止。如此理解，虽能为社会减轻压力，却足以让活着的人们心寒。

（三）生命价值论

生命价值论认为，人的生命价值在于能进行创造性的劳动，改造生活环境。并认为，生命价值包括两个方面：①生命的内在价值，即由生命质量所决定的生命的自我价值；②生命的外在价值，即某一生命对他人、对社会的意义，也就是社会价值。

生命价值论主张以生命的价值来衡量生命存在的意义，强调生命对他人、对社会、对人类的贡献。然而，从理论上讲，人的生命都是无价的，以外在的价值标准去衡量一个人的生命价值，有失公平与公正。因此，学者主张，"只能从生命的内在本质去理解"生命价值，"在生命价值领域，生命的价值只能体现在生命的质量上，而不能以任何其他的价值标准去衡量"。[1]注重个体的工具性价值，而忽视了其存在目的性价值的生命价值论在此意义上，不能不说有把个人当作为他人和社会服务的工具的嫌疑。

（四）小　结

综合分析前述各种生命观念，我们的选择只能是以生命神圣论为基础，以生命价值论、生命质量论为补充的统一论。因为，从根本上说，生命存在与生命质量是对立统一的：生命存在是表现形式，而生命质量是内涵。不存在无生命质

---

[1] 徐宗良等：《生命伦理学理论与实践探索》，上海人民出版社 2002 年版，第 47 页。

量的生命体，也不存在无生命形式的生命质量。生命神圣是生命价值和生命质量的前提和归宿；生命神圣在于生命的价值。对生命神圣性的敬畏是捍卫生命质量和价值的内在动因，否则，仅仅以质量和价值来衡量人的生命，有可能把人降低到一般动物的水平，甚至会导致不可想象的后果。生命价值和生命质量是生命神圣的补充。在坚持生命神圣的基础上，不断地提高生命质量，执着地追求生命价值，是现代生命伦理道德的核心。而在此统一论中，生命神圣论必须是我们牢牢把握的前提，尽管在某种程度上，由于种种原因，它或有乌托邦之嫌。但"人权的目标如同自然法的目标一样，是尚未实现的一种承诺，是一种反对现在的不确定性。……当人权失去了乌托邦的目标时，人权也就终结了"[1]。

第二节　生命权之内涵

一、生命权的概念

一般认为，生命权是以民事主体的生命利益为客体的权利，是一种人格权。然对于生命权具体之所指，学界的认识却是聚讼纷纭，莫衷一是。

观点一，认为："生命权者，不受他人之妨害，而对于生命之安全，享受利益之权利也。"

观点二，认为："生命权，为享受生命安全之人格的利益之权利。"

观点三，认为："生命权是指公民在社会上生存的权利。"

观点四，认为："生命权是自然人以其性命维持和安全利益为内容的人格权。"

观点五，认为："生命权是以公民的生命安全的利益为内容的权利。"[2]

上述各定义中，存在的共性是：各种主张大多强调生命安全利益是生命权的一个基本方面。分歧主要体现于对生命权的具体内容、权利主体以及生命权与生存权的关系等问题的认识。

（一）生命权的主体

由谁人作为权利主体享有生命权？厘清这个问题，是正确确定生命权法律保护（包括刑法保护）范围、方法以及有效解决诸如对安乐死是否应合法化、死刑之存在等一系列相关问题的根源。

---

[1]［美］科斯塔斯·杜兹纳：《人权的终结》，郭春发译，江苏人民出版社 2002 年版，第 408 页。

[2]以上各分歧观点参见王利明、杨立新主编：《人格权与新闻侵权》，中国方正出版社 2000 年版，第 216 页。

　　目前对生命权主体范围的认识，存在着宽窄不一的多种认识。最为宽泛的观点认为，生命权为一切有生命的动物所享有。如美国学者雷根即认为动物具有与人类相同的重视自己生命的能力，其具有"固有价值"和"对生命的平等的自然权"，认为应承认动物也拥有同等的天赋价值，动物权利运动是人权运动的一个部分。[1]根据他的观点，合乎逻辑的结论即为动物也享有生命权。稍微狭窄的观点则认为，生命权的主体应为人类（human being），包括尚处于妊娠之中的胎儿。如根据阿肯色州的刑法规定，杀害已经受孕12周或者更长的时间的"未出生的胎儿"的，构成致命谋杀罪、一级谋杀罪、二级谋杀罪、一般杀人或者过失致人死亡罪。[2]而上述各罪显然都属于侵犯生命权的犯罪。在我国民众中，也有人主张对于致胎儿死亡的行为以故意杀人罪追究行为人刑事责任，[3]但该主张尚属少数。关于生命权的权利主体，多数人的观点认为，生命权为自然人所享有。此外，尚有生命权属于国家、生命权属于对生命有权利主张的人或组织以及生命权由"个人、国家、个人主要亲属以及同生命有直接重大利害关系的人共有"等几种主张。[4]

　　笔者认为，对于生命权主体范围的理解，应采取"自然人权利主体说"为妥。生命权主体理应为自然人，包括公民、外国人和无国籍人。理由是：

　　（1）诚然，随着人类活动范围的逐步扩大，动物的活动领域也越来越小。加之人类的破坏性活动，有些野生动物已经或者濒临灭绝。为了维护生态平衡，现代人们越来越注重对动物的保护，如，我国《野生动物保护法》第八条明确规定："国家保护野生动物及其生存环境，禁止任何单位和个人非法猎捕或者破坏。"对动物生命保护的刑法保障具体体现为各国普遍设定了保护野生动物的罪刑规定。如1997年《中华人民共和国刑法》（以下简称《刑法》）第三百四十一条规定："非法捕猎、杀害国家重点保护的珍贵、濒危野生动物的，或者非法收购、运输、出售国家重点保护的珍贵、濒危野生动物及其制品的，处……。违反狩猎法规，在禁猎区、禁猎期或者使用禁用的工具、方法进行狩猎，破坏野生动物资源，情节严重的，处……"

　　然而，法律保护野生动物及其生存环境，是否就意味着赋予其生命权呢？

[1]参见［美］T·雷根：《关于动物权利的激进的平等主义观点》，载《哲学论丛》1999年第4期。
[2]See State Homicide Laws That Recognize Unborn Victims. National Right to Life. www.nrlc.org/Unborn_Victims/Statehomicidelaws092302.html。
[3]参见《踩死胎儿该如何定罪》，新华网，http://big5.xinhuanet.com/gate/big5/news.xinhuanet.com/comments/2003-02/19/content_734697.htm。
[4]参见孟祥虎：《由生命权看安乐死》，http://www.law999.net/dissertation/doc/MSFA/2003/06/07/00003365.html。

答案显然是否定的。正如德国民法界认为，将动物当作权利主体来看待，这种看法本身就是荒谬的。因为，法律关系主体是一定权利的享有者和义务的承担者。而动物作为非人类，不具有也不可能具有享有权利和承担义务的能力。作为法律概念的生命权，只有人类才可能成为其主体，依法享有。

（2）生命权属于国家的主张，在文明社会中，也难有市场。倘若个人的生命权归属国家所有，那么，国家将有权根据自己的意志和利益而决定公民的生死，在国家利益（也即统治阶级的利益）与公民生命不能两全时，国家将有权剥夺公民的生命。这在统治者为"绝对完美的哲学家"之前，将是极其危险的。

（3）至于生命权属于对生命有权利主张的人或组织以及"个人、国家、个人主要亲属以及同生命有直接重大利害关系的人共有"的主张，即使不论"对生命有权利主张"和"同生命有直接重大利害关系"的概念之模糊性，其本身也是难以维持的。个人的生命权若由父母、配偶、子女、债权人等"对生命有权利主张"的人享有，将导致个人对自己生命无权决定，只能听命于他人意志的状况出现。这将是不可思议的。主张个人自己作为生命权共有人之一的观点认为："一切的重大关乎以上主体直接重大利害关系的抉择都必须经过以上这些主体的一致同意，不能忽略一个方面的主体"，"任何一方越权剥夺生命都要受到国家的惩罚"。这种设计在自杀行为早已不再以犯罪论处的今天，也并非事实。

（4）反对生命权主体为自然人自身的理由主要是：①认为生命权所承载的生命利益已超越了纯粹私人利益的范畴，而进入了社会利益的领域。人作为社会最基本的构成分子，同时也是社会最宝贵的资源。非法剥夺一个人生命的行为，在侵害个人生命权的同时也侵犯了社会秩序与国家利益，是对整个社会和国家的挑战。②认为若个人生命权完全属于自然人本人，则难以解释自然人生命丧失后，受害人近亲属享有民事损害赔偿请求权的依据。

实际上，这两个问题的解决并非必须从生命权主体上寻找突破口。我们丝毫也不否认，在社会大家庭中，作为社会一分子的每个自然人，其生命对于社会都具有重要意义。因为，正是这一个个独立的生命组成了整个社会。侵犯个人生命的行为同时也侵犯统治阶级的统治秩序和利益，因而各国刑法都将非法剥夺他人生命的行为规定为最为严重的犯罪或最严重的犯罪之一。然而，这与对生命权主体的确认是两个不同的问题。如同抢劫、抢夺、侵占、诈骗等违法犯罪行为所侵犯财产所有权主体为公民个人时，也无碍于对该行为做出侵犯了统治秩序的评价一样。至于受害人近亲属享有民事损害赔偿请求权的依据，也不在于受害人近亲属完全享有或与人共有受害人的生命权，而在于受害人与其近亲属之间为法律所认可的亲密社会关系（身份利益）受到侵害。该请求权的产生不过是为了维护社会正义，有效填补因亲密社会关系意外断裂而产生的利益真空，而所做的一种民事补救。它与生命权主体身份的确认之间，并无直接的联系。

故笔者认为，生命权之主体应为自然人自身，而非国家或其他自然人或组织。本节文首所列举的诸定义关于生命权主体的界定，基本都是合适的。可喜的是，随着理论在争议中的不断发展，目前在我国民法学领域，关于生命权"只能由自然人享有"，已基本达成共识并成为通说。[1]

当然，前述分歧观点中，有的学者将生命权的主体概括为"公民"，存在一定问题。因为，根据我国《宪法》，公民是具有一国国籍的自然人。据此，不具有公民身份的无国籍人虽具有生命，却并不享有生命权。这显然是难以令人信服的。

值得注意的是，只有自然人方享有生命权，但是否一切人类（human being）均毫无例外地都享有生命权呢？或许有人会认为笔者多此一问。然而，从历史来看，确有不享有生命权之人存在。在奴隶社会，奴隶虽为自然人，却并不享有生命权，在法律上，作为"会说话的工具"，其与作为民事法律关系客体的其他"物"并没有本质的区别。如《萨利克法典》中"关于偷窃奴隶"部分即规定："如果有人偷窃奴隶、马匹或驮兽，应罚付一千二百银币，折合三十金币。"[2] 在"会说话的工具"的法律地位下，奴隶可以被奴隶主任意买卖或者处死，毫无生命权可言。正如韩大元教授所指出的："生命是一种自然现象，但生命权主体的认定是一种法律行为，通过立法者的活动最终确定。"[3] 在法律视野中，只有被法律所认可的自然人才是生命权的权利主体。

（二）生命权与生存权

从世界范围来看，生存权在不同的国家，其含义有所不同。大体来说，"生存权"的概念在以下三种意义上使用。

1. 生存权即为生命权

在德国、俄罗斯、哈萨克斯坦、罗马尼亚、克罗地亚、保加利亚等国宪法中，"生存权"的含义即为生命权。如，1991年《保加利亚宪法》第28条规定："每个人均有生存权。侵害人的生命被视为最严重的犯罪而受到惩罚。"

2. 在日本，生存权被认为是最低生活保障权

日本宪法第25条关于"所有国民均享有维持健康且文化性的最低限度生活

[1] 参见王利明：《人格权法研究》，中国人民大学出版社2012年版，第267—269页。
[2]《萨利克法典》，法律出版社2000年版，第8页。
[3] 韩大元：《论生命权的宪法价值》，载张庆福主编：《宪政论丛》（第4卷），法律出版社2004年版，第109页。

的权利"，被认为是对生存权的明确规定。日本教授大须贺明在其著作《生存权论》中即明确指出："生存权是一种靠国家的积极干预来实现人'像人那样生存'的权利。"[1]

3. 在我国，生存权主要指国家独立权和人民基本生活保障权

《中国人权状况》指出："国家不能独立，人民的生命就没有保障"，"争取生存权首先要争取国家独立权"，"国家的独立虽然使中国人民的生命不再遭受外国侵略者的蹂躏，但是，还必须在此基础上使人民享有基本的生活保障，才能真正解决生存权问题"，"人民的温饱问题基本解决了，人民的生存权问题也就基本解决了"。上述表述中所使用的"生存权"，侧重于作为集体人权的国家独立权和生活保障权，它与我们所谈的作为自然人个人所各自享有的生命权存在明显的不同。在强调国家权力所起作用方面，前者强调国家权力在维系生命中采取积极措施的作用，侧重于国家的作为义务，多表现为对国家权力的命令性规范；而后者则强调国家制定相关法律法规，禁止其他自然人或组织（包括国家自身）随意剥夺他人的生命，侧重于义务主体（生命权主体以外的一切人）的不作为义务，多表现为禁止性规范。

前述关于生命权的定义之三认为"生命权是指公民在社会上生存的权利"，实际是对生命权采取了广义的解释。相对于狭义的"生命权"概念所谈的狭义的"生命权"指人权宪章和国际人权公约中规定的任何人的生命不被无理剥夺的权利而言，对生命权持广义理解的学者认为，广义的"生命权"是指人生活中的各种权利，包括人的政治、经济、文化、教育等权利的各个方面，而且不仅要将生命权作为消极人权解读，而且要将之作为积极人权来解读。作为消极的人权，国家不应任意剥夺公民的生命权；作为积极的人权，"国家应致力于推进生命权的质量，首先是生存的问题、生存质量问题[2]。此种理解也有其合理性。从宪法、法理等领域来看，生命权的保护也需要国家的积极举措。也正是在这个意义上，联合国人权委员会认为，狭义的生命权"做了过于狭隘的解释"。[3]但在本书的研究中，作为部门法所保护的某一项具体人身权利，笔者认为，仍应以狭义说更为合适。

（三）生命权的内容

准确定义生命权，离不开对生命权具体权能的正确认识。

---

[1] ［日］大须贺明：《生存权论》，林浩译，法律出版社 2001 年版，第 3 页。

[2] 参见李连泰：《国际人权宪章与我国宪法的相关比较》，载《中共浙江省委党校学报》1999 年第 5 期，第 86 页。

[3]*The Concept and Dimensions of the Right to Life.*in B. G. Ramcharan ed.*The Right to Life in Intemational Law.*Dordrecht/Bostort/Lancaster：Martinus Nijhof Publishers，1985，pp.4-5.

生命权的内容，是指自然人就其生命所享有的利益。生命权与其他人身权利之间的一个显著的区别是：一般情况下，生命权并不存在行使的问题，往往在受到侵害的时候才凸显其意义。

早些年，民法学、宪法学等领域存在不多的一些关于生命权内容的讨论。概括起来，具有代表性的有以下三种主张：

（1）认为生命权的内容包括自卫权和请求权。[1] 所谓"自卫权"，是指当自己的生命面对正在进行的危害或即将发生的危险时，有权依法采取相应的措施自卫，或者采取紧急避险措施以防止危险。自卫权的行使表现在刑法领域主要体现为正当防卫权和紧急避险的权利。请求权则是指当公民的生命遭受不法侵害时，其本人或者家属有权要求司法机关追究加害人的法律责任。

（2）认为生命权以性命维持和安全利益这两项为其基本内容。[2]

（3）认为生命权的内容包括生命安全维护权、司法保护权和生命利益支配权。[3]

客观地说，上述各种主张各有其可取之处，至少它们都直接或间接地强调了生命安全利益对于生命权这一基本人权的重要意义，尽管它们也同时存在着这样或者那样的不当之处。①自卫权本身并不是生命权的一项独立的权利内容，而只是生命安全维护权的一项具体内容。②性命维持与安全利益并非生命权独立的两项内容，而是作为整体的生命安全维护权的具体内容。③生命支配权并非生命权的基本内容。

上述持第三种观点的学者认为："否认生命利益支配权，将使生命权的内容不完整"，无法解释现代社会中的献身和安乐死问题，并进而认为："奉献生命，体现了生命权人对生命利益的支配或处分"，"认识安乐死的关键"，也"在于公民是否有生命利益的支配权"。[4] 笔者认为，该论者意图有效解决献身、安乐死等实际问题的出发点和为此所做努力还是值得肯定的，但将该问题的解决寄希望于赋予生命权人以生命利益支配权却只能是徒劳无功。

（1）我们知道，支配权是一种无须他人同意即可自主支配，并排斥一切他人干涉的权利。正如德沃金所言："在大多数情况下，当我们说某人有权利做某事的时候，我们的含义是，如果别人干预他做这件事，那么这种干预是错误的，或者至少表明，如果为了证明干涉的合理性，你必须提出一些特别的理由。"[5]

[1] 参见徐显明主编：《公民权利义务通论》，群众出版社1991年版，第243页。

[2] 参见张俊浩主编：《民法学原理》，中国政法大学出版社1991年版，第143页。

[3] 参见王利明、杨立新主编：《人格权与新闻侵权》，中国方正出版社2000年版，第230页。

[4] 杨立新：《人格权法论》，人民法院出版社2002年版，第468—475页。

[5] ［美］罗纳德·德沃金：《认真对待权利》，信春鹰、吴玉章译，中国大百科全书出版社1998年版，第249页。

承认自然人享有生命利益支配权，合乎逻辑的结论是：其自主支配其生命，无论其本人处分或允许他人处分，都是行使基本权利的行为，任何国家、组织或者个人不得干涉，否则即为对其生命权的侵犯。这一结论至少与当代中国的法律、法规和政策并不一致。我国台湾地区"行政执行法"第37条第2项规定："意图自杀，非管束不能救护其生命者"得管束之。《中华人民共和国人民警察法》第二十一条也规定："人民警察遇到公民人身、财产安全受到侵犯或者处于其他危难情形，应当立即救助。"根据该条的规定，2003年5月6日公通字〔2003〕31号文《公安部关于印发110接处警工作规则的通知》第二十九条将"发生溺水、坠楼、自杀等状况需要公安部门紧急救助的"列为110报警服务台受理求助的范围的第一项。实践中，公安部门接到关于自然人自杀的报警或一般公民、组织得知他人意欲自杀后，往往也会不遗余力地进行阻止，且这种阻止通常会得到社会的广泛赞誉。不仅如此，在我国杭州、西安、广州等市甚至以行政规章的形式明确了其应当承担的行政责任。如西安市公安局发出的通知指出：一段时期以来，个别人为解决民事纠纷，攀爬供电、通信、水塔等公共设施及其他民用高大建筑物，扬言自杀，要挟他人，这种行为造成不良社会影响，是扰乱公共秩序的行为。公安机关对此类行为除及时实施营救外，还应根据其行为对公共秩序造成的危害结果，予以处罚。[1]与我国从侧面否定生命权主体享有生命利益支配权的做法不同的是，加拿大刑法明确否定了生命权人的生命利益支配权。其刑法典第14条明文规定："任何人无权同意将自己处死，不得因被害人同意而影响加害人之刑事责任。"

（2）从法理上看，生命利益支配权也并非法律权利。统治阶级根据自己的意志和利益，给予现实存在的社会现象以法律评价，具体说来有三种态度：合法、违法和适法。法律对于符合统治阶级利益、有利于统治秩序的行为，评价为合法行为；对于严重不符合统治阶级利益、不利于统治秩序的行为，评价为违法行为，并通过赋予行为人以法律责任加以规制；而对于少数行为，则既不评价为合法行为，也不认为是违法行为，不纳入法律评价的范围，而通过其他社会规范予以调整。如婚姻法之于订婚行为。现代法律，包括刑法，对于生命权人处分自己生命行为的态度，正是将其作为适法行为。也就是说，生命权人在自杀行为中，对于生命的处分，只是一种事实上的支配，而非法律上的行使权利的行为。如此，既反映了统治阶级对于自杀行为的否定态度，同时也考

---

[1]参见《西安公安局发出通知　爬楼"自杀"将受治安处罚》，华商网新闻，http://news.huash.com/gb/news/2004-04/26/content_984536.htm。

虑到了法律对于自杀行为的宽容和刑法的谦抑性。

　　当然，西方历史上自杀也曾经作为一种合法行为而存在。雅典法律规定："不愿再活下去的人应该向元老院说明理由，并在得到许可后去死。如果你觉得生活不愉快，你可以死。如果你运气不好，可服毒芹汁自尽，如果你被痛苦压倒，你可以弃世而去，不幸的人应该说出他的不幸，法官应该向他提供补救的办法，他的苦难就可以结束。"[1] 这就是说，若说明生活难以忍受的理由并得到元老院批准，自杀即为合法行为。然自5世纪，希坡大主教圣·奥古斯丁首次宣称自杀殉教是一种罪过起，自杀在西方各国长期被认为是一种犯罪行为。首次宣布自杀是犯罪的是452年阿莱斯宗教议会。562年，布拉格会议则把自杀是犯罪的条文正式列入法典，规定自杀者不得享受宗教的祭典，出殡时不得唱圣歌。英国除基督教规严禁自杀之外，967年爱德加国王还颁布法令，自杀者与盗贼、谋杀犯同罪，尸体鞭尸示众，还须用木桩穿心后方可埋葬，且不能葬入公墓，只许埋入大道路口之下，令千人踩万人踏，不许举行葬仪，以震慑那些有自杀之念的活人。这种对自杀的强烈否定一直持续到了近代。如美国纽约州1881年的刑法典仍规定，自杀是一种犯罪行为。自杀未遂的，"处以2年以下监禁或200美元以下罚金"，或者二者并处。直到20世纪60年代，英国最后废除"自杀罪"，自杀才重新实现了非罪化。从笔者所掌握资料看，除个别国家外[2]，现代各国一般都废除了自杀罪。尽管如此，现代社会仍普遍对自杀给予否定，将之作为一种社会疾患。而20世纪60年代美国学者约翰·史蒂文斯在其著作《生命权》一书中，则明确地主张，人们解除痛苦可做的是有限制的，因为"生命不是持有者可绝对处置的，而是上帝的礼物。在生命之中，上帝的控制是存在的"[3]。尽管其立足点具有唯心主义的局限性，但其所反映出的对自杀的否定态度却是不容忽视的。

　　（3）从生命对于社会、国家的重要意义来看，也不宜在法律上确定自然人（生命权主体）生命利益支配权。这里姑且不论人的生命同社会的利益和国家的利益紧密相关，允许个人随意处置自己的生命将会给国家和社会利益带来损害，单从国家权力对社会观念的引导的角度来看，确立生命权主体处分生命合法的观念也是对社会的长治久安不利的。据北京心理危机研究与干预中心发

[1]［法］埃米尔·迪尔凯姆：《自杀论》，冯韵文译，商务印书馆2003年版，第357页。
[2] 如现行汤加王国《刑事犯罪法案》第100条规定："企图自杀的，应当处以3年以下监禁。"《大洋洲十国刑法典》（下），于志刚、李洪磊译，中国方正出版社2009年版，第612页。
[3]Kurt Bayertz.Sanctity of Life and Human Dignity. Netherlands:Kluwer Academic Publishers，1996，p.307.

布的《我国自杀状况及其对策》报告，在中国，自杀是总人口的第五位死因，15—34岁人群的首位死因。我国每年有28.7万人死于自杀，同时有200万人自杀未遂。[1]自杀若作为一种权利被认可，将会刺激自杀率的攀升。而这种状况显然是当局所不愿看到的。

（4）也并非不确定生命权人对生命的支配权就无法有效解释"献身"的现象。从本质上来说，献身行为是一种自杀行为。根据埃米尔·迪尔凯姆的定义，"人们把任何由死者自己完成并知道会产生这种结果的某种积极或消极的行动直接或间接地引起的死亡叫作自杀。"[2]根据该定义，为了挽救自己的团队而迎着死亡向前冲去的士兵之死，和工业家或者商人为了逃避破产的屈辱而自杀一样，他的死亡也是其自己造成的。从这个角度来说，"献身"与被社会舆论评价为"轻生"的行为在本质上都是一种自杀行为，区别不过在于献身出于"崇高"的目的以自己的生命利益换取"更高的社会价值"。

近两年，学者们关于生命权的内容又提出了一些新的主张。其中有典型代表意义的便是提出了有限生命利益支配权的主张。如王利明教授认为，生命权包括如下内容："（一）生命享有权……（二）生命维护权……（三）有限支配生命利益的权利。"[3]又如上官丕亮博士主张生命权主要包括生命存在权、生命安全权和一定的生命自主权。[4]

王利明教授在阐述生命权是一种有限的支配权时的有力支撑是《侵权责任法》第55条的规定，"医务人员在诊疗活动中应当向患者说明病情和医疗措施。需要实施手术、特殊检查、特殊治疗的，医务人员应当及时向患者说明医疗风险、替代医疗方案等情况，并取得其书面同意……"认为这是自然人支配其生命利益的体现。

然而，就该条的规定本身而言，其强调的是医疗合同双方当事人的权利和义务。即作为医疗方的告知义务和作为患者的知情同意权。

所谓"知情同意"（informed consent），是指医务人员为患者提供其做出医疗决定所必需的足够信息，以便使具有表意能力的患者在充分理解的基础上，得以据此自愿地就某种医疗方案、医疗行为和医疗措施做出同意与否的决定。[5]知情同意包含"知情"和"同意"两个密切关联的部分。其中，知情对应的是医务人

---

[1] 参见《我国每年自杀死亡人数则是汶川地震死亡人数的3.6倍》，凤凰网资讯，News.ifeng.com/gundong/detail_2011_09。

[2] ［法］埃米尔·迪尔凯姆：《自杀论》，冯韵文译，商务印书馆2003年版，第11页。

[3] 王利明：《人格权法研究》，中国人民大学出版社2012年版，第278—281页。

[4] 参见上官丕亮：《宪法与生命：生命权的宪法保障研究》，法律出版社2010年版，第7—9页。

[5] 参见赵西巨：《医事法研究》，法律出版社2008年版，第57页。

员的说明义务或者信息披露义务。医务人员要用明白易懂的语言尽量使患者及其家属对其面临的问题有基本的了解，同意对应的是患者在充分知悉的前提下，有权最后决定是否接受医务人员建议的诊断和治疗计划。知情同意权的核心在于肯定患者的个人价值，是对患者人格尊严和自由的尊重。其本身并不与生命权直接关联。绝对的知情同意权，有时甚至会危及患者的生命权。如曾被媒体命名为"丈夫拒签字致孕妇死亡案"的李丽云案[1]即为适例。

至于上官丕亮博士所言之"一定的生命自主权"，虽实际指的仍是"有限的生命利益支配权"，但着眼点却在于安乐死的合法化，"所谓一定的生命自主权，是指为免除难以忍受的极端痛苦，患有不治之症的垂危病人享有依照严格的法定条件选择安乐死的权利"[2]。

所谓"安乐死"，有自愿安乐死与非自愿安乐死、主动安乐死与被动安乐死之别。主动安乐死与被动安乐死，又称"积极安乐死与消极安乐死"。其中，主动安乐死（active euthanasia）是指医生为解除病重濒危患者死亡过程的痛苦而采取某种措施加速病人死亡；被动安乐死（passive euthanasia）则是指医生对身患绝症而濒临死亡的病人，中止维持病人生命的措施，任病人自行死亡。所谓"自愿安乐死"，是指由本人自愿提出口头或书面申请而实施的安乐死。其实质是由他人应当事人的请求，故意结束其生命的行为。非自愿安乐死包含两种情形：①当事人没有表示或无法表示意愿的无意愿安乐死（non-voluntary euthanasia）；②违反当事人意愿之安乐死（involuntary euthanasia）。无意愿安乐死不一定是违反病人意愿（例如昏迷、痴呆或儿童）的，因为病人的意愿无从知悉。

非自愿安乐死要么直接违背病人的意志，要么根本不能体现病人（死者）的意志，与安乐死概念提出之初衷大相径庭，实际上与"安乐死"无关。从刑法意义上看，该行为与其他故意杀人案并没有显著区别，虽然行为人在动机上或许良善。消极安乐死，在美国也称"放弃侵入性治疗措施"。一般认为，在放弃侵入性治疗措施中，与病人的死亡具有直接因果关系的，并非停止治疗行为本身，而是疾病之存在，故从刑法角度来看，病人的死亡仍属自然死亡（natural death）。笔者认为，这样的见解不乏合理之处。

因此，实际上，讨论安乐死的合法化，实际讨论的是自愿的、积极的安乐死，即在病重濒危患者明确同意的前提下，医生为解除其极端痛苦而采取某种措施加速病人死亡行为的合法化。如前所述，患者本人选择死亡的行为，其法律性质与

---

[1] 该案基本案情：2007 年 11 月 21 日，22 岁的孕妇李丽云在北京朝阳医院京西院区就医，由于其丈夫肖志军拒绝在医院准备实施的剖腹产手术单上签字，李丽云死亡。

[2] 上官丕亮：《宪法与生命：生命权的宪法保障研究》，法律出版社 2010 年版，第 8—10 页。

自杀无异，并不导致法律责任的追究；该行为的合法化，直接导致的是对实施该杀人行为的医生刑事责任的消灭。因此，讨论自愿的积极安乐死的合法化，实际不是病重濒危患者选择死亡的权利，而是医生杀人的权利。关于安乐死合法化的问题，容后详述。

基于以上分析，笔者认为，生命权的内容应包括生命安全维护权和司法保护请求权。生命利益支配权则是不在之列的。

生命安全维护权则包括三项具体权利，即生命延续的权利、自卫权以及改变生命危险环境的权利。

生命延续的权利，也有人称之为"享受生命的权利"，指对于每个生命权主体，其生命都平等地具有价值，享有延续其生命的权利，无论性别、年龄、健康状况等的差异。生命延续的权利，其实质是禁止任何人否定他人生命价值，禁止非法剥夺他人生命。

自卫权，即当危及生命的非法侵害行为或危险发生时，生命权人为了维护其生命安全，有权采取自卫行为或者避险行为。生命权人的自卫权在我国刑法中的体现，即为《刑法》第二十条关于正当防卫（尤其是第二十条第三款）和《刑法》第二十一条关于紧急避险的规定。

改变生命危险环境的权利，主要体现在民法领域，当生命权人处于造成生命威胁的一切场合、处所，生命权人有权自行改变或者要求危险环境的管理人、占有人等责任人员消除危险。

司法保护请求权，与生命安全维护权不同，它侧重于国家权力对生命权的直接保护。《中华人民共和国人民警察法》第二十一条规定："人民警察遇到公民人身、财产安全受到侵犯或者处于其他危难情形，应当立即救助。"根据该条，人民警察当公民生命权受到侵犯或者威胁时，负有保护的义务。由于其渎职造成权利人生命损害，情节严重的，依法可按照渎职罪追究行为人的刑事责任。

综上，笔者认为，生命权是自然人所享有的，以生命安全维护权与司法保护请求权为内容的一项基本权利。

二、生命权的特征

（一）生命权是一种人身权

所谓"人身权"，是指民事主体依法享有的，以在人格关系和身份关系上所体现的，与其自身不可分离的利益为内容的民事权利。它一般具有如下法律特征。

1. 固 有 性

人身权的固有性，首先体现在该权利与主体存在的同期性，即自主体存在时起，直至其死亡或消灭，自始至终享有。在这一点上，人身权与财产所有权、物权、债权、知识产权等形成鲜明的对比。

2. 非财产性

人身权的客体，是在人格关系和身份关系上所体现的与主体不可分割的利益，没有直接财产内容。在这一点上，它与财产权泾渭分明。

3. 必 备 性

人身权，尤其是其中的人格权，是民事主体进入社会发挥其创造性而改造世界的基础，为主体所必备。民事主体没有人格权，就无法实现人类生存、发展的目标。

4. 绝 对 权

人身权的实现，无须义务人实施积极的行为，而只需义务人不加妨碍和侵犯，且该权利以权利人以外的一切人为义务人。

5. 专 属 性

专属性是从权利的主体层面而言的，它只为特定主体所享有，不得让与或抛弃。

生命权作为人身权之一种（属于其中物质性的人格权），无疑具有人身权的上述特征。它仅以生命权人为权利主体，以权利主体以外的一切人为义务主体；不可让与，不可抛弃；在现代社会，它是一切自然人所必备的基本权利；其权利的起始与生命的诞生同步；正是在这些方面，使得生命权与自然人享有的其他民事权利具有明显的不同。

（二）生命权是一种特殊的人身权

生命权具有与其他人格权不同的特点，生命权的客体——生命利益，既是一种人格利益，同时也是自然人的主体资格或人格本身。生命利益的发生和消亡时间融于自然人权利能力的取得、丧失时间之中，主体对生命利益的支配情形也融于主体对自己权利能力的支配情形之中。因此，生命利益的丧失，同时也是主体资格的丧失。故，生命权受权利客体性质所限，不可能如肖像权等一样，具有有限转让权或人身利益处分权。生命权的这一特性是与前文所述生命权的内容不包括生命支配权相一致的。生命权是一项消极人权，只具有排除一切侵犯的功能，而不具备法律上的自主支配性。

（三）生命权具有至上性

生命权作为一项基本人权，是个人一切权利的基础。"没有对这一具体权利的保证及保障，整个人权概念将毫无基础可言。"[1] 只有具有了生命权，人们才可能拥有和实际享有人身自由权、健康权等其他人格权、财产权利以及民主权利等基本权利。生命一旦丧失，权利主体资格即告终结，其他权利也遂丧失。从这个角度来说，生命权与其他权利相比，具有至上性。

正因为如此，人权委员会认为，生命权是至高的权利（the supreme right），即使是在出现公共紧急情况的时期，它也不能被贬损。[2] 无论是各国宪法，或是国际人权公约，在列举具体人权时，也大都将生命权置于人权之首。如美国《独立宣言》、《世界人权宣言》、《公民权利与政治权利国际公约》等。

学界一般认为，人身权利高于财产权利，而生命权为人身权利中的最高权利。[3] 因而，主张生命权具有至上性，反对意见主要是认为，个人只是社会的一分子，故，公民个人生命权的价值"理所当然"应低于国家安全与公共安全。如有学者即认为："人既是自然意义上的人，也是社会意义上的人。因此，对人的生命的价值，应从个人与社会双重意义上来考察。对于个人来说，生命是人至高无上的权益，没有任何其他权益比其更重要……。然而，个人只是社会的分子，包括生命在内的所有个人权益只是社会权益的一部分。而在社会权益系统中，个人的生命并不是至高无上的权益。国家是社会的管理者，又是个人包括生命在内的所有权益的保护者，国家的安全理所当然地比个人生命重要，国家安全的价值因而高于个人生命的价值……。另一方面，正由于个人只是社会的分子，社会公共安全的意义理所当然地比个人生命安全更重要，公共安全的价值因而也高于个人的价值……。"[4]

诚然，上述论者所言之"理所当然"确为国内主流观念。但这种说法也并非完全没有疑问。张明楷教授曾经在探讨以危险方法杀人案件的性质时，有这样一段阐述，笔者颇以为然，"国家只不过是为了国民而存在的机构，是为了增进国民的福利才存在的。换言之，政府存在的目的即在于保护公民的权益，如果不是为了保护公民的利益，我们实在不知为何要有政府。……既然国家是为国民而存在的，那么，国家理应首先保护国民的生命。"[5] 同理，由于法益之间重要性

---

[1]［坦］科斯特·R·马海路：《人权和发展：一种非洲观点》，载《法学译丛》1992 年第 3 期，第 6 页。

[2]B. G. Ramcharan.The Right to Life in International Law.Martinus Nijhoff Publishers，1985，p.185.

[3]参见高铭暄、马克昌主编：《刑法学》，北京大学出版社、高等教育出版社 2000 年版，第 141 页。

[4] 胡云腾等：《中国废除死刑之路》，载《中国律师》1998 年第 9 期，第 54 页。

[5] 张明楷：《论以危险方法杀人案件的性质》，载《中国法学》1999 年第 6 期，第 107—108 页。

的对比也并非简单地取决于数量上的对比，而是取决于在尊重个人与尊重社会二者优先选择所体现出的社会观念。尽管从现实社会观念看，无论我国刑事立法、刑事司法还是刑法理论，都流露出国家法益、社会法益高于个人法益的价值取向。但存在并非就是合理。而且，"在刑法的解释与适用上，以一个抽象的、离开了每一个公民的具体的合法权益的'集体的'或'多数人的利益或权利'来抹杀具体的、个人的权利，对于所有公民来讲，其危险都是巨大并绝对的：因为任何公民的个体的、具体的合法权利和利益永远是个别的和少数的。"[1] 在一个民主、自由、尊重人权的社会里，个人法益的重要性应当被特别强调，这一点似乎也应是"理所当然"，尤其是作为自然人最基本、最重要权利的生命权。若我们可以多数人的利益为由而侵犯生命权，则我们就是根本漠视了生命的无上价值和意义。

我们强调生命权的至上性，也绝不是否定国家公权力重要性的极端个人主义。毫无疑问，国家公权力的保障自然是十分重要的。对于公民个人来说，国家的长治久安关系到个人生存与发展是否具有良好的外部环境。但作为从法律保护，尤其是刑法保护的角度考虑，我们却不能不更加强调个人生命权的重要性。这一方面是出于对其作为人权基础的考虑，另一方面也是对现实的应对。由于历史文化的影响，对于国家公权力的保护，对于我国目前来说，应当说已经是尽可能地完善。而对于公民私权利的保障，却正待加强。

关于生命权的特征，有的学者还从国际法的角度提出，不可贬损性也是生命权的一个特征。并进而解释道，如果生命权是至高的权利，国家在关于保护这一权利问题上负有至高的责任，生命权在任何情况下都不可贬损……不可贬损性不得在一种严格的方式下被解释。因此，国家在紧急情况下，不仅有义务采取平常的措施保护生命权，而且包括在国家的生命被威胁的时候采取绝对必要的、特别的安全措施保护生命权。[2]

笔者认为，该主张正确地揭示了生命权在面临国家利益时所应受到的尊重与保护，然就其实质，这种不可贬损性仍无非是生命权之至上性的一种体现罢了，将其独立作为生命权的一个基本特征，似乎也无甚必要。

---

[1] 李海东：《刑法原理入门》，法律出版社 1998 年版，（代自序）第 6 页。

[2] B. G. Ramcharan. *The Right to Life in International Law*. Martinus Nijhoff Publishers, 1985, pp.185–186.

第三节　生命权的法律保护

一、生命权法律保护的现状

生命权作为一项最基本、最原始的权利，一直为各国法律，尤其是在近现代，一直受到国际人权法及各国国内法的特别关注。

（一）国际人权法

进入 20 世纪以来，生命权作为一项基本人权在区域性和世界性人权公约中得到了前所未有的重视。

早在 1936 年，在以维持和平为目的的美洲国家国际会议上，就有议案提出要将生命权和其他一些人权的基本原则作为国际法而规定于法律当中。但是，遗憾的是，这一议案遭到了否决。[1]

1948 年 5 月 2 日美洲国家组织通过了《美洲人的权利和义务宣言》。该宣言是区域性政府间国际组织通过的最早的一个人权文件，也是最早规定生命权的区域性人权宣言。该宣言第 1 条即为："人人有权享有生命、自由和人身安全。"[2]

欧洲理事会于 1950 年 11 月 4 日签署的《欧洲人权公约》（正式名称为《保护人权和基本自由公约》，该公约已于 1953 年 9 月 3 日起生效）、美洲国家组织在 1969 年 11 月 22 日通过的《美洲人权公约》、非洲统一组织于 1981 年 6 月 28 日通过的《非洲人权和民族权宪章》、伊斯兰会议组织于 1990 年 8 月 5 日通过的《伊斯兰世界人权宣言》以及尼斯会议于 2000 年 12 月 7 日通过的《欧洲联盟基本权利宪章》，无一例外地都以坚定和明白晓畅的语言对自然人的生命权予以了规定。

以 1948 年联合国大会所通过的《世界人权宣言》和 1966 年所通过的《公民权利和政治权利国际公约》为代表的联合国人权文件，更是面向世界，庄严宣告了公民神圣不可侵犯的生命权之存在。

尽管《世界人权宣言》仅在第 3 条简单规定："人人有权享有生命、自由

---

[1] J. Collon-Collazo.*The Drafting History of Treaty Provisions on the Right to Life,The Legislative History of the Right to Life in the Inter-American Legal System*.B. G. Ramcharan.*The Right to Life in International Law*.Martinus Nijhoff Publishers，1985，p.33.

[2] 董云虎编著：《人权基本文献要览》，辽宁人民出版社 1994 年版，第 56 页、第 59 页。

和人身安全。"[1] 其意义却是巨大的。这一方面是因为它是第一个关于人权的专门性国际文件，也是第一个规定生命权的世界性人权文件。它第一次在国际范围内列举了生命权等众多人权，使生命权等人权问题从此受到全世界的普遍关注。此外，其对生命权予以规定的法条所处位置也表明了制定者对生命权重要性的热烈推崇。《世界人权宣言》共分两大部分。第一部分是"序言"，以热烈而庄严的语词说明了制定本宣言的理由。第二部分的主体则是对人的各项具体权利的规定。在第二部分中，第 1 条和第 2 条宣布的是每一个人享有本宣言所规定的权利的原则——权利平等，不分地域、种族等差别。接下来的第 3 条即为前述关于生命权的规定。也就是说，生命权在《世界人权宣言》对实体权利的列举中处于首位。

联合国大会 1966 年 12 月 16 日第 2200A（XXI）号决议通过的《公民权利和政治权利国际公约》不仅如《世界人权宣言》一样将生命权列为公民基本权利之首，并对死刑给予了强烈的关注。《公民权利和政治权利国际公约》第六条规定："（一）人人有固有的生命权。这个权利应受法律保护。不得任意剥夺任何人的生命。（二）在未废除死刑的国家，判处死刑只能是作为对最严重的罪行的惩罚，判处应按照犯罪时有效并且不违反本公约规定和防止及惩治灭绝种族罪公约的法律。这种刑罚，非经合格法庭最后判决，不得执行。（三）兹了解：在剥夺生命构成灭种罪时，本条中任何部分并不准许本公约的任何缔约国以任何方式克减它在防止及惩治灭绝种族罪公约的规定下所承担的任何义务。（四）任何被判处死刑的人应有权要求赦免或减刑。对一切判处死刑的案件均得给予大赦、特赦或减刑。（五）对 18 岁以下的人所犯的罪，不得判处死刑；对孕妇不得执行死刑。（六）本公约的任何缔约国不得援引本条的任何部分来推迟或阻止死刑的废除。"[2]

（二）国内法

尽管国际人权法给予了生命权几乎是最为热切的关注，其现实保障，却更大程度上有赖于国内法，如民法、宪法、刑法、行政法等。

民法对生命权的保护，主要体现在从抽象的层面宣告公民对生命权之享有和生命权受民法保护；从具体的层面规定侵犯生命权者应当承担的民事责任。我国 1986 年《民法通则》第九十八条规定"公民享有生命健康权"，即属前者；而第一百一十九条则从侵害生命权的具体民事责任出发。该条具体内容为："侵

---

[1] 国际人权法教程项目组编写：《国际人权法教程》（第二卷）（文件集），中国政法大学出版社 2002 年版，第 2 页。

[2] 国际人权法教程项目组编写：《国际人权法教程》（第二卷）（文件集），中国政法大学出版社 2002 年版，第 8 页。

害公民身体造成伤害的，应当赔偿医疗费、因误工减少的收入、残废者生活补助费等费用；造成死亡的，并应当支付丧葬费、死者生前扶养的人必要的生活费等费用。"此外，《民法通则》第一百二十八条、第一百二十九条还规定了正当防卫和紧急避险这两种公民自我保护生命权的方式。条文表述为："因正当防卫造成损害的，不承担民事责任。正当防卫超过必要的限度，造成不应有的损害的，应当承担适当的民事责任。"（第一百二十八条）"因紧急避险造成损害的，由引起险情发生的人承担民事责任。如果危险是由自然原因引起的，紧急避险人不承担民事责任或者承担适当的民事责任。因紧急避险采取措施不当或者超过必要的限度，造成不应有的损害的，紧急避险人应当承担适当的民事责任。"（第一百二十九条）

由于民法对权利的保护以补偿受害人的损失为首要目的，而生命权一遭侵害，被害人即丧失权利主体资格而成为尸体。故民法上所规定的侵犯生命权的民事责任不过是被害人近亲属求偿权的法律依据，所具有的事先防范意义亦十分有限。一定意义上说，它实际并非对生命权人自身权利的保护。

侵犯生命权的行为，由于所侵害权利性质对公民之至为重要和行为社会危害性之严重，已难为民法（私法）所调整，故，死亡公民的人格利益，更多地应由公法来保护，应当说是中肯之言。如此理解，从社会的角度观之，也是可以解释的。人作为社会最基本的构成分子，同时也是社会最宝贵的资源。非法剥夺一个人生命的行为，在侵害个人生命权的同时也侵犯了社会秩序与国家利益，是对整个社会和国家的挑战。从这个角度看来，生命权所承载的生命利益已超越了纯粹私人利益的范畴，进入了社会利益的领域。

公法对生命权的保护，自当首推作为公民权利大宪章的宪法。

被马克思誉为"第一个人权宣言"的《独立宣言》庄严宣布："我们认为这些真理是不言而喻的：人人生而平等，他们都从他们的'造物主'那边被赋予了某些不可转让的权利，其中包括生命权、自由权和追求幸福的权利。"随后，美国在《1791年宪法修正案》第5条中明确规定："不经正当法律程序，不得被剥夺生命……。"[1] 由此，生命权从"自然权利"变成"法定权利"，开始了生命权法律保护的规范化时代。

第二次世界大战以后，饱受战火洗礼的各国也纷纷在其宪法中将生命权予以法定化。如日本宪法规定："任何人除依照法律程序，不得剥夺其生命或自由，也不得处以其他刑罚。"1993年俄罗斯宪法第20条规定："每个人都有生命权。在废除死刑前，通过联邦法律规定，死刑是在为被告提供陪审员参加审理案件的

---

[1] 本文所引各国宪法条文主要参阅姜士林等主编：《世界宪法全书》，青岛出版社1997年版。

权利的情况下，针对谋害生命的特别犯罪而采取的极端惩罚措施。"前苏联解体后独立的其他国家，也都在宪法中明文确认了生命权的宪法地位。哈萨克斯坦、乌兹别克斯坦、土库曼斯坦、吉尔吉斯共和国、白俄罗斯、塔吉克斯坦、乌克兰等国宪法对生命权都有明文规定。如乌克兰宪法强调"任何人不得随意剥夺生命"，"国家的义务就在于保护人的生命"。"每个人有保护自己的生命与健康，保护他人的生命与健康免受非法侵害的权利。有的国家在规定人人享有生命权或生命不可侵犯的同时，还强调废除死刑，将废除死刑作为生命权宪法保护的一个重要举措。《洪都拉斯共和国宪法》第 65 条也规定："生命的权利不受侵犯。"第 66 条规定："禁止死刑。"又如，《斯洛伐克共和国宪法》第 15 条规定："（1）每个人都有生命权，人的生命在出生前就受到保护；（2）任何人的生命都不得被剥夺；（3）禁止死刑；（4）当某人因某种不能根据法律加以惩罚的行为而被剥夺生命时，这并不意味着破坏了本条款规定的权利。"

"生命权是表明人类生存的自然意义上的权利，具有自然法的属性；生命权的宪法化体现了国家与社会主体之间的社会关系，即生命权是国家与社会的最高价值，在任何情况下国家不能把人的生命权作为一种工具或手段。"[1] 生命权的宪法保护一方面意味着国家负有保护生命权的法定义务，同时也为其他部门法的生命权保护提供宪法依据。

我国宪法未如前述各国一样明确规定公民的生命权。但这并非意味着我国公民的生命权不受宪法保护。自近代社会以来，生命权与自由权、财产权一样成为人们普遍公认的自然权。对于人类生活来说最重要的权利——生命权，是人类享有的当然的权利，它甚至都没有必要通过规范予以表现。

对于生命权的法律保护，作为公法的另一个重要部门法的刑法，当然也是主力军之一。"刑法，与其说是特别法，不如说是其他一切法律的制裁。"（卢梭语）作为最后一道防线，古今中外各国刑法无一例外地都对侵犯生命权的犯罪予以尽量明确具体的规定。当然，尽管规定侵犯生命权的犯罪是刑法对生命权保护的一个重要的方面，但刑法对生命权的保护并不仅仅体现在对侵犯生命权的犯罪的规定上。关于这一点，将于下章详述。

此外，生命权的法律保护也还体现在其他部门法之中。如我国《行政诉讼法》第十一条关于行政诉讼受理范围第五项："申请行政机关履行保护人身权、财产权的法定职责，行政机关拒绝履行或者不予答复的"；第八项："认为行政机关侵犯其他人身权、财产权的。"《中华人民共和国人民警察法》第二十一条的规定，"人民警察遇到公民人身、财产安全受到侵犯或者处于其他危难情形，应当

---

[1] 韩大元：《宪法要关注生命权》，http://www.law.com.cn/pg/newsShow.php?Id=4724。

立即救助"；1994 年《国家赔偿法》也规定了国家机关及其工作人员侵犯公民生命健康权的赔偿责任；等等。

林林总总的法律规范，对生命权从各个不同角度给予保护，一方面体现了各个法律部门对生命权法律保护的高度关注；另一方面也表明，对生命权完善、周到的保护，是各个法律部门共同的职责。

二、生命权法律保护的共性

在生命权的法律保护中，尽管各法保护方法或侧重点或有不同，但共通之处却是客观存在的。

（1）生命权之主体为自然人。关于这个问题，前文已有阐述，兹不赘述。

（2）从法学观点而言，生命权（Recht auf Leben）是指保障人之生物上、物理上存在不受侵害的权利。[1]

"从法理上，生命权之保障是侧重生物学上、物理学上肉体层面之生命，以其存在为重点。"[2] 无论前述之生命延续的权利、自卫权、改变生命危险环境或司法保护请求权，都是从不同角度保障人之生理上不受侵害的权利。正是在这个意义上，笔者认为，有人提出对生命尊严的保护，是生命权保护的题中之意的说法是难以支持的。提出此种观点者，力图以此为安乐死寻找正当化的合法依据。其对不堪忍受病痛患者的怜悯所体现出的善良动机和为解决实际问题而不懈努力的精神，笔者表示赞赏。但生命尊严由于其侧重于精神层面，本身并非前述生命权的具体内容。且"生命尊严仍是以生命存在为前提，实不能因主张生命尊严，而导致可放弃生命之结果"[3]。

（3）与保护生命之自然存在相呼应的是，法律对生命权的保护，更多地关注人之生命所具有的自然价值而非社会价值。由于作为人类个体的每个人，基于其之为人和其为组成人类社会所做出的最基本的贡献，其生命都是具有价值的，其生命权因此也都应平等地得到法律的保护。尽管由于其生命质量上的差异，在法律保护的程度上或有量的不同。这也是我们前文在生命观念上所主张的以生命神圣论为基础的统一论所得出的必然结论。

（4）法律保护生命，是对生命利益中能够上升为法律权利的内容予以保护。从广义的权利概念来说，权利不仅仅包括法律权利，还包括应有权利、习惯

---

[1]D. Lorenz, Recht auf Leben und kŏperliche Unversehrtheit, in Isensee/Kirchhof, Handbuch des Staatsrecht, Ⅵ 128, 1989, Rdnr.8.

[2] 李震山：《人性尊严与人权保障》，台北元照出版公司 2000 年版，第 134 页。

[3] 李震山：《人性尊严与人权保障》，台北元照出版公司 2000 年版，第 135 页。

权利和现实权利。[1]也就是说不是人们一般理解的凡得为者，均为法律意义上的权利并受法律保护。这种权利泛化的思维在目前关于生命权法律保护的问题上也有所体现。如有人提出死亡的权利、自杀的权利等。而事实上由于现代道德伦理对自杀所给予的否定性评价和生命对于社会的重大意义，它不是也不可能成为法律权利。在法律的视野里，它只能以事实行为而非法律行为或法律权利的形式存在。并非所有法律不否定的行为，都可以成为权利。正如对于广泛流行于民间的订婚、结拜等，法律也并不将其纳入调整的范围。

当然，由于各法对生命权的保护方法和责任方式等方面的不同，各法视野中生命权的内涵也未必完全一致，其所保护的生命权的起止范围也完全可能存在不同。如，关于生命权开始的标准，日本的民法采取完全露出说，而其刑法却采取部分露出说。关于此，容后详述。

---

[1]参见张文显：《法哲学范畴研究》（修订版），中国政法大学出版社2001年版，第311—316页。

第二章　生命权刑法保护之一般考察

第一节　生命权的范围

一、生命权的起点

讨论生命权的起点，首先要明确这样一个问题：生命的起点是否意味着生命权的起点？

（一）生命与生命权

对于具有社会意义的人的生命与非人生命的界限，不同的宗教、民族、国家或地区的看法不同。如，基督教把怀孕看成生命的开始。无独有偶，对人生命的如此理解，我国南方部分地区朴素的群众观念中也有所反映。我国南方对人年龄的计算往往以虚岁计，自出生时起即认为已 1 岁，概以为十月怀胎几近一年之故。而犹太教则对于出生 30 天以内的婴儿也不给予人的待遇，在此期间死亡的婴儿，并不为其做丧事。笔者曾自友人处听说，在我国北方某地，婴儿死亡后，也不予以收棺或掩埋，而直接扔在荒郊野外。采取这种做法的潜在认识，大概也如犹太教一般，认为一定时期以内的婴儿尚不是人。更有甚者，有的国家或地区甚至认为只有经过一定的仪式或父亲的承认后，方认为婴儿是人。如泰国北部的珀卡伦族认为，婴儿出生后只有在经赋予灵魂仪式后始认为是人。对人的生命起始认识的不同，虽不完全决定对生命权起始，但在相当程度上确实影响各国或地区生命权法律保护的早晚。

法学界关于生命的起点与生命权的起点是否相一致的问题，存在肯定与否定两种回答。

肯定论者一般以"人人固有其生命权"作为立论的出发点，认为，只要是人，无论其是否已经出生，只要已经开始具有人的生命，即应享有生命权。这种主张在一些国家的宪法或国际人权公约中也有所反映。如《危地马拉共和国政治宪法》

第3条规定："生命权。国家保障和保护从孕育起的人的生命、安全和人格的完整。"《斯洛伐克共和国宪法》第15条："（1）每个人都有生命权。人的生命在出生前就受到保护。"《爱尔兰宪法》第40条第3款也规定："国家承认未出生儿童的生命权，并对母亲的生命权予以同等尊重，国家以法律上的尊重对此加以保障，并以事实上的法律规定加以保护和证明。"另，《美洲人权公约》第4条（生命的权利）规定："每个人都有使其生命受到尊重的权利。这种权利一般从胚胎时起就应受到法律保护。不得任意剥夺任何人的生命。"

否定论者则认为，生命权起始于出生，胎儿不享有生命权。如联合国起草《世界人权宣言》时，黎巴嫩代表和智利代表曾提出将禁止堕胎作为生命权条款的附加部分，终因多数人反对而被驳回。[1]

笔者赞同否定论者的见解。理由是：

（1）生命权作为一项基本人权，享有该权利者应当具备主体资格。尚在孕育之中的胎儿并不能独立于母体而存在，因此在人权资格的法律问题上，无论东方还是西方，无论近代还是现代，对于人权获得的法律规范都是以出生为标志的。

（2）从权利的产生来源说，尽管从理论上有"自然法"与"实在法"、"自然犯"与"法定犯"之分，然而从本质上来看，只有统治阶级所认可的权利才能上升为法律权利，真正得到保护。如前文提及，奴隶社会中，根据当时的法律，奴隶虽然是人，却并不享有生命权。在这种意义上讲，权利并非"天赋"，而只能是"法定"的。如此理解，从伦理学上也是可以解释的。因为，尽管"从生物学上来说，遗传学上个体化的人从怀孕起就存在。但正如科学用测量心电图和心跳来定义死亡一样，不管生命的开始或结束，总是由具有一定目的的人来决定什么时候赋予生命以人格身份"[2]。我国现行法律涉及生命权本身的规定表现为《民法通则》第九十八条，"公民享有生命健康权"。虽然该条将生命权与身体健康权合二为一加以规定，存在一定的不合理之处，然其措辞却隐含了对生命权之享有须以出生为前提这一命题。因为，只有已经出生，方可能为"公民"。

（3）人的生命究竟从什么时候开始（或者说何时开始为人）？这个问题在医学界、伦理学界也不无争议。

概括而言，医学、伦理学上关于人的生命的起点主要有以下几种界定[3]：①受孕说。这种学说主张以母体怀孕作为生命开始的标志。如1923年美国威斯

---

[1] 参见［瑞典］格德门德尔·阿尔弗雷德松、［挪威］阿斯布佐恩·艾德编：《〈世界人权宣言〉：努力实现的共同标准》，中国人权研究会组织翻译，四川人民出版社1999年版，第13页。

[2] 邱仁宗：《生命伦理学》，上海人民出版社1987年版，第98页。

[3] 以下几种界定详见徐宗良等：《生命伦理学理论与实践》，上海人民出版社2002年版，第156页。

康星州发生的"福斯特诉威斯康星州案"中，有人就认为："从严格的科学、物理学意义上说，从受孕时起，胚胎中便有生命的存在。"受精卵植入子宫后成为人；脑电波出现后为人。②胎动说。如英国法学家布莱克斯顿即认为："生命受到法律保护，是从胎儿能够在母亲的子宫中躁动时开始的。"[1] ③可存活说。即认为胎儿在体外可存活时为人。

（二）生命权起始争议观点述评

生命权起始于出生，意味着法律（包括刑法）对生命权的保护，亦自出生时开始。对于这一点，刑法学界基本没有争议。然何时为出生？关于这个问题，刑法理论界认识上却颇有分歧，概括而言，具体有以下五种学说：即阵痛（开始分娩）说、部分露出说、全部露出说、独立呼吸说与生存可能性说。[2]

阵痛说认为，作为分娩作用的开始的规则性阵痛开始之时即为出生。按照这种理论，凡在母亲阵痛之前侵犯胎儿的，为堕胎行为，而在母亲阵痛之后侵犯胎儿的，即构成杀人罪。此说为德国刑法和法国刑法的通说；我国台湾部分学者亦采此说。他们认为，产妇阵痛而开始生产之时，即为出生。此时因其已经开始分娩，已非胎儿，不能成立堕胎罪。唯采此说，方能有效地解决堕胎罪与普通杀人罪之间的保护空隙问题。[3]

部分露出说认为，胎儿身体的一部分露出母体的时候，就是人的开始时期。根据部分露出说，母亲在分娩时，胎儿有一部分露出母体，即被认为是婴儿而不再是胎儿，此时及以后对之进行杀害的，就构成杀人罪。此说为新加坡刑法、日本刑法理论的通说[4]；值得提及的是，印度与美国的刑法在人的始期上采取的亦是部分露出说，而非有的学者所认为的全部露出说。《印度刑法》第299条说明3的规定，致使一个部分或者全部脱离母体的婴孩死亡的，尽管其尚未开始呼吸或全部脱离母体，仍应视为有生命的人而构成杀人罪。[5] 这显然是部分露出说

---

[1]［英］彼得斯坦等：《西方社会的法律价值》，王献平译，中国人民公安大学出版社1990年版，第201页。

[2] 参见［日］大谷实：《刑法各论》，黎宏译，法律出版社2003年版，第8页。

[3] 参见林山田：《刑法特论》（上），台湾三民书局1978年版，第33页。

[4] 参见［日］山口厚：《刑法各论》，王昭武译，中国人民大学出版社2011年版，第10页。

[5] 中文版本的《印度刑法》（四川大学出版社1988年版）第77页将第299条解释3翻译成"只要该婴孩全部脱离母体，尽管尚未独立呼吸，均可构成杀人罪"，笔者疑为误译。根据英文版的the India Penal Code 1984，原文为"…if any part of that child has been brought forth"，应译为"如果该婴孩的任何部分已经露出"。如此，印度刑法在出生标准上所采取的应为部分露出说而非中文版本所反映的全部露出说。此处法条表述根据印度东方图书公司1980年英文版《印度刑法典》第211页翻译。

的结论。也有学者认为，美国刑法在关于生命权的起始问题上采取了全部露出说[1]，但笔者认为，这种说法至少根据目前可得到的资料值得怀疑。美国哈佛、耶鲁等著名大学法学院所广泛采用的主流课程教学用书中写道，如果出生过程已经开始，但尚未结束，多数法院出于杀人起诉目的将可能把这个婴孩看作是活着的人。[2]

全部露出说则认为，分娩完成之后，胎儿完全露出母体的时候，就是人的开始，这是日本民法领域对于生命权开始的主张，[3]同时，这也是现代英美法系一些国家刑法在出生问题上所采取的态度。如，英国刑法理论即认为，"出生"是指脱离母体，即"已来到这个世界"，如果只要有一只脚未脱离，就不可能存在谋杀罪。脱离必须是完全的，即婴儿的整个身体必须已被带入外界。但不必要求脐带已被剪断。[4]另如澳大利亚刑法认为，除非他或她在一种活着的状态下完全出生，其方为人；[5]加拿大刑法第223条亦规定："（1）婴儿以生存状态完全脱离母体时，成为本法所称的人，无论其是否（a）曾经呼吸；（b）血液独立循环；或（c）切断脐带。（2）婴儿出生前或出生中施以伤害，致其出生以后死亡，为杀婴罪。"这显然都是全部露出说的主张。

独立呼吸说认为，胎儿在母体之外可以用肺进行独立呼吸的时候，才是人的开始时期。这种理论认为，胎儿完全脱离母体以后，能够独立进行呼吸的，就是婴儿，对其进行杀害的，构成杀人罪，此前对之予以伤害或者杀害的，因其尚不成其为人，不构成伤害罪或者杀人罪。我国大陆刑法学者多主张独立呼吸说。[6]此说亦为我国大陆及台湾司法事务所采。

生存可能性说则强调婴儿完全露出母体后有可能继续存活，认为杀害不具有生存可能性的婴儿的，不构成杀人罪。该说由于在出生认定上过于滞后，一般不为人所取，在日本仅个别人主张。如英国1812年约克巡回法院即认定一名妇女溺死一名脑壳残缺、不可能存活很多个小时的婴儿的行为构成谋杀罪。尽管法

[1] 参见储槐植：《美国刑法》，北京大学出版社1996年版，第174页。

[2] 参见［美］史蒂文·L·伊曼纽尔：《刑法》，中信出版社2003年版，第231页。

[3] 关于以上三种学说在德日的地位，参见［日］前田雅英：《日本刑法各论》，董璠舆译，台湾五南图书出版公司2000年版，第11—12页。

[4] 参见［英］J·W·塞西尔·特纳：《肯尼刑法原理》，王国庆、李启家等译，华夏出版社1989年版，第141页；［英］乔纳森·赫林：《刑法》（第三版），法律出版社2003年版，第188页。

[5] L. Waller, C. R. Williams.Criminal Law Text and Cases(ninth edition).Butterworths, Australia, 2001, p.129.

[6] 参见高铭暄、马克昌主编：《刑法学》（下编），中国法制出版社1999年版，第809页；赵秉志主编：《新刑法教程》，中国人民大学出版社1997年版，第576页。

官贝利建议减轻她的刑罚，但其理由并非是因为该婴儿不可能活很多个小时，而是因为她确实认为其行为合法。[1]

前述各种观点对出生时间的认定，阵痛说在胎儿还在母体内、于尚未能成为不同于母体的直接对其生命进行攻击对象的这一阶段，就试图肯定对胎儿的杀人罪，对确定人的始期失之过早 [德国的通说·判例之所以采用阵痛说，是因为在德国刑法上原来要求杀婴是在 "分娩中或者分娩后立即"（in oder gleich nach der Geburt）实施的 [2]，即在分娩中也必须肯定杀婴罪]。而独立呼吸说和全部露出说在生命权的保护上，其不当性则正好与阵痛说相反，对于确定人的始期又失之过晚。实践证明，许多孩子出生后，在初始阶段还没有独立呼吸，但却是活着的。而根据独立呼吸说，当胎儿已经露出母体，已成为婴儿但尚未独立呼吸的阶段，若助产医生或者其他人立即将其杀死，则虽然其行为完全符合刑法关于 "故意剥夺他人的生命" 的规定，但却因认为其尚未出生，尚不是独立的生命权主体，该行为在故意杀人罪的构成上欠缺犯罪客体（法益）而不构成故意杀人罪。如此，将会出现生命权刑法保护一个时间上的空当。全部露出说较之阵痛说、独立呼吸说、生存可能性说而言，其在出生问题，即自然人生命权的起始点上，既考虑了婴儿与胎儿在独立性上的差别，将人的出生界定在露出母体这一阶段，同时又比较客观地仅以是否露出这一状态本身而非其他因素来认定，因而得到了英美刑法以及日本民法理论和实践的肯定，成为其通说。然这也并非意味着该标准在确定自然人的生命权起始问题上就是合情合理并值得我们推崇的。

（1）正如日本著名刑法学家大谷实教授所指出的那样，"对生命、身体的犯罪是为了保护具有独立生命的个体的生命、身体而加以规定的，从保护这种法益的目的出发，只要 '胎儿' 达到从母体中露出、能够独立地成为直接受到侵害的对象的程度，就必须作为 '人' 加以保护"[3]。显然，以能够独立地成为直接受到侵害的对象作为标准，部分露出母体的婴儿已经足够可以成为杀人罪的犯罪对象。从这一点来说，部分露出说是合适的。

（2）部分露出说也并不会过早地确定人的始期，以至于使得杀婴与堕胎难以区分。通常来说，堕胎是发生在妊娠阶段，杀婴一般发生在婴儿业已出生之后。即使是在部分露出阶段杀婴，该行为也是发生在分娩过程之中，而非妊娠阶段。

（3）英美刑法和日本民法理论采取全部露出说，也不能成为否认部分露出说的理由。一方面，全部露出说在英美刑法中也不是没有争议的。如美国加利福

---

[1] 参见 ［英］J·W·塞西尔·特纳：《肯尼刑法原理》，王国庆、李启家等译，华夏出版社1989 年版，第 141 页。

[2]《德国刑法》原第 217 条第 1 项，该条现已被废除。

[3]［日］大谷实：《刑法各论》，黎宏译，法律出版社 2003 年版，第 8 页。

尼亚州齐孚士法院就曾在一个判决中把生命开始前移到阵痛阶段。尽管该观点后被加利福尼亚州最高法院所否决，但它至少可以说明关于生命权的起始问题，在美国确是仍可讨论的。[1]另一方面，日本民法理论和实务关于人之出生采取全部露出说也不能成为否认在刑法领域对生命权之起始采取部分露出说的理由。正如大塚仁教授所言，民法领域中之区分胎儿与人所采取的全部露出说，"它与作为权利能力的主体的人相关联，与应该保护其生命·身体的刑法上的人具有不同的趣旨"[2]。

（4）对于刑法意义上的生命权开始采取部分露出说，对于平衡我国现阶段性别比例失调的问题，也具有重要的意义。无论哪一个国家、民族、地区，性别比例总是保持着相对的平衡，从而使人类得以一代又一代地繁衍昌盛，保持种族的延续和民族的兴旺。一般说来，世界范围内，男女性在出生概率上基本是相对稳定或略有微小波动的，通常波动幅度为103—107。如果男女比例过于超出这个自然比，就会造成极其严重的后果：一方面，它将导致男女婚配比例的失调，并进而引起一系列的相应后果，如买卖婚姻、调亲换亲、拐卖妇女、性犯罪的增加等。正如社会学家指出："人口数量的失控，将造成经济危机，而人口性别的失控，则不仅造成经济危机，还将造成社会危机。"另一方面，男女性别比例的失调，也会引起某些遗传性疾病的增多。有研究表明，在业已发现的6 000多种人类遗传性疾病中，有250种以上只发生在男性。而据资料反应，我国从20世纪80年代以来，人口出生比例就突破了传统正常值域103—107。伴随着生育率的持续下降，我国出生人口男女比率甚至仍在继续攀升：1982年中国第三次人口普查公布，1981年人口出生性别比为108.47；1990年中国第四次人口普查公布的1989年出生性别比则高达111.92；而根据中国政府于2000年进行的第五次全国人口普查，全国出生人口性别比为119.2，即在出生的婴儿中，男女比率达到119.2∶100。[3]这一疯狂攀升的态势一直持续到2008年，达到顶峰值120.56！当然，导致我国出现这种比较严重的性别比例失调现象的原因是多方面的。这其中既有社会管理方面的因素，也有科学技术发展所带来的在性别选择上的便利因素，更有中国根深蒂固的重男轻女、男尊女卑封建观念的影响。因此，

---

[1] 美国参议院于2003年3月13日以64∶33，众议院于2003年6月4日以282∶139通过了禁止部分出生堕胎法（the Partial Abortion Ban Act）。这在一定程度上也表明了美国刑法由全部露出说向部分露出说转变的倾向。

[2] ［日］大塚仁：《刑法概说》（各论）（第三版），冯军译，中国人民大学出版社2003年版，第24页。

[3] http://big5.xinhuanet.com/gate/big5/news.xinhuanet.com/newscenter/2003-08/26/content_1044667.htm。

要改变这一状况，归根到底有赖于人们思想的改变、社会经济的发展和文化观念的进步，而不是法律法规的规定。但至少，法律应当为解决这一问题，发挥其应有的作用。或许正是出于这样的考虑，我国立法上已经采取了相当的措施。如1994年通过的《母婴保健法》即明确禁止违法鉴定胎儿性别。2002年9月1日实施的《人口与计划生育法》第三十五条也明确规定："严禁利用超声技术和其他技术手段进行非医学需要的胎儿性别鉴定；严禁非医学需要的选择性别的人工终止妊娠。"

法律保障方面，近年来，国家同时还从政策调整、观念引导、督查指导等层面着手，全力引导、保证出生人口性别比的逐渐合理化。

效果还是很显著的。据国家人口计划生育委员会发布的《2011年全国人口和计划生育事业发展公报》显示，2009年以来，中国出生人口性别比已经连续三年下降：2009年为119.45，2010年为117.94，2011年为117.78。[1]

然而，这依然超出生物学规律所决定并经联合国确认的性别比值域最大值107许多。

在已经采取的诸多措施中，作为三大基本部门法的刑法在应对畸高的出生人口性别比问题上，目前为止，毫无建树。然笔者认为，这固执的沉默本可以至少从出生时间的认定上被打破。

根据我国《人口与计划生育法》，堕胎并非犯罪。但由于前述立法对性别鉴定予以限制的原因，理论上说，准父母事先将无法准确地知晓胎儿性别。在计划生育对子女数量的严格控制下，婴儿出生过程将会是重男轻女思想影响下的人们选择子女性别的一个大好时机。因为在此时，既可以便利地知道婴儿的性别并据此做出选择，又可以成功地逃脱法律的制裁——因为根据独立呼吸说或者完全露出说（我国几乎无人主张阵痛说或者生存可能性说），仅部分露出母体的婴儿尚未出生，不具有生命权，此时倘若杀死之，无故意杀人罪之适用。在这个意义上，在现有法律对于杀害胎儿或者正在出生的婴儿的行为缺乏法律规定的情况下，部分露出说在一定程度上可以发挥规制杀害女婴的行为，从而为我国正日益严重的性别比例失衡问题的解决做出自己的贡献。

二、生命权的终结

自然人的生命权始于出生，终于死亡。对于这一点，国内理论与实务界并无争议。然对于究竟死亡发生于何时，在理论和实践中却仍是一个疑问。尤其是

---

[1]《人口计生委：中国出生人口性别比现连续三年下降》，中国网新闻中心，http://news.china.com.cn/txt/2012−07/06/content_25838197.htm。

随着器官移植等现代生命科学技术的进步，死亡的标准也逐渐成为了各国包括刑法学界在内的法学界热烈探讨的热点问题之一。

（一）死亡的法律意义

死亡是一个涉及医学、伦理学、法学、社会学等多个学科的概念，死亡标准的选择对社会各方面均有不同程度的影响。"死亡问题作为人类生命问题的一个重要方面，将直接影响着人类法律制度的建构"[1]，科学选择死亡标准意义重大。从法律效果来看，正确认定死亡的时间（也即生命权终结的时间），在民事、刑事、行政领域具有重要意义。在民事领域，死亡的发生，同时意味着作为民事法律关系主体的特定自然人消失、财产继承法律关系的开始和婚姻关系、扶养、抚养、赡养等与人身密切相关的民事法律关系的终结；表现在民事诉讼领域，即为《民事诉讼法》第一百三十六条、第一百三十七条的规定，即一方当事人死亡的，应当中止或终结诉讼。在刑事领域，自然人的死亡即意味着生命权主体的湮灭，公民人身权利在特定对象上的不复存在，此时对之加以残戮的，再无故意杀人罪、故意伤害罪等构成的可能性（当然，对象认识错误的除外），而可能构成侮辱尸体罪。即该尸体法律保护的意义，在于保护社会管理秩序而非公民人身权利。当然，在刑事诉讼领域，自然人的死亡即意味着责任主体的消失。根据《刑事诉讼法》第十五条规定，犯罪嫌疑人或被告人死亡的，不再追究刑事责任，已经追究的，应当撤销案件。在行政领域，死亡也同样意味着作为行政行为相对人的消失和行政法律关系的终结。

如前所述，死亡这一事实的发生，对于民事、行政、刑事领域都具有重要的意义，对死亡判定标准的不同选择将导致不同的法律后果。在刑法领域，死亡标准的选择，将直接影响犯罪嫌疑人、被告人的刑事责任。首先，选择不同的死亡判定标准，可能导致罪与非罪的区别。例如，就脑死患者进行器脏移植或撤除呼吸机等装置而言，如采用心肺死亡标准，该脑死患者其时仍为活着的人，摘取其器官或撤除其维持生命装置，致使该脑死患者呼吸停止、心跳停止的行为，则应被认为是一种故意杀人的行为，构成杀人罪；如若采用脑死亡标准，则该脑死患者已为死者，没有故意杀人罪适用的余地。其次，不同的死亡判定标准，对刑法此罪与彼罪的界限划分具有重大意义。例如，某甲将毒液注入某乙脑部导致其脑死亡，但其心跳和呼吸并未因此而停止，如采用传统心肺死亡标准，则甲构成故意伤害罪，而采用脑死亡标准则其构成故意杀人罪。最后，死亡确定标准的不同，

---

[1] 刘长秋：《生命科技犯罪及现代刑事责任理论与制度研究》，上海人民出版社 2011 年版，第 251 页。

还可能导致罪轻罪重认定上的差异。如《刑法》第二百三十四条第二款规定："犯前款罪（即故意伤害罪），致人重伤的，处三年以上十年以下有期徒刑；致人死亡或者以特别残忍手段致人重伤或者造成严重残疾的，处十年以上有期徒刑、无期徒刑或者死刑。"在非使用残忍手段的场合，故意伤害案件中被害人是否死亡，对于对被告人是应适用"三年以上十年以下有期徒刑"这一档法定刑，还是应适用"十年以上有期徒刑、无期徒刑或者死刑"这一档法定刑，具有决定性的意义。

鉴于死亡标准在刑事领域中的重要意义，对于死亡标准在刑法中之确定，尤应多加研讨，科学确定。

（二）死亡确定标准述评

人们提及死亡，一般立刻会联想到心脏停止跳动和停止呼吸。这也是千百年来人类对于死亡的判断标准。

呼吸停止说在相当长的时间内一直作为各国通行的死亡判断标准，与宗教领域对死亡时灵魂与肉体相分离的认识有密切的联系。在宗教和神学界看来，停止呼吸，就意味着一个人灵魂的出窍。因此，判断一个人的死亡应从呼吸停止时起认定。如果一个人已经停止了呼吸，即认为其已经失去了生命；反之即认为其仍未死亡。如美国某州曾发生的一起案件中，法庭即认为，"仍在呼吸的人，即使处于无意识状态，也没有死亡"[1]。这种看法在很长的一段时间内一直占据着主导地位，直到医学领域通过实验的方式确认了心脏在人体中的核心地位。

17世纪，英国著名的生理学家和医生威廉·哈维采用比较的方法，通过亲自解剖大量动物，在其伟大著作《动物心血运动解剖论》中，第一次提出了血液循环的理论。他明确指出：血液不断流动的动力，来源于心肌的收缩压。因此，心脏是生命之源，犹如太阳之于宇宙。

自此，人们开始采用心脏停止跳动这一新的死亡判断标准取代了以往建立在灵魂论基础上的呼吸停止说，作为判定人之死亡的医学标准和法律标准。这一标准在随后的三百多年的历史中，一直毫无置疑地成为临床医学宣告死亡的依据和法律领域中判断生死的界限。

1951年美国著名的《布莱克法律词典》（*Black's Law Dictionary*）对死亡的定义即为："生命之终结人之不存，即在医生确定血液循环全部停止以及由此导致的呼吸、脉搏等动物生命活动终止之时。"英国《牛津法律大辞典》、我国的《辞海》也同样将心跳、呼吸的停止作为死亡的重要标准。

---

[1]［英］彼得斯坦等：《西方社会的法律价值》，王献平译，中国人民公安大学出版社1990年版，第206页。

然 20 世纪以来，这一标准正受到越来越多的挑战。

（1）实践中出现了心跳与呼吸停止后，"死而复生"的情况。如 1919 年 10 月 27 日，德国护士布劳恩因失恋而服毒自杀，经检查，其脉搏和呼吸完全停止，角膜反射消失，看不出有生命活动现象，因而其被认为已经死亡并随即被装殓入棺。14 小时后，警察开棺做例行照相，发现"死者"喉部微微活动，急送医院抢救，结果"死者"复苏过来。又如，1962 年前苏联著名物理学家朗道遭遇车祸 4 天后，心脏停止跳动，血压降为零，但经医生抢救后，心脏又开始跳动。第二周他的心脏又三次停止跳动，但每次抢救后都"死而复生"。这种例子的多次出现，使得人们对一直居于统治地位的死亡标准产生了怀疑。

（2）医学的发展打破了原来心肺功能丧失即导致整个机体死亡的局面，使得心肺功能对人之生死不再具有决定性的意义。随着医学的发展，现在的医学技术已经可以使人体的体温降低到 5—6℃，心脏和呼吸完全停止，而后经复温处置又完全恢复生命活动。在医学手术中，人工心肺机已被广泛地应用于临床。心肺功能有时甚至会被有意地暂时可逆地停止。1967 年南非医生克里斯坦·巴纳德成功地将一名 24 岁女性车祸遇难者的心脏移植到一名 51 岁男性心脏病患者体内的这一开创人类心脏移植的先河之举，更是向世人宣告，在生命科学取得了长足进步的背景下，心脏死亡并不必然意味着生命的终结。

克里斯坦·巴纳德的世界首例心脏移植手术的成功，宣告了人类死亡判定标准新时代——脑死亡标准的来临。脑死亡说认为，人脑机能不可逆转地丧失时，就标志着其已经死亡；否则不能认定死亡的发生。

但众所周知，人脑分为大脑、小脑、脑干等各自具有不同机能的几个部分，那么，脑死亡究竟何所指呢？

持脑死亡说的学者们就是否脑整体机能丧失或者脑的某一部分不可逆转地丧失机能即认为死亡，又形成了以下几种不同的学说：①脑波停止说，认为应以脑波永久地停止 (即脑电图呈现平直线) 作为人死亡的标志；②大脑死说，认为只要大脑的机能不可恢复或失去时 (出现"植物状态") 就视为人已死亡；③脑干死说，认为只要脑干的机能无法恢复或失去时，即可视为人已死亡；④全脑死说，认为只有包含脑干在内的脑整体的机能不能恢复或不可逆性地失去时，才能视为人已死亡。[1]

几种脑死说中，目前以脑波停止说受到的质疑最多。这是由于：①脑波停止说是以用脑波计测试脑波是否消失为条件的，且脑波只是人大脑皮质的一种反映；②该说在实践上也被证明是不可靠的。有研究表明，脑电图零位差的病人（他

---

[1] 参见［日］齐藤诚二：《刑法中生命的保护》，多贺出版 1989 年版，第 15—20 页。

们的新皮层在解剖意义上看已经死亡）还可继续自然呼吸达6个月之久。[1]这表明，脑电图只能在死亡的临床判断中起确证作用，而不能作为死亡的确定标准。该说在各国已鲜有支持者。

而大脑的机能主要是决定人的意识，人的大脑机能虽然丧失，脑干的机能仍然可能残留，还能自发呼吸，心跳或血液循环还能继续进行，这种处于植物状态者（植物人），按大脑死说，应被视为已经死亡。可是，把有完全的呼吸和循环机能的患者，宣告为已经死亡，并允许从其身上摘取心脏等器官移植给其他人，这既不符合传统的道德观念，也难以为社会公众所认同。正因为如此，大脑死说也不为法学和医学界所赞同。

全脑死说是1968年哈佛大学医学院特别研究小组提出的脑死亡诊断标准，因而也常被称为"哈佛标准"。持全脑死说的人认为，只有包含脑干在内的脑整体的机能不能恢复或不可逆地失去时，才能视为人已死亡。这一标准在美国1978年《统一脑死亡法》得到了体现。

"脑干死亡"概念最早由英国学者提出，并一直被运用于英国的死亡诊断标准。由于脑干是人中枢神经至关重要的部位，是意识、心跳、呼吸中枢的关键，属于生命现象的中枢。一旦脑干损坏，一切脑干反射和呼吸功能就会完全丧失，并进而引起全脑死亡。仅仅只是脑干死亡而大脑的机能仍然残留的现象几乎不可能发生。所以，一般来说，脑干死亡就意味着脑整体死亡，脑干死说与全脑死说的差别，实际上几乎无法判定，只不过是理论上的一种区分。只是在脑干一次性损伤而导致脑死亡的场合，脑干的反应全部消失后，数小时内还残留有脑波的现象有可能发生。此时，脑干死与全脑死之间有一点差别。不过，即使是在这种场合，区分两者的意义也不大。[2]或许是基于这种原因，目前的脑死说，有的国家（如英国）的通说是采取脑干死说，而有的国家（如德国、日本、瑞士、挪威、瑞典）的通说则采取全脑死说。[3]

至于脑死亡标准的法律地位，从国外脑死亡的立法来看，大体有以下三种不同的情况：①国家制定有关的脑死亡的法律，以立法形式确认脑死亡为宣布死亡的法律标准。如前文提到的美国1978年《统一脑死亡法》以及日本1997年《器官移植法》、格鲁吉亚1997《卫生保健法》等。②虽未制定正式的法律条文，但在临床实践中将脑死亡作为宣布死亡的依据。如比利时、新西兰、韩国、泰国等。③脑死亡的标准为医学界接受，但在法律和临床中尚未实际适用。

---

[1] 参见［美］威克科克斯、苏顿：《死亡与垂死》，严平等译，光明日报出版社1990年版，第58页。

[2] 参见［日］齐藤诚二：《刑法中生命的保护》，多贺出版1989年版，第84页。

[3] 参见黄丁全：《医疗、法律与生命伦理》，台湾高雄宏文馆文书图书公司1998年版，第15—30页。

（三）我国应采取的死亡确定标准

我国医学界及刑法理论与实务界的传统观点对死亡确定标准采取的都是心死说，即心脏停止跳动、呼吸和脉搏停止。[1]随着医学技术的发展和人们对死亡认识的深入，我国医学界和法学界也正在研究脑死亡判定标准，以脑死亡标准取代传统的心死说。[2]

死亡问题首先是一个科学问题，其次才是一个法律问题。因此，正确地确定死亡标准，首先应当采取一种尊重科学的态度，根据死亡真正发生的时间来认定，而不能是首先考虑采用脑死亡对于器官移植或国家医疗资源节约、减轻患者亲属压力等方面的意义。否则将是对生命价值的直接挑战。德国哲学家康德有句名言："人是目的，人在任何时候都要被看成是目的，永远不能只看成手段。"[3]尽管这一命题人们可能有多种理解，但我们坚信，这是把握生命伦理学乃至整个伦理学的十分重要的道德理念，是评价人类行为的不可动摇的价值基石。人的生命有其自在价值，这一点应成为我们判断生命始终之标准时，在心底牢牢确立的理念。因此，对于死亡的判断，应当并且只能根据可认识的作为客观现实的死亡这一事件的发生来认定，而不能出于功利的考虑人为地提前或者推后法律上对死亡这一事件的认定。

现代生物学和医学证明，生命活动的过程，是所有生物都在其组成的物质和能量连续交换中保持自身的过程。人生命的维持，主要依靠吸收和转化营养，而吸收和转化营养主要依赖于肺、心、脑三者的机能。因此，肺、心、脑三者的机能对人来说是绝对必要的，它们相互依存，密不可分。在医学不发达的时代，肺、心、脑三者之中，无论是何者先死亡，其他二者也会在短时间内（通常是三四分钟以内）出现不可逆性机能停止，人的生命即告终结。但在医学相当发达的今天，人的心、肺机能都可以由机械来取代，或通过移植而延续，也就出现了只要脑的机能正常，即便是心或肺坏死，也可以通过器官移植或使用维持生命装置来维持人正常生活的现象；而目前为止，现代医学尚不能移植更换人脑或使用机械来替代脑的机能。因此，一旦脑死亡（全脑机能不可逆性丧失），即便是使用人工呼吸机，心跳（血液循环）在一定时间内还能维持，但人的意识不可能恢复，更不可能维持正常的生活，并且这种强制性的心跳和呼吸也只能在短期（通常是一两周）内存在。脑死也就意味着人的生命不可逆转地终止。

自然，如卫生部前部长黄洁夫所言："在法律上承认脑死亡，还有助于推

---

[1] 参见高铭暄、马克昌主编：《刑法学》（下编），中国法制出版社1999年版，第809页。
[2] 参见刘明祥：《脑死亡若干法律问题研究》，载《现代法学》2002年第4期，第57—64页。
[3] ［德］康德：《道德形而上学原理》，苗力田译，上海人民出版社1986年版，第81页。

进器官移植医学发展，使成千上万器官终末期病人因此得到再生的机会。目前中国心、肝、肾等器官移植在临床上已达到相当的水平，由于没有脑死亡立法，器官供体质量不如国外，器官来源的正常程序受到影响和干扰。出于对供体来源的怀疑，中国在临床器官移植领域的科研成绩得不到国际承认，论文不能发表，同时容易招致一些敌对势力造谣，歪曲事实进行攻击。"并且，"更能倡导精神文明和社会进步：能把有限的医疗卫生资源用在更有效的地方，使广大的人民群众受益；能更新几千年形成的死亡观念，加强社会主义精神文明建设，与国际接轨，改变中国的国际形象；还能使移植器官来源更加充分。"[1]但这些都不过是在对死亡的标准正本清源之后得到的额外奖赏，而不能作为采取脑死亡标准的原动力。

对死亡标准科学性的反思以及移植器官来源、倡导精神文明等因素的考虑，中国卫生部近年来正考虑以脑死亡标准取代传统的心死说标准。据媒体报道，2002年10月卫生部脑死亡法起草小组即已完成了《中国脑死亡诊断标准》（第三稿）。2003年4月10日，武汉市同济医院的专家按照卫生部脑死亡法起草小组的标准，在征得病人家属的同意后宣布一位脑干出血的毛姓患者正式死亡。这是中国内地首例真正意义的脑死亡病例。2009年4月初，据卫生部发布的消息，脑死亡标准起草小组制定了《脑死亡判定标准（成人）（修订稿）》和《脑死亡判定技术规范（成人）（修订稿）》，这两个文件规定了脑死亡判定的先决条件、临床判定、确认试验和判定时间等，明确了判定三步骤：脑死亡临床判定、脑死亡确认试验和脑死亡自主呼吸激发试验。只有三步骤均符合判定标准，才能确认为脑死亡。

但脑死亡立法是对中国几千年死亡观念的突破，为充分体现国际脑死亡研究最新成就，使诊断标准做到科学性强、实用性强、可操作性强，中国卫生部的脑死亡诊断标准虽已六易其稿，却仍然没有进入立法程序。

原则上笔者赞同以脑死说作为死亡判断标准，但却并不赞同目前立即将脑死亡标准立法化，并一刀切地在我国境内全面推行。这是因为：

（1）我国幅员辽阔，地区差异大，相当地区目前并不具备对死亡采取脑死亡说的医疗物质、技术条件和文化条件。法律不仅是一个规则体系，而且也是一个制度体系。法律制度直接体现了法原则的精神内核、法律所追求的价值目标以及社会的现实需求，并由此而成为相应规则产生和变更的依据。而制度的完善绝非朝夕蹴就。它必须根植于实践、具有应然和实然的正当性，才可能具有旺盛的生命力。尽管如前所述，脑死亡标准较心死标准更为科学，但是要确立一种新的

---

[1]《卫生部制定脑死亡诊断标准》，人民网，http://health.people.com.cn/GB/30830/30878/7630507.html。

死亡判断标准，不仅仅涉及脑死亡标准本身的科学性，而且与一国的整体医疗技术水平、伦理道德、传统习俗和观念密切相关。因此，对于死亡标准的立法化，必须要与一国的经济、科学、文化的发展水平相适应。而我国目前相当多的地区，尤其是不发达地区的一些中小型医院根本不具有脑死亡检测仪器、手段及相当水平的医师；从文化角度来看，立法与医疗科学的一个重要区别即在于，立法必须考虑科学与传统的衔接、民众的承受能力以及法律的可行性等因素。心死标准曾与我国几千年的死亡文化如影相随。因此，即使是从法律的可行性和社会稳定的角度出发，在脑死标准立法之前，也应给予医学界一段时间以切实可靠的证据和方法让民众认识到，脑死亡就是死亡，而不是一蹴而就地直接全面适用。

（2）自1968年美国哈佛大学研究小组提出脑死亡诊断标准的"哈佛标准"以来，全世界实施脑死亡标准的国家已达80多个，但同时，死亡诊断标准也出现了多种，呈现出多元化的格局。如，"哈佛标准"以"脑功能不可逆性丧失"作为脑死亡诊断标准，而英国1976年制定的英国脑死亡标准以脑干死亡为标准并进而于1995年由英国皇家医学会提出脑干死亡标准，格鲁吉亚1997年《卫生保健法》对脑死亡的标准却是"脊髓基本节段和脑功能的不可逆终止"……如此众多的不同的脑死亡标准的提出，客观上也正说明脑死亡诊断标准尚未形成统一的认识。

脑死亡诊断标准确定若不合理，将会产生极大的危险：对于尚未死亡的患者作为死者进行火化或者掩埋等处置并因而导致其生命的丧失。据北方网报道，重庆赴泉务工的彭某即在被医生认为已经脑死亡29个小时后恢复了自主呼吸和大脑思维。[1]而根据我国其时正在交学术界讨论的《中国脑死亡诊断标准》（第三稿），脑死亡观察时间自首次确诊后，观察12小时，即可确认脑死亡。倘若真是按照该标准，恐怕彭某只能在火化炉中被活活地烧死了。

从世界脑死亡立法史来看，一般也走过了一条"先实践后立法"的道路。根据现有资料表明，在西方已经承认脑死亡的国家中，仅新加坡一国是先有脑死亡立法，然后再开展脑死亡诊断。一般都是先将脑死亡作为临床死亡诊断的标准之一，在具备条件的地区医院试行，如此积累一定的经验并在民众中逐渐得到认同后，方进行脑死亡立法。

出于上述各因素的考虑，笔者认为，目前我国不宜全面推行脑死亡标准，而宜两种死亡标准并存。这在世界脑死亡立法上也是有例可循的。

就死亡的判定标准而言，各国及地区根据具体情况的不同，存在两种立法

---

[1] 参见《大脑停止活动60小时后复活 冲击脑死亡标准》，北方网，http://health.enorth.com.cn/system/2003/11/10/000665282.shtml。

模式：一种是把脑死亡作为唯一的死亡判定标准。如瑞典 1987 年的《关于人死亡的判定标准的法律》第 1 条规定："脑的整体机能不可逆性完全丧失时，视为人已死亡。"另一种则是把脑死亡和心脏死亡并列作为死亡的判定标准。例如，美国堪萨斯州 1970 年的《死亡和死亡定义法》，允许医生使用"脑死"或者"心死"两种死亡标准。而现今美国的《统一死亡的判定法案》规定："（1）血液循环和呼吸机能不可逆性停止，或者（2）包括脑干在内的全脑之所有机能不可逆性停止被确认时，即视为人已死亡。"美国俄勒冈州的法律也规定："在决定一个人死亡时，要以自发的呼吸和循环功能不可逆转地停止，或者是自发的脑功能不可逆转地停止为前提。"1969 年由瑞士医师学会制定的《死亡之定义和判断之标准》中也确定了脑死标准与心死标准并用的模式。

可喜的是，笔者的这一考虑，恰与卫生部有关人员的认识相一致。卫生部前部长黄洁夫就此问题，曾公开指出："由于脑死亡立法对中国司法界是个新课题，又有传统、宗教等影响，中国人接受新的死亡概念可能会有个过程。"因此，"心跳呼吸停止和脑死亡两种概念可以同时并存，群众选择死亡界定可以择其一或两种标准，允许有个逐步认识的过程。在转变传统观念的同时，中华医学会、中国医师协会等有关部门还要做好几方面的准备：确定脑死亡诊断标准、检查技术规范以及管理程序。只有在这个前提下才能立法。"[1]

第二节　生命权刑法保护之体现

在前章中，笔者已经论述，生命权的内容应包括生命安全维护权和司法保护请求权，其中，生命安全维护权又包括三项具体权利，即生命延续的权利、自卫权以及改变生命危险环境的权利。鉴于改变生命危险环境的权利主要体现在民法领域，本节讨论生命权刑法保护之体现，主要从刑法对生命延续权利、自卫权以及司法保护请求权这三项具体权利内容的保护加以阐述。

一、对生命延续权利的刑法保护

（一）将侵犯生命权的行为规定为犯罪

刑法是规定犯罪与刑事责任的法律。因此，其对生命权的保护最基本的方式即是对侵犯生命权的行为规定为犯罪并确定行为人应承担的相应的刑事责任。

---

[1]《卫生部制定脑死亡诊断标准》，人民网，http://health.people.com.cn/GB/30830/30878/763050 7 .html。

根据犯罪对象的不同，侵犯生命延续权的犯罪又可分为针对一般公民的犯罪与针对犯罪嫌疑人、被告人和罪犯的犯罪。

1.侵犯一般公民生命权的犯罪

侵犯一般公民生命权的犯罪，最基本的便是故意剥夺他人生命的行为和过失导致他人生命被剥夺的行为，即故意杀人罪与过失致人死亡罪。此外，我国现行《刑法》还在其他各章中规定了一些涉及生命权被侵犯的犯罪。

2.故意侵犯犯罪嫌疑人、被告人和犯罪人生命的犯罪

除了普遍适用的故意杀人罪、过失致人死亡罪等外，《刑法》第二百四十七条、第二百四十八条还特别规定了由刑讯逼供、暴力取证和虐待被监管人致人死亡所转化而成的故意杀人罪。法条表述为："司法工作人员对犯罪嫌疑人、被告人实行刑讯逼供或者使用暴力逼取证人证言的，处三年以下有期徒刑或者拘役。致人伤残、死亡的，依照本法第二百三十四条、第二百三十二条的规定定罪从重处罚。"（第二百四十七条）"监狱、拘留所、看守所等监管机构的监管人员对被监管人进行殴打或者体罚虐待，情节严重的，处三年以下有期徒刑或者拘役；情节特别严重的，处三年以上十年以下有期徒刑。致人伤残、死亡的，依照本法第二百三十四条、第二百三十二条的规定定罪从重处罚。""监管人员指使被监管人殴打或者体罚虐待其他被监管人的，依照前款的规定处罚。"（第二百四十八条）

（二）死刑存在条件下对自然人生命延续权的一般保护

死刑存在条件下，对依法不应被剥夺生命权的行为人生命若是予以剥夺，即使是以国家的名义，应当说，也是对自然人生命延续权利的一种侵犯。[1] 在这个意义上，死刑存在条件下，对死刑适用的限制，也体现了制定法对生命权的保护。

1.罪刑法定原则

罪刑法定原则基本含义为"法无明文规定不为罪，法无明文规定不处罚"。从该原则所蕴含的出罪机制出发，它即意味着公民不受非法刑事追诉以及因此导致的刑事责任的承担，包括死刑。

2.罪责刑相适应原则

罪责刑相适应原则，是指刑罚的轻重应当与犯罪的轻重相适应，即通常所说的罪刑相当或者罪刑均衡，也就是犯罪与刑罚之间要保持内在的、对应的均衡关系。它包括立法上罪责刑的均衡与司法上的重罪重判，轻罪轻判。体现在我国《刑法》第五条中的规定："刑罚的轻重，应当与犯罪分子所犯罪行和承担的刑

---

[1] 至于死刑之存在本身是否为对自然人生命权的侵犯，则是一个纷争问题。对此，将在后文加以讨论。

事责任相适应。"

罪责刑相适应原则在立法上的贯彻，使得死刑这种法定刑只被配置于重罪，而不至于对轻罪规定死刑，在死刑被适用的可能性上给予限制。而其在司法上的贯彻，则是在死刑的现实适用上予以限制。

3. 死刑的限制

（1）罪质上的限制。《公民权利和政治权利国际公约》第六条规定："在未废除死刑的国家，判处死刑只能是作为对最严重的罪行的惩罚。"在存在死刑的国家，死刑只应作为最严重的罪行的刑罚这一罪质上的限制，堪称最有力的死刑限制。确保死刑仅被适用于最严重的罪行，则使得实施其他一般罪行的行为人免除了被剥夺生命权的可能性和现实性。

这一限制在我国刑法中表现为《刑法》第四十八条关于"死刑只适用于罪行极其严重的犯罪分子"的规定。这一立法上的限制，在司法实践中也得到了严格的遵守。2010年2月8日印发的《最高人民法院关于贯彻宽严相济刑事政策的若干意见》中再次明确，对于"因婚姻家庭、邻里纠纷等民间矛盾激化引起的案件"，"处理时应特别慎重，除犯罪情节特别恶劣、犯罪后果特别严重、人身危险性极大的被告人外，一般不应当判处死刑。对于被害人在起因上存在过错，或者是被告人案发后积极赔偿，真诚悔罪，取得被害人或其家属谅解的，应依法从宽处罚，对同时有法定从轻、减轻处罚情节的,应考虑在无期徒刑以下裁量刑罚。"

（2）死刑多作为可选择的刑罚而非绝对确定的刑罚。在未废除死刑的国家刑法分则对个罪法定刑的规定中，死刑一般被作为可供选择的刑种之一，而极少被作为绝对确定的法定刑被适用。相对确定的法定刑使得根据罪责刑相适应原则排除死刑的实际适用成为了可能。

（3）对象上的限制。我国限制死刑适用的另一个重要途径就是限制适用死刑的犯罪主体范围。《刑法》第四十九条规定："犯罪的时候不满十八周岁的人和审判的时候怀孕的妇女，不适用死刑。"不仅如此，2011年2月25日，第十一届全国人民代表大会常务委员会第十九次会议通过的《中华人民共和国刑法修正案（八）》[后文简称"《修正案》（八）"]新增规定进一步将死刑适用限制对象扩大至75周岁以上的老年人。《修正案》（八）第三条在《刑法》第四十九条中增加一款作为第二款："审判的时候已满75周岁的人，不适用死刑，但以特别残忍手段致人死亡的除外。"这一规定成功将绝大多数75周岁以上的犯罪人屏蔽在死刑的适用之外。

（4）死刑的核准与执行。①死刑的核准。在死刑存在的前提下，死刑的程序上的审慎适用，同样也可以体现出对公民生命权的尊重。我国《刑法》第四十八条第二款规定："死刑除依法由最高人民法院判决的以外，都应当报请最高人民法院核准。死刑缓期执行的，可以由高级人民法院判决或者核准。"在认真贯彻"保留死刑、严格控制死刑和慎重适用死刑"的死刑政策的指导下，我国司法机关正进一度提高死刑案件的审查力度。自2007年1月1日起，将原下放的死刑核准权统一收归最高人民法院行驶。②死缓制度。死缓作为一种有别于死刑立即执行的特殊的死刑执行制度，是我国在死刑限制上的一个重要突破。根据我国[经《修正案》（八）修正后的]《刑法》第五十条的规定："判处死刑缓期执行的，在死刑缓期执行期间，如果没有故意犯罪，二年期满以后，减为无期徒刑；如果确有重大立功表现，二年期满以后，减为二十五年有期徒刑；如果故意犯罪，查证属实的，由最高人民法院核准，执行死刑。"死缓实际适用效果使得大量的被判处死缓的罪犯最终获得减刑，从而免予被实际剥夺生命延续的权利。从这个意义上说死缓制度是对死刑犯生命权亦予审慎考量的一项特殊制度。

二、对自卫权的刑法保护

自卫权，是指当危及生命的非法侵害行为或危险发生时，生命权人为了维护其生命安全，有权采取自卫行为或者避险行为。刑法对作为生命权具体权利之一的自卫权的保护，体现为对正当防卫权和紧急避险权的确认。

我国刑法对正当防卫权的规定体现为《刑法》第二十条。对于生命延续权利的自卫权在刑法中的确认，则集中体现在该条第一款和第三款的规定。该条第一款规定："为了使国家、公共利益、本人或者他人的人身、财产和其他权利免受正在进行的不法侵害，而采取的制止不法侵害的行为，对不法侵害人造成损害的，属于正当防卫，不负刑事责任。"这是对正当防卫权的一般规定。该条第三款则为特殊防卫权的规定，与本书论题直接相关："对正在进行行凶、杀人、抢劫、强奸、绑架以及其他严重危及人身安全的暴力犯罪，采取防卫行为，造成不法侵害人伤亡的，不属于防卫过当，不负刑事责任。"根据这两款的规定，自然人在生命权遭受侵犯时有权自卫，即使其自卫行为造成不法侵害人死亡的，只要不属明显超过必要限度，不负刑事责任。《刑法》第二十条第二款关于防卫过当应当减轻或免除处罚的规定，则是从另一个侧面反映刑法对于防卫权的肯定。

所谓"紧急避险"，根据我国《刑法》第二十一条的规定，是指为了使国家、公共利益、本人或者他人的人身、财产和其他权利免受正在发生的危险，不得已采取的损害另一较小合法利益的行为。紧急避险造成损害的，不负刑事责任。如避险超过必要限度造成不应有的损害的，应当负刑事责任，但是应当减轻或者免除处罚。

生命权的至上性，决定了其在权利阶梯中居于金字塔顶端的特殊地位。在利益大小的衡量中，生命利益理应高于其他一切利益。这也就是说，在生命权面临正在发生的紧迫危险的场合，为了使之免受侵害，而采取损害其他利益的行为，都可以被认为损害的是"另一较小合法利益"，从而被认定为是紧急避险，不负刑事责任。当然，在我们长期社会本位占据统治地位的背景下，国家利益和公共利益被认为是凌驾于私人利益，包括个人生命利益之上的。因此，实践中，如果为了保护本人或者他人的生命利益免受正在发生的紧迫危险而损害国家利益或者社会重大公共利益的，未必会获得非罪认定。但与其他私权利或社会一般公共利益相较，基本还是能获得排除犯罪性的共识的。

三、对司法保护请求权的刑法保护

虽然我国宪法并没有明确地将生命权及其法律保护在宪法条文中予以明文规定，即使《民法通则》亦只是在第九十八条中简略地规定"公民享有生命健康权"，但 2004 年 3 月 14 日十届全国人大二次会议通过的《中华人民共和国宪法修正案》第二十四条在《宪法》第二章"公民的基本权利和义务"中新增的条款"国家尊重和保障人权"的表达，恰如其分地宣告了国家对包括生命权在内的公民基本权利所承担义务的两个方面："尊重"与"保障"。

如果说前文所涉及的对生命延续的权利和自卫权利的刑法保护更多体现国家刑事立法对生命权的"尊重"，司法保护请求权则更多地侧重于对国家刑事立法对生命权的"保障"。

《中华人民共和国人民警察法》第二十一条规定："人民警察遇到公民人身、财产安全受到侵犯或者处于其他危难情形，应当立即救助。"根据该条，人民警察当公民生命权受到侵犯或者威胁时，负有保护的义务。从另一个方面来看，这也是对公民（生命）司法保护请求权的一种法律确认。对于公民（生命）司法保护请求权侵犯程度严重的，刑法也以将之犯罪化的方式对（生命）司法保护请求权予以保护。

刑法对于（生命）司法保护请求权的保护，并非仅仅笔者根据刑法作为其他部门法的后盾的原理推导所主观臆测，而是在现实法律中得到了具体的明确。《中华人民共和国人民警察法》第二十二条："人民警察不得有下列行为：……（十一）玩忽职守，不履行法定义务"；该法第四十八条："人民警察有本法第二十二条所列行为之一的，应当给予行政处分；构成犯罪的，依法追究刑事责任。"显然，联系该法第二十一条、第二十二条、第四十八条，合理的推论即为：人民警察在遇到公民人身、财产安全受到侵犯或处于其他危难情形时，玩忽职守，不立即予以救助，构成犯罪的，依法应追究刑事责任。

而根据《刑法》第三百九十七条规定："国家机关工作人员滥用职权或者玩忽职守，致使公共财产、国家和人民利益遭受重大损失的，处三年以下有期徒刑或者拘役；情节特别严重的，处三年以上七年以下有期徒刑。本法另有规定的，依照规定。"人民警察显然属于国家机关工作人员。其玩忽职守，侵犯公民（生命）司法请求保护权，情节严重的，依法构成渎职罪，承担相应的刑事责任。

第三节　生命权刑法保护基本原则

生命权刑法保护，作为刑法对公民基本权利保护的一个重要组成部分，自然应遵循所有刑法基本原则。然，生命权作为最基本、最重要的人权，仍有其特殊性。针对生命权保护中现实存在的问题，笔者将生命至上原则、平等原则和个案量刑独立原则作为生命权刑法保护基本原则提出，以为昭示。

一、生命至上原则

我国台湾及德日刑法学界关于生命之刑法保护基本原则，多主张"生命绝对保护原则"或"生命绝对不可侵犯原则"。[1]笔者亦赞同其所言之刑法上无所谓"无生存价值之生命"，举凡有生命之自然人均在刑法保护之列的认识。由于"生命绝对保护原则"或"生命绝对不可侵犯原则"的表述易使人曲解为一切致人于死的行为均应负刑事责任，不从之。

说生命至上，一方面是指一切有生命之自然人的生命均受刑法保护，既不能以生命质量之低下，也不能以现实社会性之欠缺为由，将部分人排斥在生命权刑法保护之外。即使是已在死亡边缘的重症患者、残障人士、痴呆等，其生命亦不能被非法剥夺；由狼"抚育"的"狼孩"，虽在一定程度上欠缺社会性，但由于其仍存在具有社会意识与劳动能力之可能性，该当我们前文所界定"人"之概念与特征，其生命权也应受到刑法的一体保护。故意杀害"狼孩"的，同样构成故意杀人罪。当然，克隆人由于欠缺人之自然属性，不能成为生命权的有效载体。关于此，前文已有详细的阐述，不赘述。

"生命至上"另一层面则是指，与其他权利相权衡而言，"生命法益高于

---

[1] 参见林山田：《刑法特论》（上册），台湾三民书局 1978 年版，第 31 页；〔日〕木村龟二主编：《刑法学词典》，顾肖荣等译，上海翻译出版公司 1991 年版，第 188 页。

其他一切法益"[1]。生命权作为自然人最基本、最重要的权利，是享有其他所有权利的前提；对于国家与社会而言，也只有尊重并全力保护作为其基本组成元素的公民的生命权，方有其存在、发展之可能。

关于生命权之至上性，本书第一章中已做详细阐述，兹不赘述。在此，仅从生命权之至上性在立法者潜意识中客观存在的角度谈谈其应然上的可能性。

且不谈《刑法》分则对于故意杀人罪基本构成所适用法定刑排列顺序之一反常态地由重到轻规定为"死刑、无期徒刑或者十年以上有期徒刑"，仅从《刑法》总则中足以显示立法者对重罪认识的几个法条分析，也足以表明立法者潜意识中对生命至上的认识。

从严格限制未成年人承担刑事责任的范围以尽可能地挽救未成年人的立法精神和罪责刑相适应的原则出发，我国《刑法》总则关于限制刑事责任年龄人应承担刑事责任的犯罪的范围、特殊防卫的范围以及排斥假释的犯罪人范围的规定，无疑体现了立法者对故意剥夺他人生命的犯罪作为最严重犯罪的认识。

限制刑事责任年龄人应当承担刑事责任范围的列举中，无论是现行《刑法》，或是1979年《刑法》，甚至是现有资料可查的所有立法草案中，位于首位的无一例外都是故意侵犯自然人生命权的典型犯罪——故意杀人罪，虽然表述上或有细微的差别。现行《刑法》表述为："已满十四周岁不满十六周岁的人，犯故意杀人、故意伤害致人重伤或者死亡、强奸、抢劫、贩卖毒品、放火、爆炸、投毒罪的，应当负刑事责任。"

《刑法》第二十条第三款关于特殊防卫造成不法侵害人伤亡，构成正当防卫而非防卫过当的提示性规定中，强调范围为"严重危及人身安全的暴力犯罪"，在某种程度上说，也表明了国家立法者潜意识对生命权之至高无上地位的默认。根据《刑法》第二十条第一款的规定，正当防卫既可是为了防卫本人或者他人的人身权利免受侵害，也可是为了使国家、公共利益、本人或者他人的财产权利或者其他权利免受不法侵害而实施。而第二十条第三款仅规定，对严重危及人身安全的暴力犯罪的防卫，造成不法侵害人伤亡的属于正当防卫所必要的限度范围之内，而并未包括危害国家利益的犯罪、危害公共利益的犯罪等。这表明，在立法者潜意识中，侵犯公民人身权利的犯罪重于其他犯罪。而生命权是人身权利之首。

此外，《刑法》第八十一条第二款关于不得假释对象的规定也限于："累犯"以及"故意杀人、强奸、抢劫、绑架、放火、爆炸、投放危险物质或者有组织的暴力性犯罪被判处十年以上有期徒刑、无期徒刑的犯罪分子"。该规定中，"故意杀人"所处的首要位置同样也体现出立法者对剥夺他人生命行为最强烈的否定。

---

[1] 林山田：《刑法特论》（上册），台湾三民书局1978年版，第59页。

当然，正如我们所言，生命至上仅仅在立法者的潜意识而非显意识存在。论其根源，仍在于我们中华几千年来泯灭个人的集体主义文化。国家、集体利益高于个人利益，即使是个人的生命。这一观念今天仍被一再灌输给包括我们在内的每一个国民。这样的背景下，不弘扬生命至上，难免会导致在权利冲突场合，如紧急避险中，对生命权有意无意的漠视。

笔者如此说并非无稽之谈。重庆开县"12·23"川东气田特大井喷事故的发生和扩大，与生命至上原则的未确立即大有关联。根据国务院事故调查专家组《关于川东钻探公司"12·23"井喷特大事故原因的专家鉴定报告》分析："12月 21 日下钻的钻具组合中，有关人员去掉回压阀，违反了《罗家 16H 井钻开油气层现场办公要求》的明文规定，是导致井喷失控的直接原因。"《关于川东钻探公司"12·23"井喷特大事故调查组技术报告》中对井喷事故原因分析也指出：卸掉回压阀"致使起钻发生井喷时钻杆内无法控制，使井喷演变为井喷失控"。而这一明显的故意违规操作，其目的仅仅是为了延长钻具使用寿命，节约成本！而后来事故发生后可点火以控制事态发展的十多个小时中，点火决定所以未被做出，亦是因为"担心井场爆炸，造成巨大损失"。值得深思的是，不仅犯罪嫌疑人吴华如是说，其他工程师也称，他们"在早年接受的教育就是，为了保护国家财产，有时甚至可以牺牲自己的生命。因此，要一把火烧掉巨额的国家财产，现场指挥员谁也不敢说能承担这个责任"[1]。

倘崇尚生命的观念已在民众心中树立，生命至上原则在法律上被确认，则此种行为显然属合法限度范围之内的紧急避险，吴华等当不至于害怕承担法律责任而眼睁睁地看着点火的良机被错过，243 个生命也不至这样无谓地逝去。

二、平等原则

（一）平等原则的一般理论

什么是平等？美国学者乔·萨托利说："平等表达了相同性的概念……两个或更多的人或客体，只要在某些或所有方面处于同样的、相同的或相似的状态，那就可以说他们是平等的。"格言"同样情况同样对待"（treat like cases alike）、"不同情况不同对待"（treat different cases differently）同样也是以相同性来表达对平等的理解。但相同性仅表明了平等一个方面的特征，而远未揭示其实质。

---

[1]《背景披露：18 个小时　重庆井喷现场到底发生什么》，新浪网新闻中心，http://news.sina.com.cn/c/2004-02-06/11132786240.shtml。

从起因上看，平等可以是自然平等，如人们在性别、肤色、年龄、健康、体力等方面的相同性，也可以是社会平等，如收入、待遇、贵贱等方面。作为一个法律原则，平等只能是具有道德评价内容的社会平等，就其实质，无非是权利平等。因此，《法国人权宣言》说："平等就是人人能够享有相同的权利。"我国《辞海》则表述为："平等是人们在社会上处于同等的地位，在政治、经济、文化等各方面享有同等的权利。"

平等的要求，在人类社会历史上始终存在，并成为了社会进步的重要概念和推动法治理念的重要力量。在奴隶社会，奴隶只是会说话的工具，对其杀害在法律上的意义仅仅是对奴隶主财产的毁损，行为人依法应承担的法律责任无非是赔偿奴隶主一定数额的金钱。我国封建法典之集大成者唐律也充分显示了法律的不平等。根据《唐律疏议》的记载，凡八议之人犯死罪，一般的司法机关无权审理，而须将其所犯罪行及应议的理由奏明皇帝，由皇帝亲自决定处理。八议制度不仅从实体法，还从程序法上显示了封建统治阶级在法律上的特权，明显是一种法律上的不平等。为了维护其"家国天下"，君君臣臣的封建统治秩序，唐律在法律上的不平等不仅表现在阶级之间的不平等，还表现在尊卑之间的不平等。如唐律规定，谋杀期亲尊长（祖父母、伯叔父母、在室姑等）、外祖父母、夫、夫之祖父母，即便未造成任何伤害结果，不分首从，一律处以斩刑。而一般谋杀人者，不过徒三年；已伤者，绞；已杀者，斩。

不平等的现实，激起了无数仁人志士的反抗。陈胜吴广震耳欲聋的呐喊"均贫富、等贵贱"，表达了下层劳动人民对平等的渴望。近代启蒙运动更是将平等提高到与自由、人权相并列的重要地位。启蒙思想家们多从自然状态的假设出发，鼓吹人人平等。如卢梭通过考察人类不平等的起源和基础，提出：我们可以断言，在自然状态中，不平等几乎是不存在的。由于人类能力的发展和人类智慧的进步，不平等才获得了它的力量并成长起来。由于私有制和法律的建立，不平等终于变得根深蒂固而成为合法。[1] 启蒙思想家们倡导的平等与自由成为资产阶级反对封建压迫的武器并在资产阶级革命胜利后被确立为法律基本原则。发过 1789 年《人权宣言》第 6 条规定："一切公民在法律面前一律平等。"在资本主义法治道路上迈出了至关重要的一步。

法律面前人人平等，最基本也是最首要的即为生命权人人平等。离开了生命权的平等去论及其他的权利诉求，无异于空中楼阁。从这个角度来说，我们有序的法治理念的建立，离开了生命权平等这样的基本理念便无从谈起，遑论社会主义法治国家的建立。

---

[1]参见［法］卢梭：《论人类不平等的起源和基础》，李常山译，商务印书馆 1962 年版，第 145 页。

我国《宪法》第三十三条庄严宣告："中华人民共和国公民在法律面前一律平等。"确立了我国宪法中的法律面前人人平等原则。而现行《刑法》第四条关于罪刑平等原则的规定——"对任何人犯罪，在适用法律上一律平等。不允许任何人有超越法律的特权"便是其在刑法领域的直接体现，也为生命权刑法保护的平等原则提供了现实的法律依据。

（二）生命权平等保护的根据

生命权作为自然人的基本人权，理应获得法律的平等保护。关于这一点，现代社会基本无甚异议。然对于生命权平等保护根据之所在，却是见仁见智。

如前所述，启蒙思想家们一般从自然状态与天赋人权去寻找理论根据。他们认为："人权是所有的人因为他们是人就平等地具有的权利。"[1] 有的人甚至转向物种特性去寻找人权平等的依据，认为："我们的人性怎么能证明我们有权得到这些平等呢？这个问题的答案是，作为人，我们都是平等的。……就是说，所有人都具有相同的物种特性。"[2]

无论是天赋人权说或是物种特性说都难以作为自然人享有的包括生命权在内的基本人权应受到平等保护的合理解释。这并不仅仅是因"天赋人权说之唯心主义立场和物种特性说将人降低到其他动物之同一地位，即使对现实问题，天赋人权说与物种特性说也并不能提供令人满意的解决。如胎儿，无论是从天赋人权或是物种特性上说，胎儿都应与人享有同样的基本人权。因为在上帝的眼中，它与人一样都是上帝的羔羊，具有相同性，理应被同样对待，平等享有包括生命权在内的基本人权。从物种特性上来说更是如此，胎儿与人在物种上完全相同。然而，从世界各国的法律和传统来看，对胎儿生命与自然人生命的保护，远远未达到平等的程度，即使是在禁止堕胎的国家，也仅仅是限制一定条件下、一定发育期后的堕胎。

关于这个问题，马克思主义的经典回答是："人权之作为人权是和公民权不同的。和公民不同的这个人究竟是什么人呢？不是别人，就是市民社会的成员。为什么市民社会的成员称作'人'，……因为这种人，市民社会的成员，就是政治国家的基础、前提。国家通过人权承认的正是这样的人。"[3] 这就是说，人权的依据在于：每个人都是缔结、创造社会的一个成员。社会不过是无数个体的结

---

[1] 沈宗灵、黄枬森主编：《西方人权学说》（下），四川人民出版社1994年版，第116页。

[2] ［美］艾德勒：《六大观念》，郗庆华、薛金译，生活·读书·新知三联书店1991年版，第170页。

[3]《马克思恩格斯全集》第1卷，人民出版社1956年版，第436页。

合。每个人不论健康状况、政治地位、品性、才能大小等如何，只要他生活在社会中，便为社会做了一大贡献：即缔结、组成社会。在缔结、组成社会这一最基本、最重要的贡献来说，每个人的价值是完全一致的。而这一贡献也正是每个人的基本权利，尤其是生命权应获得平等法律保护的根本依据，正如潘恩所言："每个人都是社会的一个股东，从而有权支取股本。"[1] 换言之，"我们支持个体权利是因为人的价值是我们宪法的创始者们所预想的社会的基础……同样的价值应在我们的刑法中体现。"[2]

（三）平等原则在生命权刑法保护中的贯彻

平等原则在生命权刑法保护中的贯彻主要体现在以下几个方面。

1.对被害人与加害人生命权平等保护

如前述，每一个人作为人类社会的一分子，其生命都是有价值的，都应当得到平等的保护，即使其是无恶不作的恶人。因此，即使是在正对不正的场合——正当防卫中，各国刑法也都从防卫限度上对正当防卫的成立予以限制，对被害人与加害人包括生命权在内的基本权利给予平等保护。我国刑法第二十条第二款规定："正当防卫明显超过必要限度造成重大损害的，应当负刑事责任，但是应当减轻或者免除处罚。"根据这一规定，防卫行为所保护的利益明显小于不法侵害行为给被害人造成损害的利益的，如强奸案中被害人将强奸犯杀死的行为，即可能因防卫过当构成故意杀人罪。当然，这里涉及对《刑法》第二十条第三款如何理解的问题。

《刑法》第二十条第三款规定："对正在进行行凶、杀人、抢劫、强奸、绑架以及其他严重危及人身安全的暴力犯罪，采取防卫行为，造成不法侵害人伤亡的，不属于防卫过当，不负刑事责任。"对此，有人认为是无限防卫权的规定，认为该条意味着在防卫严重危及人身安全的暴力犯罪过程中，不存在防卫过当。根据这种理解，完全可能出现的后果是，行为人本可采用较小的防卫强度制止不法侵害而采取了对侵害人致死的强度。笔者认为，《刑法》第二十条第三款的立法精神并非要置不法侵害人于死地而后快，只是表明在针对严重危及人身安全的暴力犯罪进行防卫时，可以不顾虑造成不法侵害人伤亡造成过当而实施正当防卫，而非鼓励公民不加限制地行使正当防卫权。该款仍属正当防卫的一部分，与第一、二款的原理、原则完全一致，受正当防卫构成条件的限制。如甲欲对乙实施强奸。

---

[1] ［英］潘恩：《潘恩选集》，马清槐等译，商务印书馆1981年版，第143页。

[2] Samuel H. Pillsbury. *Judging Evil: Rethinking the Law of Murder and Manslaughter*. New York University Press，1998，p.15.

正在乙极力反抗的过程中，乙夫丙回到家中。丙本打昏甲即可达到防卫效果，却有意挑了一把锋利的杀猪刀，朝甲之要害部位给予了致命一刀，致甲当场死亡。此案件中，虽丙主观意图在于防卫，而无杀人之直接故意，但其行为仍不免（间接故意）故意杀人罪之构成。从这个角度来说，我国刑法关于正当防卫的规定仍然对不法侵害人的生命权给予了关注，一如其对被害人生命权的关注。

2.对被害人的平等保护

（1）对侵犯生命权犯罪的定罪与量刑不因行为人与案件无关因素而有所差异。将侵犯生命权的行为规定为犯罪，并对行为人追究刑事责任，是刑法对自然人生命权予以保护的重要方式。对于行为人侵犯生命权的行为平等地追究刑事责任，是对被害人生命权平等保护的体现之一。

一度被媒体炒得沸沸扬扬的"科学家杀妻案"曾极大地引起了人们对平等追究行为人刑事责任的关注。[1]值得庆幸的是，法院并未因行为人徐建平作为纺织科学家身份和贡献而影响对本案的定罪与量刑，较好地贯彻了平等原则（当然，笔者在此仅就是否因行为人无关因素影响案件定罪量刑而言，并非表示对本案判处死刑的赞同）。

（2）对被害人生命权的保护不因被害人自身生理特性或社会特性而不同。每个人作为社会成员，其生命价值应平等地得到法律（包括刑法）的保护，无论其身体健康状况、年龄等生理特征或社会地位上的差异，这更是生命权平等保护的应有之义。

在现代刑法对生命权的保护中，平等原则常常容易被有意或无意忽视，尤其是在被害人自然特性或社会特性上具有一定特殊性的场合。典型情况是对植物人、危重病人、婴儿、尊亲属等人员生命权的保护。

所谓"植物人"，根据1996年4月，中华医学会急诊医学会意识障碍专业组在南京召开的有关"植物状态"（Persistent Vegetative State，简称"PVS"）的专业会议上，全国著名的神经内科、神经外科、急救医学及神经生理等专业的17名专家，在会上讨论确定的定义，植物状态是指："一种特殊的意识障碍，主要表现为对自身和外界的认知功能完全丧失，能睁眼，有睡眠——醒觉周期，下丘脑及脑干功能完全或部分保存。"[2]根据该定义和脑死标准，植物人虽无法

[1] 据《中国青年报》报道，2002年4月，浙江省绍兴县绍兴轻纺科技中心有限公司总经理徐建平，因为杀妻分尸被当地法院一审判处死刑。判决结果出来后，当地法院同时收到近200人上书求情，请求法院枪下留人。上书者多数为知识阶层人士，理由是徐建平为中国纺织行业做出过突出贡献。
[2] 参见吴翠丹：《浅谈植物人的生命权利》，载《中国医学伦理学》2002年第3期，第14页。

像一般人一样做出意识反应、说话、行动，但仍享有生命权。至于危重病人与婴儿，同样不过是在健康状况上逊于健康人或在年龄以及与此相关的生理特征、心理特征上与成年人有所差异，无关生命本质。网络曾盛传的婴儿临火化大哭事件之所以引起轩然大波，充分表明了社会公众朴素观念中对生命权无关年龄、出生形式的认同。[1]毕竟，这些弱势群体就其作为人及其为人类社会之一员这一基本贡献而言，与其他社会成员无本质的不同，其生命权理应得到包括刑法在内的法律的平等保护。

如果说对弱势群体生命权的保护是强调不将任何人人为地排斥在生命权刑法保护范围之外的话，反对对尊亲属等具有特殊社会地位的人员的生命权予以特别保护，则是问题的另外一个方面。如日本刑法中杀害尊亲属罪之所以于1995年修改刑法时被全部删除，最根本的原因即在于违反宪法第14条第1款的规定，无效。按日本宪法第14条的规定，平等权的内容是：一切国民在法律面前处于平等地位，不得因人种、信仰、性别、社会身份或门第在政治、经济以及社会关系方面受到歧视。如果一种区别对待在相应具体案件中缺乏合理根据，这种区别对待就应该禁止。而日本刑法第200条的立法目的在于，对于受到一般社会强烈的道义谴责的配偶之间或尊亲属之间的犯罪行为予以严惩以防止该类案件的发生。虽然对于尊亲属间的犯罪行为区别对待、加重处罚的刑法的相关规定并非缺乏合理的根据，但将该情节类型化，在法律上规定为加重法定刑的情节，过于严厉，作为达到上述立法的目的手段有失均衡。正是在这个意义上，最高法院的违宪审查中，多数意见认为，该区别具有明显的不合理性，该刑法条款违反宪法。当然，也有少数人意见认为，在普通杀人罪之外，规定杀害尊亲属罪的加重类型自身就是违反日本宪法第14条第1款的。[2]

3. 紧急避险中的生命权平等保护

紧急避险中生命权平等保护的实现，体现在紧急避险中，对避险行为人的生命价值与受害人生命价值的等值看待。这在实践中，直接关系到一个问题，那就是，紧急避险中是否允许牺牲他人的生命以保存自己的生命。

如案例：李某，女，某日晚上骑自行车下乡，路遇男青年张某抢车。李某运用机智将张某击昏在地后，欲骑车去报案。当李某来到最近的一个屯子时，仅

[1]《据称婴儿将被火化时哭叫　殡仪馆称送医院未抢救》，新浪网新闻中心，http://news.sina.com.cn/s/2010-05-14/020320267500.shtml。

[2]参见莫纪宏：《日本违宪审查制度的演变和发展》，北大公法网，http://article.chinalawinfo.com/Article_Detail.asp?ArticleId=56705。黎宏：《日本刑法精义》，中国检察出版社2004年版，第287页。

一户人家亮着灯，遂投奔而去。李某向女主人说明遭遇后，该老太太深表同情，并邀其留宿，明早再去报案。考虑到安全问题，李某同意留宿。老太太安排李某与自己 19 岁的女儿同宿。孰不知，此处正是抢劫犯张某的家。张某醒来回家后，意外地发现自己抢过的自行车居然在自己家中，于是向其母亲询问情况。得知情况后，张某害怕该女青年告发，打算将该女杀死，遂问李某睡觉的位置和方向。其母说，李某睡在外侧，其妹睡在里侧。张某用铡刀拨开房门，在黑暗中摸准睡在外侧的人的人头，猛砍一刀，然后悄声离去。然而，实际上，被其砍死的是其妹而非李某：李某因受惊未能正常睡着，将张某母子的谈话都听得一清二楚。出于无奈，为自保，李某悄悄地将张妹推到土炕的外侧，自己则睡在里侧。后，李某趁张某母子转移尸体的间隙，骑车回县公安局报案。

该案在审理过程中，主张紧急避险者有之，主张故意杀人者亦有之。以该案契机，紧急避险中生命权的冲突问题引起了刑法学界广泛的思考。即，为了保全自己或他人的生命权免受危险而牺牲其他人生命的行为，是否可以被认为是紧急避险行为？或者换句话说，生命权是否可以作为紧急避险中牺牲的权益？

概括而言，讨论中形成有代表性意义的主张有三种：肯定论、否定论和折中说。

肯定论者认为，在紧急情况下，牺牲他人生命保全自己生命的行为是人的原始本性的一种复苏，是有利于实现社会的最大利益的。如王政勋教授在其专著中主张："在当时的情况下，除了道德特别高尚、极富献身精神的人之外，一般人均会做出争抢木头的行为，如果对这种行为以犯罪处理，既违背人的常情，又不可能实现刑罚的一般预防与特殊预防的目的，乃是以极高的道德标准作为决定是否适用刑罚的尺度的做法。"[1]并进而从个别情况下紧急避险所保全的法益与所牺牲的法益相等也可构成紧急避险的角度，肯定牺牲他人生命以保全自己生命的行为构成紧急避险。[2]清华大学黎宏教授亦主张，在牺牲他人以保全自己的场合，成立紧急避险。[3]

与中青年一代对牺牲他人保全自己成立紧急避险的主张相反的是，老一代著名刑法学家们对此问题则持更为谨慎的态度。如马克昌教授认为："生命权利高于其他任何权利，任何人不得以牺牲他人生命的代价来保护其他利益；生命权

---

[1] 王政勋：《正当行为论》，法律出版社 2000 年版，第 269 页。

[2] 参见陈兴良：《本体刑法学》，商务印书馆 2001 年版，第 459 页；陈兴良主编：《刑法案例教程》，中国法制出版社 2003 年版，第 89—92 页；王政勋：《正当行为论》，法律出版社 2000 年版，第 268—269 页。

[3] 参见黎宏：《刑法总论问题思考》，中国人民大学出版社 2007 年版，第 362—366 页。

利之间是等价的，不能以牺牲他人生命的代价来换取自己生命的保全。"[1]

折中论者主张，在牺牲他人以保全自己的情况下，应区分情况分别考虑。牺牲一个人的生命来保护另外一个人的生命的做法是值得商榷的，假若牺牲一个人的生命保护了更多人的生命，则应该排除犯罪的成立。如张明楷教授认为："如果不允许以牺牲一个人的生命保护更多人的生命，则意味着宁愿导致更多人死亡，也不能牺牲一个人的生命，这也难以为社会一般观念所接受。由此看来，至少对保护多人生命而不得已牺牲一人生命的行为，应当排除犯罪的成立。"[2]

生命权可否作为紧急避险中牺牲的权益，在域外的纷争中同样存在肯定论、否定论和折中说的分歧。

持肯定论的典型代表是法国刑法学者卡斯东·斯塔法尼。其主张："在发生冲突的利益之间两者价值相等时（例如两人的生命），从社会的角度看迫不得已的违法行为可以在所不问，因为，社会并无任何利益去袒护这一生命，而轻视另一生命。有时人们也这样认为，'迫不得已的违法行为'是一种'超法规'的行为，刑法既不强迫人们做出牺牲，也不将英雄主义强加于人。"[3]意大利学者杜里奥·帕多瓦尼亦持类似观点。[4]

否定论的典型代表是德国学者汉斯·海因里希·耶赛克。其旗帜鲜明地指出："任何法益均可因紧急避险的介入而做出牺牲。唯有相关人的生命属于例外。因为，人的生命价值是不存在差别的。在数人的生命共同面临危险，以及以牺牲一人来挽救多人，无不同样如此。"[5]其同仁克劳斯·罗克辛、日本学者木村龟二对该主张持支持态度，认为"生命、身体是人格的基本要素，其本质是不可能用任何尺度进行相互比较的，与此同时，社会生活是基于这样的人格者的结合而成立的，尊重、保护人格是法秩序的基本要求，而且，在任何意义上都不允许将人格作为实现自己目的的手段，这是法的本质立场。"[6]"因此，从法的见地来看，即使

---

[1] 马克昌主编：《刑法学》，高等教育出版社 2003 年版，第 134 页；另参见高铭暄、马克昌主编：《刑法学》，北京大学出版社、高等教育出版社 2012 年版，第 140 页。

[2] 张明楷：《刑法学》，法律出版社 2003 年版，第 274 页。

[3][法] 卡斯东·斯特法尼等：《法国刑法总论精义》，罗结珍译，中国政法大学出版社 1998 年版，第 367 页。

[4] 参见 [意] 杜里奥·帕多瓦尼：《意大利刑法学原理》，陈忠林译，法律出版社 1998 年版，第 172 页。

[5][德] 汉斯·海因里希·耶赛克：《德国刑法教科书》，徐久生译，中国法制出版社 2001 年版，第 435 页。

[6][日] 木村龟二：《刑法总论》，有斐阁 1978 年增补版，第 270 页。

是在紧急状态下，也不能允许侵害作为人格的基本要素的生命。"[1] 同样，英国的法院判决也认为，紧急避险不是谋杀的辩护理由。① "这样做将会极大地违背道德准则"；② "这一原则是十分危险的，因为衡量必要性和选择受害人都是困难的。"[2] 这一主张也直接导致了 Regina V. Daudley and Stephens 案的有罪判决。

折中说的代表为日本学者前田雅英，出发点在于否定牺牲少数人拯救多人行为的违法性。他认为："为了拯救多数生命，在没有其他选择的场合，采取牺牲少数生命的做法，即便在伦理上值得谴责，但也不能说具有必须处罚的违法性。"[3] 而在德国刑法理论界，折中说则主要体现在对危险共同体案件正当化的考虑中。德国不少学者有保留地认为在许多人共同处于危险之中的情况下，在无法用其他手段避免更大的不幸发生时，不能禁止减小这种不幸。在不可能拯救两个人时，理性的法律不能禁止至少使一个自然人的生命得到拯救。[4]

众说纷纭中，普遍而言，折中说仅在部分人中被主张。各国理论与实务通说要么采取肯定说，要么采取否定说。如在德国刑法中，"完全占统治地位的理论"就坚持认为："即使在危险共同体中，也不能将生命的权衡加以正当化。"[5] 而日本刑法在"因紧急避险而侵害他人生命时，通说认为属于责任阻却"，"即便是侵害生命的场合，也应该依据紧急避险而认定正当化。"[6]

我国理论界现存的三种学说中，可以说，折中说实际是有条件的肯定说。目前而言，尚难分辨肯定论与否定论何者更占据统治地位。而实践中的李某故意杀人案的有罪判决则表明了司法实务的否定论立场。

关于这个问题，本人持坚定的否定论主张。理由是：

（1）如前述第一章中所阐释的那样，生命权具有至上性。生命法益是一切权利的源泉，也是一切利益存在的基础。人只能被当作目的而非手段，这种法律存在的本质要求是无可动摇的。否则，人们所担心的强者的生命利益优越于弱者的生命利益、多数人的生命利益优越于少数人的生命利益的现象，将会在刑法领

---

[1][德]克劳斯·罗克辛：《德国刑法学（总论）》，王世洲译，法律出版社 2005 年版，第 477—479 页；[日]木村龟二主编：《刑法学词典》，顾肖荣等译，上海翻译出版公司 1991 年版，第 207 页。

[2][英]J·C·史密斯、B·霍根：《英国刑法》，马清升等译，法律出版社 2000 年版，第 285 页。

[3][日]前田雅英：《刑法总论讲义》，东京大学出版会 1999 年版，第 256—257 页。

[4]参见[德]克劳斯·罗克辛：《德国刑法学（总论）》，王世洲译，法律出版社 2005 年版，第 477—478 页。

[5][德]克劳斯·罗克辛：《德国刑法学（总论）》，王世洲译，法律出版社 2005 年版，第 478 页。

[6][日]西田典之：《日本刑法总论》，刘明祥、王昭武译，中国人民大学出版社 2007 年版，第 108—109 页；另参见[日]大谷实：《日本刑法总论》，黎宏译，法律出版社 2003 年版，第 228 页。

域中，在紧急避险的名义下，堂而皇之地成为现实。你或我将随时可能陷于被牺牲的境地而不复存在。韩国刑法理论界在讨论紧急避险侵害人的生命是否能阻却违法性时，正是以生命是应受到绝对保护的法益为支撑展开的："人的生命，只要其存在本身，而与将来的存续时间或者数目无关，即应是受到绝对保护的法益，即生命不是可以衡量的法益，故根据紧急避险而杀人不能说是阻却违法性的。因此，为救多数人的生命，杀害少数人的情况，亦不能以紧急避险来正当化。""在漂流中的船员为避免饿死，而将其他船员杀害的情况，不能以紧急避险得到正当化。"[1]

（2）肯定牺牲他人保全自己成立紧急避险主张正当化的基础——功利主义的立场本身是隐含着严重缺陷的。

肯定论者在阐述其主张时常以在航船沉没后两人争夺只能负载一人的木板为例，认为最终结果无非是以下四种：①其中一人舍己为人；②其中一人舍人为己；③两人相让同时死亡；④两人相争同时死亡。在这四种结果中后两者是最坏的结果，第一种则是建立在高尚道德基础之上的，唯有第二种是在没有选择的情况下，最有效果的选择。这里的"最坏"和"最有效果"的评价，无一不是站在社会本位的立场上，对社会整体利益做出的功利主义的评价，无关个人利益和不同权利主体之间的权利界限。然而，不容否认的是，现代以自由为导向的法规普遍强调保障公民个人的基本权利，倡导自治原则，承认公民个人自决的权利与自由。这样得出的"最有效果"的选择，于被"舍"的人而言，却是最不利于其合法权利保护的。正是在这个意义上，若在紧急避险中单纯考虑社会整体利益，会导致我国宪法所规定的有关公民人身自由、人格尊严不受其害的内容成为一纸空文。而且，何谓社会整体利益，也不是没有疑问的。如果将社会整体利益理解为单个社会成员利益之和，似乎根据现行《刑法》规定很难得出我国刑法非常在意对社会单个成员利益之和的维护。如社会成员单纯地毁灭自身财产所有权、身体健康权、人身自由权乃至生命权的行为的非罪性质即可为例证。举个例子来说，如果某甲某日为了使自己价值不菲的名车免受紧迫的危险而不得已损坏了他人价值低微的车，次日却因家庭矛盾自毁该名车的行为，刑法也并不因该行为使得社会整体利益减少而加以非难。如果将社会整体利益理解为社会全体成员的共同利益，则在紧急避险中，尤其是在牺牲生命以保全其他生命的场合，更难以说通。因为，此时该行为所保护的利益也不过是个人法益而已，与社会全体成员的共同利益并无甚关联。

也正是在对功利主义作为紧急避险合法化的基础存在的严重缺陷的基础上，

---

[1][韩]李在祥：《韩国刑法总论》，[韩]韩相敦译，中国人民大学出版社2005年版，第218页。

有学者合理主张，在紧急避险的场合，第三人虽然并不对发生的危险负责，但是社会共同体成员之间应当休戚与共，在一定程度上相互照应。因此，任何人都应当对他人负有一定的责任，在必要的时候应当适当地为他人牺牲自身的利益，放弃自己的部分权益。这里的"适当牺牲"，也就是每一个公民所承受的"社会连带义务"。这种社会连带义务原则上只要求无辜第三人牺牲一定程度的财产法益、有限的自由权益，或者至多承受较轻程度的身体伤害，而没有义务承受对自己生命的损害或者对自己身体法益的严重侵犯。所以，对于对生命的紧急避险能否被合法化的问题，应当明确地给予否定回答。即使是在为了挽救其他多数人的生命时也同样如此。[1]

（3）即使是站在功利主义的立场上，对生命的紧急避险被合法化也是不能获得支持的。

功利法学派认为，紧急避险是冲突法益不能两全时的客观上不得已措施。其本质在于两个合法权益相冲突，只能保全其中之一的紧急状态下，法律为了允许保全较大的权益而损害较小的权益。该行为虽然造成了权益的损害，但从整体上说，它是有益于社会的行为，因此不应承担刑事责任，并应受到国家法律的保护、鼓励。这也是目前为止，我国刑法理论界在论及紧急避险正当化的主流依据。[2]以此为基础，牺牲生命以保全其他生命的行为，实难得出"从整体上""有益于社会"的结论。如前所阐述的那样，生命权具有至上性和平等性。不同主体的生命权，或者不同数量主体的生命权的价值在权益的天平上，价值同样表现为正无穷。我们如何能认定牺牲张三生命以保全李四生命的行为是"为了保全较大的权益而损害较小的权益"？况且，在保全法益价值等值于牺牲法益价值的情况下，如若肯定该行为的正当性，对于社会而言，还将存在另一额外付出：损人利己价值观的肆虐。正如高铭暄先生所指出的那样，如果避险"所引起的损害等于或大于所避免的损害，就有悖于紧急避险的意义和目的，成为对社会有危害的行为，也就是失去了合法性"[3]。

综上，牺牲他人的生命以保存自己生命的行为适用紧急避险加以正当化具有难以忽视的不合理性。而嘹亮地唱响否定论，笔者认为，生命权的平等应是无可争议的主旋律。因为，正如前所言，任何人，基于其作为人，为人类社会做出

---

[1] 参见王钢：《紧急避险中无辜第三人的容忍义务及其限度——兼论紧急避险的正当化根据》，中国法学创新网，http://www.lawinnovation.com/html/cxwx/1381388.shtml。
[2] 参见高铭暄、马克昌主编：《刑法学》，北京大学出版社、高等教育出版社2012年版，第136页。
[3] 高铭暄主编：《刑法学》，北京大学出版社1989年版，第197页。

的基本贡献，其生命价值是不存在差别的。而且，缘于生命价值的至上性，这一平等性，也适用于一人生命与数人生命相较的场合。这也就是说，即使在数人的生命共同面临危险的情况下，牺牲一人来挽救多人的行为，也同样不能适用紧急避险而对该行为予以正当化。

三、个案量刑独立原则

个案量刑独立原则是罪责刑相适应原则在生命权刑法保护中的体现与结合。它要求在对侵犯生命权的犯罪刑事责任的追究过程中，对行为人不是简单地按照杀人抵命的朴素观念定罪量刑，而是具体地根据行为人的行为所体现出来的社会危害性和人身危险性程度，确定行为人依法应承担的刑事责任。

从本质上看，我们所说的个案量刑独立原则完全可以由罪责刑相适应原则加以阐释。

个案量刑独立原则在生命权刑法保护中，尤应注意的是对"杀人者死"这一传统观念的抵制。

杀人偿命作为一种朴素的观念在中西文化中，已延绵数千年，"成为世界各民族共同的道德准则和法律信条"[1]。中国汉高祖元年（前206年），刘邦入秦都咸阳后，所立之"约法三章"即为，"杀人者死，伤人及盗抵罪"。而西方著名哲学家康德亦有"谋杀人者必须处死"的著名论断。

然即使不论"杀人者死"论断所隐含的报应主义观念与死刑之正当性，"杀人者死"在强调罪刑均衡的今天，也未必是合适的结论。尽管故意杀人行为所侵犯的客体是作为自然人最基本、最重要的权利——生命权，体现出行为严重的社会危害性。从平等保护每个人生命权的角度出发，对于每一故意杀人的行为人，我们都主张平等地给予其应得的严厉的否定性评价。但平等并非意味着行为人刑事责任的绝对相同，而在于犯罪构成、量刑制度等关乎刑事责任有无及大小标准的平等适用。具体案件千差万别，体现出的行为的社会危害性也轻重不一。如"大义灭亲"或义愤杀人与基于谋财、性欲、报复等动机而采取的谋杀，体现出来的社会危害性程度就因行为人的反社会性程度的不同而有所差异。完全无视于行为中影响社会危害性大小的诸法定或酌定量刑情节的存在，机械地要求对杀人者一律处死，不仅有违教育刑的宗旨，也难以体现刑法对正义这一基本价值的追求。

具体说来，在对于侵犯生命权犯罪的裁量中，应当充分考虑客观存在的影

---

[1] 左振声主编：《杀人犯罪的定罪与量刑》，人民法院出版社2000年版，第41页。

响案件性质与程度的各种主客观因素。主要应从行为人与被害人两方面加以把握。行为人方面主要应考察行为人的刑事责任能力（年龄与精神健康状况），动机，是否有自首、立功情节，是否累犯，再犯，犯罪手段残忍程度等；被害人方面则主要应考察被害人数目，被害人过错，是否为孕妇、儿童或老人等缺乏自卫能力者，是否存在被害人同意情节等。

第三章　我国侵犯生命权犯罪之演进与现状

第一节　历史考察

将侵犯生命权的行为规定为犯罪并给予相应的刑事责任，是刑法对生命权予以有效保护最重要的方式。尤其是对杀人行为的犯罪化，更是生命权刑法保护中最为突出的内容。

故意杀人罪作为一种违反人类基本道德准则的犯罪，属于自然犯罪之列。但这并非意味着它与人类社会发展相始终。与其他自然犯罪一样，故意杀人的行为也是人类社会发展到一定阶段，即阶级、国家出现以后的某个阶段，方始被认为是一种犯罪行为。即使在奴隶社会初期，对于因饥饿或者复仇而将人杀死或者吃掉的行为，也并不认为是犯罪。

我国的相关资料反映了奴隶社会初期的这一历史性价值评判。《尚书·舜典》载："眚灾肆赦，怙终贼刑。"即因饥荒而食人以自保，或因复仇而食人的，不予处罚，而再次食人或一次杀食三人以上者，则处以割颈之刑（死刑）。[1] 直至先秦时期，因复仇而杀人仍可作为一种权利行为而存在。《周礼·朝士》即载有："凡报仇者，书于士，杀之无罪。"即复仇必须经过合法登记，在法令许可的范围内，杀死仇人无罪。[2] 但对于普通杀人行为，则应承担刑事责任。《周礼·秋官司寇·掌戮》载："凡杀人者，踣诸市，肆之三日。""凡杀其亲者，焚之；杀王之亲者，辜之。"[3]

有限制地将侵犯生命权的行为作为犯罪予以惩处的同时，奴隶社会的法律对生命自卫权也有所涉及。如《周礼·秋官·朝士》载："凡盗贼军，乡邑及家人杀之无罪。"取人财物为盗，杀人曰贼。即遇结伙盗贼群辈若军，攻击乡邑及家人者，即时杀之，不为罪。这实际上赋予公民在自己或家人、乡邑面临急迫的

---

[1] 参见蔡枢衡：《中国刑法史》，广西人民出版社 1983 年版，第 161—162 页。
[2] 参见尚彝励：《中国古代刑法史》，湖北财经学院法律系刑法教研室 1983 年印，第 67—68 页。
[3] 转引自周密：《中国刑法史纲》，北京大学出版社 1998 年版，第 85 页。

对生命权的侵犯时，享有自卫权。

由于奴隶社会对生命权的保护仅为零散条款，并不成体系，参考价值有限。故本书对这一历史阶段的介绍从略。

一、封建社会

（一）秦汉时期

秦汉时期，杀人行为作为一种极恶的犯罪，刑事责任已经十分明确。如《法律问答》即载有"擅杀子，黥为旦舂"、"人奴擅子，城旦黥之，畀主"、"士伍甲无子，其弟子以为后，与同居，而擅杀之，当弃市"等。而汉高祖元年的临时性法律"杀人者死，伤人及盗抵罪"更是第一次将杀人作为罪名规定于刑法之中，并配置以死刑。此后的《九章律》则将杀人罪规定于《贼律篇》中，以成文法的形式将其固定下来。

关于杀人罪，秦汉时期的立法主要特征为：

（1）部分保留了奴隶社会复仇的习俗，将之仍排除在杀人罪之外。《礼记·曲礼》云："父之仇，弗与共戴天；兄弟之仇，不反兵。"即父兄若被人所杀，则法律允许子弟杀死凶手以复仇（由于汉代开创了"春秋决狱"的断案方法，儒家五经之一的《礼记》虽非法律，但实际也为审判的根据）。私自复仇，将导致子孙相报，不利于社会，故东汉初期桓谭提出有条件禁止复仇的建议。遗憾的是，该建议并未被采纳。

（2）区分不同种类的杀人行为。秦汉时期的立法，将杀人罪根据不同的情节，区分为贼杀、斗杀、戏杀、轻侮杀人等。[1]《法律答问》即有"求盗追捕罪人，罪人格杀求盗，问杀人者为贼杀人，且斗杀？斗杀人，廷行事为贼"的记载。所谓轻侮杀人，类似于现代所言之激情杀人。《后汉书·张敏传》载：章帝"建初中，有人侮辱人父者，而其子杀之，肃宗贳其刑而降宥之，自后以为比。是时遂定其议，以为轻侮法。"由于轻侮杀人者，可得以从轻或减轻处罚（东汉和帝时，轻侮法被废除）。

（3）法定情节明确。秦汉法律规定的法定从重情节，主要有教唆未成年人杀人的、杀被害人一家无辜者三人的、杀特权阶级成员的；从轻情节则主要是杀亲生子的、轻侮杀人的。《法律答问》："甲谋遣乙盗杀人，受分十钱。问：乙高未盈六尺，甲何论？当磔。"[2] 杀被害人一家无辜者三人为杀人之法定从重情

---

[1] 参见乔伟：《中国刑法史稿》，西北政法学院科研处 1982 年印，第 189—191 页。

[2] 转引自尚彝勋：《中国古代刑法史》，湖北财经学院法律系刑法教研室 1983 年印，第 118 页。

节体现于汉律之"杀一家不辜三人为不道"的规定；而所杀对象为特权阶级成员从重处罚，更是不足为奇。《后汉书·阴识传》载："显宗即位，以阴就为少府，位特进。就子丰尚郦邑公主，公主娇忌，丰亦狷急。永平二年遂杀主，被诛。父母当坐，皆自杀。"[1]至于杀亲生子与非亲生子，在刑事责任上的差别以及轻侮杀人之从轻、减轻处罚，前文已有介绍。

（4）不同主体生命权保护不平等。这不仅体现在前文所说的父杀亲生子从轻处罚、臣杀皇族成员从重处罚，也体现在秦律中对主杀奴婢、子女的特殊规定以及汉律中子女杀父母作为独特的重罪处理之中。据《法律答问》载："主擅杀、刑、髡其子、臣，是为非公事告，勿听。而行告，告者罪。"[2]即主擅杀其子、臣的，不予受理。汉律中，子女杀父母的，以大逆论。如景帝时著名的"防年杀继母陈氏"一案，即因杀"无状"继母是否依律以大逆而成为疑难案件，"廷卫不能决"。

（5）规定有见危不救的犯罪。秦简《法律答问》载："贼入甲室，贼伤甲，甲号寇，其四邻、典、老皆出不存，不闻号寇，问当论不当？审不存，不当论：典、老虽不存，当论。"[3]

至于自卫权的法律确定，汉代刑法亦有"无故入宅室庐舍，上人车船，牵引人欲犯法者，其时格杀之无罪"的规定。这里显然包括了当生命面临侵害时的自卫权。

（二）唐　律

唐律作为我国封建时期法典的典范，其对侵犯生命权犯罪的规定，在我国各封建法典中，也是最系统、最完备的。

（1）从罪名体系上看，唐律将侵犯生命权的犯罪分为六种，即谋杀、故杀、斗殴杀、误杀、戏杀和过失杀。

谋杀是最严重的杀人，归入《贼盗》篇，并规定了较高的法定刑。"诸谋杀人者，徒三年，已伤者，绞；已杀者，斩。从而加功者，绞；不加功者，流三千里。造意者，虽不行，仍为首。即从者不行，减行者一等。"即将谋杀根据行为所处阶段或后果，分为"谋"、"已伤"与"已杀"，并配以轻重不同的法定刑。所谓"谋"，是指"二人对议"。"已伤"和"已杀"则是指实际造成被害人伤害或死亡结果。

"知而犯之"谓之故。故"故杀"相当于故意杀人的意思。故杀与斗殴杀

[1] 转引自乔伟：《中国刑法史稿》，西北政法学院科研处 1982 年印，第 190 页。
[2] 转引自周密：《中国刑法史纲》，北京大学出版社 1998 年版，第 182 页。
[3] 转引自周密：《中国刑法史纲》，北京大学出版社 1998 年版，第 182 页。

一并规定于"斗殴杀用兵刀"条："诸斗殴杀人者，绞。以刃及故杀者，斩。虽因斗而用兵刃杀者，与故杀同。不因斗，故伤人者，加斗殴伤罪一等。虽因斗，但绝时而杀、伤者，从故杀、伤法。"

所谓"误杀"，指故意杀人或斗殴等场合中因对象错误而致人于死的情况。唐律"斗殴误杀伤人"规定："诸斗殴而误杀伤旁人者，以斗殴杀伤论，致死者减一等。若以僵仆而致死伤者，以戏杀伤论。即误杀伤助己者，各减二等。"但谋杀而误杀伤人的，以故杀罪论；谋杀而误伤自己亲属的，按照被害人的身份，各以故杀自己的亲属论罪。如甲欲谋杀乙，而误杀自己的父母，则按照杀害尊亲属论罪。

所谓"戏杀"，指互争胜负，并无杀人之心，发生死亡后果，系非本意所及。唐律"戏杀伤人"条规定："诸戏杀伤人者，减斗杀伤二等；虽和，以刃，若乘高、履危、入水中，以故相杀伤者，唯减一等。即无官应赎而犯者，依过失收赎。其不和同，及于期亲尊长、外祖父母、夫之祖父母，虽和并不得为戏，各从斗杀伤法。"

唐律"过失杀伤人"条规定："诸过失杀伤人者，各依其状，以赎论。"唐律注对该条的解释是："谓耳目所不及，思虑所不到；共举重物，力所不致；若乘高履危，足跌，及因击禽兽以至杀伤之属，皆是。"

（2）上述六种主要罪名之外，唐律《杂律》中也规定了一些其他涉及生命权被侵犯的犯罪。如"城内街巷走车马"条规定："诸于城内街巷及人众中无故走车马者，笞五十。以故杀、伤人者，减斗杀、伤一等。若有公、私要速而走者，不坐。以故杀、伤人者，以过失论。其因惊骇不可禁止而杀、伤人者，减过失二等。"这有些类似于我们现代的交通肇事罪和英美刑法中的交通工具杀人犯罪的规定。另唐律"医合药不如方"条规定："诸医为人合药及题疏、针刺误不如本方杀人者，徒二年半。其故不如本方杀、伤人者，以故杀、伤论。虽不伤人，杖六十。即卖药不如本方杀人者，亦如之。"此条规定则类似于当代刑法关于医疗事故致人死伤的规定。此外，唐律"向城、官、私宅射"条、"施机枪作坑阱"条还规定了向城及官、私人住宅内以及行人道投射弹、瓦、石，造成人身伤亡以及设机关致人死亡的刑事责任。

（3）从量刑情节来看，唐律的规定也是可圈可点。唐律对于杀人罪规定了一些加重处罚的情节与减轻情节。其中加重情节是："杀一家非死罪三人、支解人以及以幼犯上、以卑犯尊。"前两种情形规定于"杀一家三人支解人"条，并被归入十恶中的"不道"。该条规定为："诸杀一家非死罪三人，及支解人者，皆斩；妻、子流二千里。"其中，"支解人"既包括以肢解人体的方式杀人的，也包括杀人后肢解人的情形。以幼犯上、以卑犯尊作为唐律杀人罪的从重情节，可从唐律的相关规定中得到证明。如唐律规定，谋杀期亲尊长（祖父母、伯叔父母、在室姑等）、外祖父母、夫、夫之祖父母，即便未造成任何伤害结果，不分首从，一律处以斩刑。而一般谋杀人者，不过徒三年；已伤者，绞；已杀者，斩。相比而言，显然杀害尊亲属是一个从重情节。

至于唐律中的减轻情节主要是"无故夜入人家"和犯人拒捕以及杀卑下者。唐律"夜无故入人家"条规定："诸夜无故入人家者，笞四十。主人登时杀者，勿论；若知非侵犯而杀伤者，减斗杀伤二等。其已就拘执而杀伤者，各以斗杀、伤论，至死者，加役流。"犯人执杖拒捕，杀之，不负刑事责任，这实际属于执行职务的行为的范畴，不属于我们所说的杀人罪减轻情节的问题。但"罪人执杖拒捕"条规定："诸捕罪人，而罪人执杖拒捍，其捕者格杀之；及走逐而杀；若迫窘而自杀者，皆勿论；即空手拒捍而杀者，徒二年。已就拘执及不拒捍而杀，或折伤之，各以斗杀伤论；用刃者，从故杀伤法。"根据该规定，犯人徒手拒捕，虽对拘捕的人没有重大威胁，但此时杀死犯人，作为减轻处罚的情节，法定刑仅徒二年。至于杀卑下者作为减轻情节，是与卑下杀尊长从重相对应的。例如，根据唐律规定，主人杀害部曲、奴婢的，只判处徒一年的刑罚，显然远远轻于一般故杀的法定刑。

总体上看，唐律虽在确定罪与非罪、此罪与彼罪问题上有客观主义的倾向，且由于封建伦理观念的作用，对上下尊卑的生命权明确给予不平等的保护，但从其对于侵犯生命权犯罪的罪名体系设置之细致以及对量刑情节的考虑来看，尽管也未必都十分科学，但其为此所做的努力，却是难能可贵的。

关于对生命的自卫权，唐律亦并未予以单独规定。但其关于"诸夜无故入人家者，笞四十。主人登时杀者，勿论"的规定，被公认为是关于正当防卫权的规定。此外，唐律《斗讼》还规定："诸斗两相殴伤者，各随轻重，两论如律；后下手理直者，减二等。"所谓"后下手理直者"，《唐律疏议》解释说："乙不犯甲，无辜被打，遂拒殴之，乙是理直。"[1]这显然是对故意伤害自卫权的规定。根据刑法入罪举轻以明重，出罪举重以明轻的基本原理，生命自卫权之享有，自为题中之意。

唐以后各朝代法律都基本沿袭唐律，故其关于生命权保护的规定也大体相同。值得一提的是，元律、明律、清律中增加了杀死奸夫作为故意杀人从宽情节之一。元律规定：诸妻妾与人奸，夫于奸所杀其奸夫及妻妾，及为人妻杀其强奸之夫，并不坐。若于奸所杀其奸夫而妻妾获免，其杀妻妾而奸夫获免者，杖

---

[1] 长孙无忌等撰：《唐律疏议》，中华书局1983年版，第346页。

一百七。明律对此予以承继。其"杀死奸夫"条规定:"凡妻、妾与人奸通,而于奸所,亲获奸夫奸妇,登时杀死者,勿论。"该条的适用,如现代刑法关于因配偶通奸而激愤杀人的规定一样,在杀人时间上,强调不存在激情冷却时间。对此,明律注以假设加以阐明:"登时奸所获奸,止杀奸妇,或非奸所,奸夫已去,将奸妇逼供而杀,俱依殴妻至死。已离奸所,本夫登时逐至门外,杀之,止依不应杖。非登时,依不拒捕而杀。奸夫奔走良久,或赶至中途或闻奸,次日追而杀之,并依故杀。……"即丈夫及具有捉奸权的亲属,在捉奸当场杀死奸夫奸妇的,不认为是犯罪。离开捉奸场所或虽未离开,但非当时而杀之的,构成犯罪(殴妻至死或故杀),但可减轻处罚。清律更是进一步发展了这一规定:妻妾被他人强奸,本夫在强奸场所亲自发现登时杀死该强奸犯,本夫无罪;但若将其抓获后再杀死的,则为擅杀。[1] 对于这一规定,学人多以为是封建夫权观念的产物[2],笔者对此亦表赞同。不过,值得思考的是,此规定似乎也未必完全没有基于激愤而导致认知能力与控制能力降低的考虑。如清律对此所注即为:"发于义愤,事出仓卒,故特原其擅杀之罪。"[3]

二、近现代

尽管清律在关于生命权之刑法保护上并无大的建树,1910年颁布并未实际施行的《大清新刑律》却在立法层面上具有划时代的意义。其不仅第一次将刑法从诸法合体的法律中分离出来,使之成为一个独立的法律部门,仅就关于侵犯生命权犯罪的立法而言,其亦有重大发展。《大清新刑律》在杀伤章中对于侵犯生命权的基本罪,规定了故意杀人罪和过失杀人罪两个罪名,此外另行规定了阴谋杀人和预备杀人这两个阶段类型。并废除了历代相沿的谋、故、斗、殴、戏、误、过失平行的杀人罪名,亦未就兵刃、手足、他物、毒药、厌魅、符书、诅咒等杀害方法做特别规定,"构成了崭新的杀人罪的概念,从而贯彻了犯意责任的原则,并使杀人罪的历史脱离了古代刑法的境界,进入了现代刑法的领域"[4]。

1912年4月1日北洋政府颁行的《中华民国暂行新刑律》实际上是将删改后的《大清新刑律》(删去侵犯皇室罪一章)重新公布施行。根据《中华民国暂行新刑律》的规定,侵犯生命权的犯罪主要包括(故意)杀人罪、杀尊亲属罪、

---

[1]参见〔美〕D·布迪、C·莫里斯:《中华帝国的法律》,朱勇译,江苏人民出版社1995年版,第223页。

[2]参见左振声主编:《杀人犯罪的定罪与量刑》,人民法院出版社2000年版,第20页;宁汉林:《杀人罪》,群众出版社1986年版,第15页。

[3]张晋藩等:《中国刑法史新论》,人民法院出版社1992年版,第347—348页。

[4]蔡枢衡:《中国刑法史》,广西人民出版社1983年版,第160页。

教唆帮助自杀罪、受托杀人罪和过失致死罪五种。值得一提的是，《中华民国暂行新刑律》开创了近现代正当防卫制度的先河。其第十五条规定："对现在不正之侵害而出于防卫自己或他人权利之行为不为罪。但防卫行为过当者，得减本刑一等至三等。"这就一改以往仅规定具体场合的防卫权，而概括地将防卫的前提规定为"现在不正之侵害"，从而使得生命防卫权有了明确的法律依据。这一规定基本为此后历部刑法所继承，包括现行《刑法》。

1935 年《中华民国刑法》也即台湾地区现行"刑法"。该刑法将侵犯生命权的主要犯罪规定于分则第 21 章"杀人罪"之中。将侵犯生命权的主要犯罪分为普通杀人罪、杀害直系血亲尊人罪、杀婴罪、教唆或帮助他人自杀罪、受托或承诺杀人罪以及过失致人死亡罪七种，并配备了相应轻重的法定刑。

其主要特点是：

（1）充分考虑了故意杀人的各种情节并设置了比较完备的罪名体系。

（2）将杀直系血亲尊亲属的行为作为故意杀人的重罪（实质相当于我们今天的情节加重犯），对直系血亲尊亲属的生命权予以特别保护，体现了封建家族思想中尊卑等级的观念，有违现代刑法面前人人平等的原则。

（3）专条规定了义愤杀人、生母杀婴和加功自杀三种具有特殊情节需要减轻处罚的故意杀人罪。

（4）同时规定一般过失致人死亡与业务过失致人死亡。《中华民国刑法》将业务过失致人死亡的，规定于一般过失致人死亡罪同条第二款。该款规定："从事业务之人，因业务上之过失犯前项之罪名者，处五年以下有期徒刑或拘役，得并科 3 000 元以下罚金。"即规定了较一般过失致人死亡犯罪更重的法定刑。该刑法第 276 条第 1 款对一般过失致人死亡所规定的法定刑为"2 年以下有期徒刑、拘役或 2 000 元以下罚金"。

革命根据地时期，中国共产党领导下的革命根据地也制定了一些刑事法律，尽管并非每个根据地都如此。总体上来说，这个时期关于侵犯生命权的刑事立法具有以下特色。

1. 政治色彩浓厚

如《太行区战时紧急处理敌探汉奸暂行办法》规定："打黑枪或以其他武器实行暗杀抗日军民者"，视为现行犯，无论军民得随时拘捕送区指挥部处理。同时还规定：凡县区村干部或军民人等，乘紧急情况之机报复杀害好人的，或伪造证据陷害好人的，以杀人罪反坐论处。太岳区规定："误杀好人者，应负过失杀人罪责。"[1]

---

[1] 张希坡编：《中华人民共和国刑法史》，中国人民公安大学出版社 1998 年版，第 576 页。

2.因果关系认定较为宽松

这一点与前面所说的政治色彩浓厚是具有一定关系的。在根据地法律中，对于敌人的一些政治性的压迫行为导致死亡的，也认为是杀人行为。如1927年《湖南惩治土豪劣绅暂行条例》规定：土豪劣绅杀害人民者，或压迫平民因而致人死亡者，处以死刑、无期徒刑或五年以上有期徒刑。《湖北惩治土豪劣绅暂行条例》也规定："土豪劣绅借故压迫平民，致人于死亡者，处死刑或无期徒刑，并得没收其财产。"[1]

尽管如此，根据地时期有些地区的立法还是值得赞赏的。如1931年《赣东北特区苏维埃暂行刑律》第十四条规定："（1）杀人者，处死刑或一等有期徒刑。（2）犯前条之罪，当场助势而未下手者，以从犯论罪。（3）教唆他人使之自杀或得其承诺而杀之者，处死刑至三等有期徒刑。帮助他人使之自杀或受其嘱托而杀之者，处三等至五等有期徒刑。谋为同死而犯本条之罪者，得免除其刑。（4）帮助他人使之自杀致死者，处四等以下有期徒刑或拘役。（5）过失致人死亡者，处四等以下有期徒刑或拘役。（6）因玩忽业务上必要之注意，致人死亡者，处二等至四等有期徒刑。"[2]

从此条规定看来，该刑律不仅按照行为人主观罪过的不同，将侵犯生命权的犯罪区分为故意杀人罪与过失致人死亡罪两大基本罪，并且区分一般过失与业务过失，将过失致人死亡的行为分为一般过失致人死亡罪与业务过失致人死亡罪，并对后者设置了更重的法定刑，符合现代刑法理论关于业务过失从重的理论。此外，该刑律对于教唆、帮助自杀行为的定位也是合适的。教唆、帮助自杀行为与故意杀人行为之间具有本质的差异，该刑律将之作为独立于故意杀人罪之外的独立罪名，既不会放纵此类犯罪，又避免了强行拉郎配的尴尬。这种立法也是值得首肯的。最后，该刑律还对杀人之从犯、同意杀人等从轻情节给予了一定的关注。

第二节　侵犯生命权犯罪之现状

一、1979年《刑法》

原1979年《刑法》对于侵犯生命权的犯罪的规定，主要体现在《刑法》第一百三十二条、第一百三十三条。该《刑法》第一百三十二条规定："故意杀人的，处死刑、无期徒刑或者十年以上有期徒刑；情节较轻的，处三年以上十年以下有

---

[1] 张希坡编：《中华人民共和国刑法史》，中国人民公安大学出版社1998年版，第575页。
[2] 张希坡编：《中华人民共和国刑法史》，中国人民公安大学出版社1998年版，第575—576页。

期徒刑。"这是关于故意杀人罪的规定。该《刑法》第一百三十三条的规定则是："过失杀人的，处五年以下有期徒刑；情节特别恶劣的，处五年以上有期徒刑。本法另有规定的，依照规定。"这是关于过失致人死亡罪的规定（1979 年《刑法》适用期间，罪名为过失杀人罪）。

此外，1979 年《刑法典》规定的涉及侵犯生命权的犯罪还有：反革命杀人罪；放火罪、决水罪、爆炸罪、投毒罪以其他方法危害公共安全罪；交通肇事罪（致人死亡）；故意伤害罪（致人死亡）；强奸罪（致人死亡）；非法拘禁罪（致人死亡）；抢劫罪（致人死亡）；暴力干涉婚姻自由罪（致人死亡）以及虐待罪（致人死亡）。上述诸犯罪中，除交通肇事罪属于过失犯罪（业务过失）外，余者皆为故意犯罪。在这些故意犯罪中，生命权的侵犯或者被认为是他种特定社会关系被侵犯的一种表现，如反革命杀人罪中该杀人行为即被认为是对国家安全予以侵犯的行为表现；或者被认为是危害公共安全的一种附随结果，构成想象竞合犯；或者被认为是其他诸犯罪的结果加重犯构成之加重结果。

应该说，1979 年《刑法》在对侵犯生命权犯罪的规定问题上，总体上还是值得肯定的。至少，该法典对于侵犯生命权的基本犯罪采取了以行为人主观罪过的不同作为分类标准，抓住了问题的本质。尽管它还存在这样或那样的一些问题。

（一）关于反革命杀人罪

1979 年《刑法》第一百零一条规定的反革命杀人罪，直接来源于 1951 年的《惩治反革命条例》。该条例第九条规定："以反革命为目的，策谋或执行下列破坏、杀害行为之一者，处死刑或无期徒刑，其情节较轻者处五年以上徒刑：……；二、投放毒物、散播病菌或以其他方法，引起人、畜或农作物之重大灾害者；……四、袭击或杀、伤公职人员或人民者；……"

杀害具有某种特定身份自然人的行为，被认为是危害国家安全罪、妨害国交罪、妨害司法罪等侵犯国家法益或社会法益的犯罪，而不被归入侵犯生命权犯罪的做法，在世界各国刑法中并不罕见。原苏联刑法中亦有反革命杀人罪这一罪名，归属于国事罪部分。当今各国现行刑法中，新加坡刑法第 121 条 A"对总统人身的犯罪"规定："图谋、设想、自主、设法或企图致总统死亡或受到伤害或受监禁或阻止者，处死刑，并处罚金。"即属于国事罪，而非危害生命的犯罪。俄罗斯刑法第 295 条"侵害审判人员或审前调查人员的生命"规定："因审判员、陪审员或其他参加审判的人员、检察长、侦查员、进行讯问的人员、辩护人、鉴定人员、法警、法院执行员在法庭审理案件和材料或执行法院的刑事判决、民事判决或其他审判文书，而为了妨碍上述人员的合法活动或对这种活动进行报复而侵害上述人员及其近亲属的生命的，处……。"该犯罪在俄罗斯刑法分则中也并不属于第 16 章"侵犯生命与健康的犯罪"，而是属于第 31 章"违反公正审判的犯罪"。类似的规定还有：俄罗斯刑法第 317 条"侵害法律保护机关工作人员的生命"；意大利刑法第 276 条"侵犯共和国总统"、第 295 条"侵害外国首脑"；西班牙刑法第 136 条"关于杀害外国元首"、第 142 条"关于杀害国家元首"、第 148 条"关于杀害元首继承人、皇室继承人"等。

然笔者认为，如此立法，存在诸多不宜。无论将这种特定的侵犯他人生命的行为归入哪一种非侵犯生命权的犯罪之列，都难以论证其合理性。

前文在关于生命权刑法保护之基本原则部分，笔者已经论及，生命至上、刑法面前人人平等与个案量刑独立当为生命权刑法保护的三大基本原则。将具有某种特定身份的人之生命区别于社会一般公民，给予其更为严格的保护（一般国家对于归入国事罪的侵害生命的犯罪规定比故意杀人罪更高的法定刑。如新加坡刑法典对杀害总统的犯罪规定以绝对确定的死刑），不能说没有违背生命权平等保护原则之嫌；而俄罗斯刑法认为"侵害法律保护机关工作人员的生命"、"侵害审判人员或审前调查人员的生命"的行为侵犯的主要客体是社会管理秩序或公正司法的秩序，次要客体为相关自然人的生命权。如此认识显然有违我们所强调的生命至上原则。

具体到我国 1979 年《刑法》第一百零一条所规定的反革命杀人罪，前文所言之由于立法例本身所带来的生命权刑法保护平等性问题，当然也不可避免地存在。不仅如此，即使从该条文本身考察，也不是没有纰漏的。

根据该法条的规定，反革命杀人罪与故意杀人罪的区分点仅在于"反革命目的"，此罪与彼罪界限模糊，在实践中难以操作。1979 年《刑法》第一百零一条的规定为："以反革命为目的，投放毒物、散布病菌或者以其他方法杀人、伤人的，处无期徒刑或者十年以上有期徒刑；情节较轻的，处三年以上十年以下有期徒刑。"其中在犯罪方法上的描述"投放毒物、散布病菌或者以其他方法"杀人，实际并不具有区分反革命杀人罪与一般故意杀人罪的功能。如此，虽在犯罪客体上存在简单客体与复杂客体之别，然在实践中能起到区分此罪与彼罪作用的，仅是否"以反革命为目的"这一要素。而一方面，"反革命"是一个政治概念而非法律概念；另一方面，一般来说行为人主动承认自己具有"反革命目的"的情况是极少的，且这一点从行为人客观表现于外的行为也难以论证，故行为人是否具有反革命目的，实难认定。

正是出于对生命权平等保护和该罪实践中认定困难的考虑，该条在 1997 年《刑法》修订中已被删除。

（二）关于一般过失杀人与业务过失杀人法定刑的配置

我国 1979 年《刑法》尽管在"危害公共安全罪"一章中规定了实际属于业务过失致死的交通肇事罪，但这与许多国家刑法直接将之作为侵犯生命权犯罪的一种与一般过失致死罪相并列还是有一定区别的。直接将业务过失致死罪作为侵犯生命权的犯罪予以规定也是彰显立法机关更为重视生命权的一种表示。我国 1979 年《刑法》不仅在立法体系上未能贯彻此一精神，即使是在业务过失致死与一般过失致死罪法定刑配置上，也难以令人满意。1979 年《刑法》第一百三十三条对一般过失致人死亡规定的基本构成的法定刑为五年以下有期徒刑，情节加重犯的法定刑为五年以上有期徒刑。而对属于业务过失致人死亡的交通肇事罪基本构成的法定刑却为"三年以下有期徒刑或者拘役"，对其情节加重犯则"处三年以上十年以下有期徒刑"。相比之下，显然交通肇事罪的法定刑更轻。如此立法，不仅与世界多数国家的做法相悖，也有违罪责刑相适应的刑法基本原则。关于这个问题，本书下章将做详细论述。

此外，1979 年《刑法》在生命权保护地位定位、罪名体系设置周密性、故意杀人罪量刑情节设置阙如等方面，也存在一些不足之处。鉴于这些问题在 1997 年《刑法》同样存在，拟于下文阐述。

二、现行《刑法》侵犯生命权的犯罪总览

客观地说，现行《刑法》（1997 年《刑法》）在关于侵犯生命权的犯罪问题上，尽可能地继承了 1979 年《刑法》的有关规定。侵犯生命权的基本犯罪仍包括故意杀人罪与过失致人死亡罪[1]，规定于《刑法》分则第四章"侵犯公民人身权利、民主权利罪"。具体条文为《刑法》第二百三十二条与第二百三十三条："故意杀人的，处死刑、无期徒刑或者十年以上有期徒刑；情节较轻的，处三年以上十年以下有期徒刑。"（第二百三十二条）；"过失致人死亡的，处三年以上七年以下有期徒刑；情节较轻的，处三年以下有期徒刑。本法另有规定的，依照规定。"（第二百三十三条）

除故意杀人罪与过失致人死亡罪外，现行《刑法》还在其他各章中规定了一些涉及生命权被侵犯的犯罪。具体说来，包括如下几点。

1. 故意犯罪中故意杀人并依法应实行数罪并罚的

现行《刑法》做如此规定的，体现在《刑法》第三百一十八条规定的组织

---

[1] 此次修订将原 1979 年《刑法》的过失杀人罪改为过失致人死亡罪，体现了主客观相统一的原则与罪名的科学性。

他人偷越国（边）境罪、第三百二十一条规定的运送他人偷越国（边）境罪、第一百二十条规定的组织、领导、参加恐怖组织罪以及第一百九十八条规定的保险诈骗罪。

2.实施其他故意犯罪致人死亡，依法转化为故意杀人罪的

此种情况学界称为转化犯[1]。做如此规定的是：《刑法》第二百三十八条规定的非法拘禁罪，第二百四十七条规定的刑讯逼供罪、暴力取证罪，第二百四十八条规定的虐待被监管人罪以及第二百九十二条规定的聚众斗殴罪。

3.业务过失致人死亡的

现行《刑法》中涉及业务过失致人死亡的，共计13个罪名。分别是：《刑法》第一百三十一条规定的重大飞行事故罪，第一百三十二条规定的铁路运营安全事故罪，第一百三十三条规定的交通肇事罪，第一百三十四条规定的生产、作业责任事故罪与强令违章冒险作业事故罪，第一百三十五条规定的重大劳动安全事故罪，第一百三十六条规定的危险物品肇事罪，第一百三十七条规定的工程重大安全事故罪，第一百三十八条规定的教育设施重大安全事故罪，第三百三十五条规定的医疗事故罪，第三百三十六条规定的非法行医罪、非法进行节育手术罪，第四百零八条规定的环境监管失职罪[2]。

4.其他犯罪中将致人死亡作为法定加重结果的

如西田典之教授所言："犯各种罪而致人死亡的，往往作为结果加重犯给予更重的处罚，这也体现了刑法保护生命的宗旨。"[3]我国现行《刑法》中属此类者，涉及17条22个罪。分别是：《刑法》第一百一十五条规定的放火罪、决

---

[1] 所谓"转化犯"，是指行为人在实施某一较轻的犯罪时，由于连带的行为又触犯了另一较重的犯罪，因而法律规定以较重的犯罪论处的情形（陈兴良：《刑罚适用总论》上卷，法律出版社1999年版，第664页）。学界认为，1997年《刑法》规定转化犯的立法例共有第二百三十八条、第二百四十七条、第二百四十八条以及第二百五十三条四款。然《刑法》第二百九十二条关于聚众斗殴致人重伤、死亡的，依照故意伤害罪、故意杀人罪定罪处刑的规定完全符合该概念及其对转化犯基本特征为法定性、转化性与递进性的概括（参见王作富主编：《刑法分则实务研究》上，中国方正出版社2001年版，第997页），也当属转化犯之列。

[2] 学界认为，刑法上所谓之业务，系指以反复同种类之行为为目的之社会的活动而言，执行此项业务，纵令欠缺形式上条件，仍无碍于业务之性质。如无驾驶执照的司机欠缺充当司机的形式要件，但仍不得谓其驾驶汽车非其业务。这种观点也得到了我国台湾地区司法的确认（参见陶百川等编：《最新六法全书》，台湾三民书局2001年版，第903页）。正是从这个意义出发，笔者将非法行医、非法进行节育手术罪也纳入现行《刑法》关于业务过失致人死亡的犯罪之列。

[3] [日]西田典之：《日本刑法各论》，刘明祥、王昭武译，中国人民大学出版社2007年版，第10页。

水罪、爆炸罪、投放危险物质罪、以危险方法危害公共安全罪，第一百二十一条规定的劫持航空器罪，第一百四十一条规定的生产、销售假药罪，第一百四十四条规定的生产、销售有毒、有害食品罪，第二百三十四条规定的故意伤害罪，第二百三十六条规定的强奸罪，第二百四十条规定的拐卖妇女、儿童罪，第二百五十七条规定的暴力干涉婚姻自由罪，第二百六十条规定的虐待罪，第二百六十三条规定的抢劫罪，第三百五十八条规定的组织卖淫罪、强迫卖淫罪，第四百二十六条规定的阻碍执行军事职务罪，第四百三十六条规定的武器装备肇事罪，第四百四十三条规定的虐待部属罪以及第四百四十五条规定的战时拒不救治伤病军人罪。此外，尚有两个特别的规定：①第三百条第二款规定的组织、利用会道门、邪教组织、利用迷信致人死亡罪；该款对组织、利用会道门、邪教组织、利用迷信蒙骗他人，致人死亡的行为，直接规定独立的罪名，适用前款规定的组织、利用会道门、邪教组织、利用迷信破坏法律实施罪的法定刑。②《刑法》第三百三十九条关于绑架中故意杀害被绑架人的规定："以勒索财物为目的绑架他人的，或者绑架他人作为人质的，处……；致使被绑架人死亡或者杀害被绑架人的，处死刑，并处没收财产。"即实施绑架行为，无论是因绑架行为致使被害人死亡的，或者实施绑架行为并故意杀害被害人的，都仅以绑架罪一罪认定，并适用较高的法定刑："处死刑，并处没收财产。"

客观地说，我国 1997 年《刑法》关于侵犯生命权的犯罪的规定总体上还是值得称道的。①在基本罪划分问题上，按照行为人主观罪过的不同，将侵犯生命权的基本犯罪分为了故意杀人罪与过失致人死亡罪。②在基本罪刑罚适用问题上，1997 年《刑法》也朝着罪责刑相适应的方向做出了一定的努力。区分不同的情节，规定与其犯罪情节相适应的法定刑幅度，以充分保证在不同类型的故意杀人或过失致人死亡的案件中，依照案件的具体情节所反映出的行为人的人身危险性和社会危害性，判处与其罪行大小相适应的刑罚。现行《刑法典》在故意杀人罪中，区分一般故意杀人与情节较轻的故意杀人，并分别配备轻重不同的法定刑：对于一般的故意杀人，处死刑、无期徒刑或者十年以上有期徒刑；对于情节较轻的，则处三年以上十年以下有期徒刑。在过失致人死亡罪中，也同样区分一般过失致人死亡与情节较轻的过失致人死亡，规定了轻重不同的法定刑："三年以上七年以下有期徒刑"和"三年以下有期徒刑"。③现行《刑法》关于过失致人死亡的规定（《刑法》第一百三十三条）中还规定："本法另有规定的，依照规定。"这就实际上为业务过失致人死亡犯罪预留出了存在的余地。这种区分一般过失与业务过失的思路是值得肯定的。④现行《刑法》将在其他各犯罪致人死亡的情形规定为结果加重犯，在一定意义上也彰显了对生命的格外重视，与笔者所倡导的生命至上生命价值观在某种程度上存在一定的契合。

第四章　侵犯生命权之基本罪研究

哪些行为可以被认为是侵犯生命权的犯罪，这个问题在不同的国家，甚至同一国家不同的学者中，认识不同。比如，在将人的始期认定时间较前的斯洛伐克、爱尔兰等国，杀害胎儿的行为，即与故意杀人罪一般，为侵犯生命权的犯罪。而在其他认为人的生命始于出生的国家，则并无同样的认识。再如，德国刑法第16章"侵害他人生命的犯罪"中规定有谋杀罪、故意杀人罪、受嘱托杀人罪、堕胎罪、堕胎宣传罪、销售堕胎工具罪、灭绝种族罪、遗弃罪及过失杀人罪。而深受德国刑法影响的日本刑法在针对生命的犯罪中，虽在规定杀人罪（具体包括普通杀人罪、参与自杀罪、同意杀人罪）、堕胎罪和遗弃罪（具体包括单纯遗弃罪、保护责任者遗弃罪和遗弃致死伤罪）等问题上与德国刑法采取了相似的立场，但却将伤害致死罪、重过失致死伤罪、业务上过失致死伤罪认为是针对身体的犯罪。但从可得的世界各国刑法来看，在这分歧颇多的立法例中，普通杀人行为和过失致人死亡的行为作为侵犯生命权的犯罪，认识还是比较一致的。为讨论的便利，本书将具有普遍性的普通杀人罪和过失致死罪作为基本罪，将在构成上相对更为特别的侵犯生命权的犯罪作为补充罪分别探讨。

第一节　基本罪类型的划分

概括起来，各国（地区）刑法对侵犯生命权犯罪具体类型的划分，大体有以下三种方式：①以杀人行为是否有恶意预谋为标准，分为谋杀罪（murder）与非预谋杀人罪（manslaughter）两种；②以行为人主观过错为标准，分为故意杀人罪与过失杀人罪（过失致人死亡罪）两种；③分为谋杀、故杀与过失杀人三种。

一、谋杀罪与非预谋杀人罪

采取这种划分方式的一般是英美法系国家。主要代表国家（或地区）为英国、美国[1]、加拿大、澳大利亚、印度、中国香港等。

根据普通法的理解，所谓"谋杀"，是指"有预谋恶意地非法终止他人生命的行为"。根据科克（Coke）的传统定义，"谋杀"则是指："在王国的领土范围内，达到法定责任年龄的人，在王国的领土范围内，事前有预谋地非法杀害无辜者，破坏了王国和平的环境，而被当事人控告或由法律予以规定以及使被害人受伤，并于一年零一天内死于该伤的情况。"[2]

构成谋杀罪，必须具备以下四个方面的要素。

1.必须有由被告实施的剥夺他人生命的行为

当然，该行为不能是一个正当行为或者根据其职责被允许的行为；至于非法剥夺他人生命的行为是否包括帮助自杀的行为，美国大多数现代法院认为，帮助另一个人以便他自杀不能构成支持一个谋杀罪指控充足的犯罪行为要素。当然，关于这一点，各州存在不同的认识。一部分州根据普通法的观念，认为自杀是自我谋杀（suicide），因此，唆使或帮助他人自杀的，自然也就构成谋杀罪。基于这样的认识，一部分州规定，帮助或唆使自杀者负谋杀罪的刑事责任。而另一部分州却并不这样认为。如《纽约州刑法》即规定，"故意引起或帮助他人自杀的"，构成非预谋杀人罪；《佛罗里达州刑法》第782.08条也规定，"任何人故意地帮助他人自杀，构成非预谋杀人罪，按照刑法第775.082条、第775.083条或者775.084条处罚"。而在明尼苏达州、威斯康星州、密歇根州等州刑法中，虽然也不认为唆使或帮助他人自杀的构成谋杀罪，不过，不同的是，它们也不认为该行为构成非预谋杀人罪，而是将该行为作为一个独立的犯罪加以规定。

2.一个死亡必须已经发生

但这一点并非意味着绝对地要求尸体必须被找到。正如任何犯罪的任何方面一样，死亡的存在可以被情景证据所证明。如在堪萨斯州 Satat V. Pyle,532 P.2d 1309（Kan.1975）中，D 与其祖母 V 关系很不好，他的祖母甚至已经将其排除在遗嘱之外。一日，V 低矮的平房被烧为了平地，V 的尸体或任何尸骨碎片均未被在瓦砾中发现，而 D 仍被认为对 V 犯有谋杀罪。在该案中法官认为，V 的死亡已被众多的情景证据所充足地证明，这包括：没有任何 V 的朋友或同事再接到过她的信，D 与 V 的紧张关系，在任何人告知他关于起火的事情几个小时之前，D 确切地知道该火灾。

---

[1]美国有部分州刑法将杀人罪分为谋杀、非预谋杀人罪与过失杀人罪。如《阿拉巴马州刑法》、《阿拉斯加州刑法》、《亚利桑那州刑法》。

[2]［英］J·C·史密斯、B·霍根：《英国刑法》，陈兴良等译，法律出版社2000年版，第369页。

3.犯　　意

这种精神状态通常被称作"恶意预谋"（malice aforethought）。无论是普通法还是科克对谋杀罪的定义，其中一个至关重要的因素都是要求预谋或者说恶意预谋的存在，即杀人意图在杀人行为之前出现。然而，正如伊曼纽尔所言，尽管成立谋杀罪，被告必须具有"恶意预谋"，但"在词汇的通常意义上，他对他的被害人有'恶意'或者在实施行为之前他已经考虑过杀人都不是必需的。相反，这个词组是一个艺术术语（a term of art），它可被下面一些相当明确的精神状态所满足：（1）杀人的故意；（2）实施严重身体伤害的故意；（3）对人的生命价值漠不关心的鲁莽；和（4）实施任何确定的非杀人重罪的故意。"[1] 这也就是说，在英美刑法中，谋杀罪的构成尽管仍然要求"恶意预谋"的存在，但实际上该罪在犯意方面的要求已经远远超出了该词汇的字面含义。这一点在我国香港地区刑法理论中亦有所体现。对我国香港"刑法"中谋杀罪犯意方面预谋之存在并不必要，不仅在学界有所反映，在司法实践中也是得到了支持的，如在香港九龙广东道，就曾出现过一名青年因轻微交通事故与对方争吵，结果被人围殴致死的谋杀案件。[2]

4.直接的因果关系（proximate cause）

即被告的行为与被害人的死亡之间必须具有因果关系。被告的行为必须是事实上引起了并且是直接地引起了被害人的死亡。直接因果关系一个特别的规则就是"一年零一天规则"（death within a year and a day）。这一点在科克对谋杀罪的定义中可见一斑。这一规则源起于过去较差的医疗水平和人们通常对生命较短的期望。如果自受到袭击之日起被害人存活超过了一年零一天（即死亡结果在第一百零一天后发生），就不能有合理确信地认为对于该死亡，介入的原因不比被告人的行为更有责。尽管这一规则经常被认为过于绝对，它仍为美国多数州所采。

普通法的观点对非预谋杀人罪的定义则是"无预谋恶意地非法终止他人生命的行为。"实际上是指具有减轻情节的杀人。非预谋杀人具体又可分为非预谋故意杀人（voluntary manslaughter）与非故意杀人（involuntary manslaughter）。

非预谋故意杀人的典型类型是激情杀人（heart-of-passion voluntary manslaughter）。它是指被告人在因受强烈刺激（这种刺激足以使一个正常人失去正常的自控能力）而产生盛怒的心理状态下所实施的杀人。但有些判例显示，激情也可能是恐怖或者惊吓或者极度绝望的心理。但复仇的激情不能作为激情杀人的心理状态。当然，英美法系有的国家或地区刑法中的非预谋杀人罪还包括其

---

[1]［美］史蒂文·L·伊曼纽尔：《刑法》，中信出版社2003年版，第233页。

[2]参见宣炳昭：《香港刑法》，中国法制出版社1997年版，第176页。

他具有减罪情节的非预谋故意杀人，包括法律上无效的防卫、法律上无效的制止重罪、法律上无效的紧急避险、尚未达到可以进行合法辩护的精神病程度的精神错乱情况下的杀人、自愿醉态下的杀人、帮助他人自杀等。

在美国，几乎所有的司法区都将非预谋杀人罪进一步分为故意杀人（voluntary manslaughter）与非故意杀人（involuntary manslaughter）。前者是指具有减轻情节的非预谋故意杀人，其中最具有代表性的是激情杀人，在有些州也包括防卫过当、避险过当、醉态等其他减罪情节。后者则包括非故意鲁莽导致他人死亡、重过失和在实施一个非法行为过程中导致他人死亡。此外，一些州还创造出了一种杀人犯罪，即交通工具杀人（vehicular homicide），这种犯罪通常被定义以比非故意杀人要求较少程度的罪过。[1] 如《堪萨斯州刑法》§21—3405 条即规定："交通工具杀人是一种通过以一种导致不合理的冒着伤害他人人身或财产的危险的方式驾驶汽车、飞机、汽艇或者其他机动交通工具，（实施的）非故意的杀人，它包含着一种实质的偏离合理的人在同样的环境下应遵守的注意标准。交通工具杀人是一个……将导致不超过 1 年监禁的轻罪。"另如《佛罗里达州刑法》第782.072 规定的船只杀人。

在英国，非故意杀人具有这样三种形式，即推定的非预谋杀人（constructive manslaughter）、重过失杀人（gross negligence manslaughter）以及鲁莽杀人（reckless manslaughter）。其中，推定的非预谋杀人发生在这样的案件中，被告人缺乏谋杀的意图，但在实施不合法的或者危险行为的过程中杀死了被害人。称之为推定的非预谋杀人是因为该罪行是从一个较不严重的犯罪中构筑起来的。英国国会上议院在 Attorney-General's Reference(No.3 of 1994) 案中提出了推定的非预谋杀人成立的四个要求："（1）行为是否被故意地实施，（2）行为是否非法，（3）是否它也是危险的，因为它可能导致对某人的伤害和（4）是否该非法和危险的行为导致了死亡。"

重过失杀人是英国国会上议院最近在 Adomako 案中被认识的。其要求是：注意义务；对注意义务的违背；对注意义务的违背导致了死亡；并且对义务的违背严重到足以证明一个刑事有罪认定。

与重过失杀人不同的是，鲁莽的非预谋杀人中行为人意识到了存在导致被害人死亡的冒险。[2]

通常，非故意杀人有两个特征：①被告人的行为必须包含对他人死亡或者重伤较高程度的冒险；②被告人必须认识到他的行为具有这种冒险性。

---

[1]［美］史蒂文·L·伊曼纽尔：《刑法》，中信出版社 2003 年版，第 230 页。

[2] 参见［英］乔纳森·赫林：《刑法》（第三版），法律出版社 2003 年版，第 199—209 页。

二、故意杀人和过失杀人

采取此种划分方式的，主要代表国家（或地区）为中国大陆、中国台湾、中国澳门、俄罗斯、日本、西班牙、韩国、蒙古、泰国、巴西、意大利等。

众多国家或地区采用以犯罪人主观心理状态的不同作为划分侵犯生命权犯罪基本类型的标准，其主要原因当然是由于罪过形式的不同体现了犯罪本质以及行为人反社会性的不同，反映了不同种类侵犯生命权犯罪之间的本质区别。值得一提的是，原苏联刑法在关于杀人罪的分类上采用了此种划分方式，似乎也是众多原社会主义国家，如罗马尼亚、阿尔巴尼亚、蒙古与中国，采取此种分类标准的一个重要原因。特定历史条件下，"社会主义老大哥"苏联刑法的影响，我们不能也无法刻意回避。而俄罗斯在地域上大部分即为原苏联的领土，其刑法亦在一定程度上沿袭了原苏联刑法的规定。

目前可考资料显示，采取此种划分方式的各国家或地区刑事立法和刑法理论对故意杀人罪的构成认识基本一致。

（1）关于对象。一般认为，本罪的犯罪对象是除了行为人之外的其他自然人。自杀不是本罪所要规制的行为。法人因为不具有自然生命，不能成为本罪的对象。

（2）关于行为。本罪的行为，是在他人出生之后，自然死亡之前，非法剥夺其生命。行为方式既包括作为，也包括不作为。行为手段包括有形的方法也包括无形的方法。

（3）关于本罪的故意。行为人认识到行为的对象是具有生命的自然人（当然，对象认识错误时例外），同时预见到由自己的行为能够导致死亡结果的发生，而竟然实施该行为。

然而，上述各国家和地区刑法对过失杀人罪的规定则存在一定的差异。主要体现在以下几个方面。

1. 关于罪名的称谓

我国现行《刑法》第二百三十三条规定："过失致人死亡的，处三年以上七年以下有期徒刑，情节较轻的，处三年以下有期徒刑。本法另有规定的，依照规定。"根据1997年12月《最高人民法院关于执行〈中华人民共和国刑法〉确定罪名的规定》，该条所规定的罪名为过失致人死亡罪。我国台湾现行"刑法"第276条在罪名上亦采用普通过失致死罪、业务过失致死罪；日本刑法第210条、第211条、泰国刑法第291条、朝鲜刑法第117条、俄罗斯刑法第109条、韩国刑法第267条也都采取了同样的罪名。而意大利刑法第589条、蒙古刑法第72条、奥地利刑法第80条则采用了"过失杀人"的提法。值得注意的是，瑞士刑法第

117条在条文表述上采取的措辞是："因过失造成他人死亡的，处监禁刑或罚金"，而在罪名的确定上采取的却是"过失杀人罪"的提法，由于资料的缺乏，不知是否为误译所致。

原苏联刑法对本罪的罪名确定为"过失杀人罪"，其理论依据在于：恩格斯在《英国工人阶级状况》中指出："如果一个人使另一个人受到身体上的损害，而引起了被害人的死亡，我们称之为杀人；如果杀人犯预先知道这种损害将会致人于死亡，那么，我们称之为故意杀人。"并在同一段中指出，剥削阶级社会，置千百万无产者于无法生活的条件下，引起无数人的死亡，这正如某一个人所实施的杀人行为一样，只不过是一种隐蔽的、阴险的、不能防范的、无形的杀人罢了。因而只要使他人受伤害并导致受伤害者死亡，就构成杀人罪，不着眼于是否有故意和过失。并由此引申出过失致死为过失杀人的结论。[1]问题是，恩格斯所强调的"杀人"是从政治意义而非法律规范意义上而言的。前苏联的这一理论也未被后来的刑法，也即现俄罗斯刑法所继承。俄罗斯现行刑法认为："杀人和过失致人死亡——这是本质不同的两个概念。在社会意识中'杀人'和'杀人犯'只能同故意致人死亡联系在一起。"[2]故，俄罗斯刑法第109条将该条概括为"过失致人死亡"。

我国1979年《刑法》在这个问题上采用的是过失杀人的提法。然，由于"杀人"一词从字面上含有希望剥夺他人生命的意思，它强调行为人在故意心理状态支配下的行为，而非他人死亡的结果。因此，"杀人"与"过失"相搭配，在逻辑上难以统一。正是基于对"过失杀人罪"罪名与罪状描述准确性的考虑，在刑法修订中，一些学者提出应以"过失致人死亡"取代原来"过失杀人"的表述。[3]1997年《刑法》采纳了这一建议。

2. 过失杀人（致人死亡）行为的具体类型

各国刑法在侵犯人身的犯罪部分规定的过失杀人（致人死亡）犯罪类型各不相同。概括起来有以下四种立法模式：

（1）仅概括地规定"因过失致人死亡"或"过失杀人"。蒙古刑法、朝鲜刑法、奥地利刑法、芬兰刑法及我国澳门地区"刑法"等即采取此种立法方式。当然，

---

[1] 参见甘雨沛：《刑法学中几种重罪比较学上的解释论》（续），载《国外法学》1981年第5期，第51页。

[2] ［俄］斯库拉托夫、列别捷夫主编：《俄罗斯联邦刑法典释义》（上册），黄道秀译，中国政法大学出版社2000年版，第299页。

[3] 参见高铭暄、赵秉志编：《新中国刑法立法文献资料总览》（下），中国人民公安大学出版社1998年版，第2139页；赵秉志主编：《新刑法全书》，中国人民公安大学出版社1997年版，第179页、第529页。

这里说的概括地规定，仅意指对过失致人死亡罪的规定在立法上不区分一般过失与业务过失，而非说法条对过失致人死亡罪的规定采取简略规定。比如，芬兰刑法中，虽然为区分一般过失致人死亡与业务过失致人死亡的情形，但其关于过失致人死亡的规定，包含了第 8 条"过失杀人罪"与第 9 条"重大的过失杀人罪"两个条文，并且规定了轻重不同的刑事责任。[1]

（2）并列规定"过失致人于死"与"伤害致人于死"。采取这种立法形式的有泰国刑法和我国刑法。与我国刑法中过失伤害致人死亡作为故意伤害罪的结果加重情节不同的是，泰国刑法中，伤害致人于死是与故意伤害罪并列存在的一个罪名。泰国刑法第 290 条第 1 款规定："伤害致人死亡而没有致人死亡故意的，处 3 年至 15 年有期徒刑。"在第 291 条则简要规定的是过失致人死亡的刑事责任。在条文归属上，这两条均规定在该国刑法典第十章"侵犯人身的犯罪"第一节"杀人罪"之下。[2]

（3）区分规定普通过失致死罪与业务过失致死罪两种过失致人死亡的情况。如西班牙刑法、俄罗斯刑法、日本刑法、巴西刑法、越南刑法典以及我国台湾地区现行"刑法"。当然，在法条用语上，各国刑法典未必使用"业务过失"这一概念。如越南刑法在第 99 条"因违反行业规程或者行政规章而过失致人死亡罪"中规定即为："1，违反行业规程或者行政规章造成他人死亡的，处 1 年以上 6 年以下有期徒刑。2，造成多人死亡的，处……"[3] 甚至在有些国家刑法中，对业务过失致人死亡的情形也会进一步区分情形加以规定。如，西班牙刑法在第 142 条中即并行规定了一般过失致人死亡的、使用机动车辆或者自卫武器致人死亡的以及业务过失致人死亡的三种不同的情形。法条表述为："第 1 项：因严重过失造成他人死亡，构成过失杀人罪的，处 1 年以上 4 年以下徒刑；第 2 项：使用机动车辆或者自卫武器，严重过失造成他人死亡，并处剥夺 1 年以上 6 年以下驾驶机动车辆，拥有和持有武器权利；第 3 项：因业务过失造成他人死亡的，剥夺其担任公职、从事职业及担当任务 3 年至 6 年的权利。"[4]

（4）规定伤害致死、过失致死与业务过失致死。这是韩国刑法的做法。韩国刑法在"伤害与暴行罪"部分以两个条文的形式，分别规定了"伤害致死"和"暴行致死伤"[5]，在"过失致死致伤罪"部分同样以两个条文的形式分别规定

---

[1] 参见《芬兰刑法典》，肖怡译，北京大学出版社 2005 年版，第 69 页。

[2] 参见《泰国刑法典》，吴光侠译，中国人民公安大学出版社 2004 年版，第 63—64 页。

[3]《越南刑法典》，米良译，中国人民公安大学出版社 2005 年版，第 40 页。

[4]《西班牙刑法典》，潘灯译，中国政法大学出版社 2004 年版，第 56 页。

[5] 因"伤害致死"与"暴行致死"从我国刑法的认识来看，同属于故意伤害的大范畴，故将二者以"故意伤害致死"概括。

"过失致死"和"业务上过失、重大过失"。在刑事责任的设置上，对业务致死伤的配置以更重的刑事责任。该法典第 267 条对一般过失致死的刑事责任的规定是："因过失致他人死亡的，处 2 年以下徒刑或者 100 万元以下罚金。"而在紧随其后的第 268 条对业务过失致死伤规定了与重大过失致死伤相同的刑事责任——"5 年以下徒刑或者 200 万元以下罚金"。[1]

需要指出的是，虽然我国刑法未在"侵犯公民人身权利、民主权利罪"一章中规定业务过失致死罪，但从实质上看，我国刑法对于业务过失致死的犯罪行为仍然是做出了明确规定的。如《刑法》第一百三十三条所规定的交通肇事罪、第一百三十四条规定的重大责任事故罪、第一百三十八条规定的教育设施重大安全事故罪、第三百三十五条规定的医疗事故罪，等等。

笔者认为，将业务过失致人死亡的行为作为一种侵犯生命权的犯罪在《刑法》分则关于侵犯生命的犯罪部分有所昭示，有其必要性。业务过失致人死亡的犯罪，如前文所提及之交通肇事罪、重大责任事故罪、教育设施重大安全事故罪、医疗事故罪等犯罪，其侵犯的客体既包括公共安全或社会管理秩序，也包括对自然人生命权的侵犯；更为重要的是，刑法对各具体罪的归类体现了立法者对该行为主要客体的认识。将之规定于危害公共安全的犯罪或妨害社会管理秩序罪，表明立法者认为，该行为所侵犯的主要客体是公共安全或社会管理秩序，而自然人的生命权与之相比，不过是次要客体！如此理解，与当代人本主义潮流和我们所主张的生命至上原则也是不相吻合的。

3. 关于业务过失致人死亡与普通过失致人死亡的刑事责任

关于这个问题，区分普通过失与业务过失的国家中，存在两种截然相反的态度。一部分国家刑法对业务过失致死伤罪设置了较普通过失致死伤更重的法定刑。如，日本刑法第 210 条规定："过失致人死亡的，处 50 万元以下罚金。"而第 211 条则规定："懈怠业务上必要的注意，因而致人死伤的，处 5 年以下惩役、监禁或者 50 万元以下罚金。"在对杀人罪基本类型采取第二种划分方式的国家或地区中，采取同样做法的还有韩国刑法、俄罗斯刑法、意大利刑法、巴西刑法以及我国台湾地区现行"刑法"。据目前已有资料显示，以罪过为标准划分杀人行为基本类型者，区分普通过失与业务过失的国家或地区中，仅我国大陆地区刑法对业务过失致死的相关罪设置了较普通过失致死（即过失致人死亡罪）更轻的法定刑。

早在现行刑法修订之前，1979 年《刑法》就因对一般过失犯罪规定较业务过失犯罪高得多的法定刑，受到了广泛的批评。如高铭暄教授曾提出，过失致人

---

[1]《韩国刑法典及单行刑法》，[韩] 金永哲译，中国人民大学出版社 1996 年版，第 42—43 页。

死亡情节特别恶劣的，处五年以上有期徒刑，最高刑是十五年，重大责任事故犯罪的最高刑只有七年，而重大责任事故犯罪往往造成许多人伤亡，危害后果比过失致人死亡罪大得多，二罪的法定刑不平衡。[1]1997年《刑法》修订，将对过失致人死亡罪的规定由原来的"过失杀人的，处五年以下有期徒刑；情节特别恶劣的，处五年以上有期徒刑"，改为"过失致人死亡的，处三年以上七年以下有期徒刑；情节较轻的，处三年以下有期徒刑。"从而与多数业务过失致人死亡的法定刑幅度保持了大体的一致。然尽管如此，认为业务过失轻于一般过失的观念仍然没有得到根本改变。这一点在刑法分则相关犯罪的法定刑规定上仍有所体现。如，《刑法》第一百三十三条交通肇事罪的规定为："违反交通运输管理法规，因而发生重大事故，致人重伤、死亡……的，处三年以下有期徒刑或者拘役；……有其他特别恶劣情节的，处三年以上七年以下有期徒刑；……"即交通肇事致人死亡之基本法定刑为三年以下有期徒刑或者拘役，与过失致人死亡罪的情节减轻犯法定刑基本一致；而交通肇事致人死亡之情节加重犯的法定刑，则与过失致人死亡罪的基本法定刑相同。无独有偶，《刑法》第三百三十五条对医疗事故罪的法定刑也做了类似的规定。如此立法，"潜台词"是，交通肇事这种过失致人死亡是一种具有减轻情节的过失致人死亡。

从事危险职业的人员通常具有更高的注意能力，法律也因此对其赋予较社会一般成员更多的注意义务。故，业务过失致人死亡的行为对注意义务的违反程度更显著，违法性程度也就更高，其所应当承担的责任因而理当更重。体现刑法对相关行为刑事责任的立法上，自然也就应配备更重的法定刑。这一基本思想在大陆法系各主要国家刑法中得到了充分的体现。[2]

然持相反意见者认为："业务行为本身都具有正当性和必要性，而发生于日常生活中的过失杀人，却极少具有必要性，有的甚至谈不上正当或合法"，因此应对业务过失犯罪规定较一般过失轻的法定刑。该论者还进一步担忧，"倘若业务过失要从重的话，还有谁敢从事那些危险职业？"[3]

笔者认为，对业务过失规定较普通过失更重的刑事责任，有其内在合理性。行为本身的正当性与必要性难以成为对业务过失配备较低法定刑的充足依据。

（1）普通过失中的行为未必都是非正当的行为。按照该论者以过失犯罪中行为本身的正当性与否作为法定刑轻重的思路，合乎逻辑的结论是，似乎也不应

[1] 参见高铭暄、赵秉志编：《新中国刑法立法文献资料总览》（下），中国人民公安大学出版社1998年版，第2139页。

[2] 参见张明楷：《外国刑法纲要》，清华大学出版社1999年版，第243页。

[3] 郑伟：《刑法个罪比较研究》，河南人民出版社1990年版，第58页。

一律地对普通过失设置较重的法定刑，而应再进一步区分行为的正当性与否，仅将行为本身具有非正当性的部分划分出来并配备相应较重的法定刑。如此，对于养花之人将花搁置在阳台上，开窗透风之际花盆掉下误将路人砸死或砸伤的，由于养花与开窗透风自然都不是非正当的行为，则对该行为也就应从普通过失致人死亡或致人伤害中独立出来，并设置较轻的法定刑。这显然与通常理解和各国刑法理论与实践不合。

（2）行为的必要性本身是一个不具有确定性的概念。该论者认为，"汽车是非开不可的，鞭炮一辈子不放也没有关系"，故驾驶汽车造成他人死亡应比燃放鞭炮炸死他人负更轻的责任。姑且不论这里因果关系是否存在，仅就行为之必要性而言，也未免过于武断。对于具有特殊民俗的民族或地区的公民而言，燃放鞭炮可能比驾驶汽车具有更为重要的意义，甚至可能是其生活中不可或缺的部分。再如养花弄草，对于有的人来说，可能认为无足轻重，而对于视花如命的人而言，它却无比重要。

（3）担心业务过失从重将导致无人敢从事危险职业，实属杞人忧天。如前所述，从世界各国或地区的历史和现实来看，对于业务过失规定以较普通过失更重的法定刑者，并非少数。然纵观这些国家或地区，似乎也并未出现该论者所担忧的无人从事危险职业的局面。

三、谋杀、故杀和过失杀人

以法国、德国为代表的大陆法系国家，大多采取此种划分方式。另如瑞士、奥地利、瑞典、新加坡等国刑法。

值得注意的是，在对杀人基本罪采取此种划分方式的国家，其刑法对谋杀罪的界定并不一致，各自所涵盖行为的范围宽窄不一。如德国刑法对谋杀者的定义是："谋杀者是指出于杀人嗜好、性欲的满足、贪财或其他卑劣的动机，以残忍、残暴或危害公共安全的方法，或意图实现或掩盖其他犯罪行为而杀人的人。"（《德国刑法》第211条）根据该规定，出于杀人嗜好、性欲的满足、贪财或其他卑劣的动机，以残忍、残暴或危害公共安全的方法，或意图实现或掩盖其他犯罪行为而杀人，即为谋杀。法国刑法则认为："有预谋地故意杀人为谋杀。"（《法国刑法典》第221—3条）瑞士刑法对谋杀的规定为其刑法典第112条。该条内容为："行为人特别不审慎地，尤其是其动机、行为目的或犯罪方式特别恶劣的，处终身重惩役或10年以上重惩役。"奥地利刑法并没有明文给出其对谋杀罪的定义，而只是在其刑法典第75条"谋杀"中规定："杀人者，处10年以上20年以下自由刑、或终身自由刑。"尽管如此，我们却可以从其对"故杀"的界定中推断出其对"谋杀"的理解。该刑法典第 76 条"故杀"之中规定："由于一般可见之情绪激动而杀人者，处 5 年以上 10 年以下自由刑。"也就是说，由于一般可见之情绪而杀人者为故杀。那么，合乎逻辑的结论是，非因一般可见之情绪激动而故意杀人的，即为谋杀。类似的规定还体现在瑞典刑法典中。瑞典刑法典第 3 章"对生命和健康的犯罪"中第 1 条对谋杀罪同样采取了简单罪状的规定方式，仅简略地规定，"剥夺他人生命的，以谋杀罪处 10 年或终身监禁"。但在随后的第 2 条中规定："考虑导致犯罪的环境因素或其他理由，犯第 1 条之罪不太严重的，以非预谋杀人罪处 6 年以上 10 年以下监禁。"这也就是说，在瑞典刑法看来，不太严重的杀人即为非预谋杀人罪，而严重的杀人罪即为谋杀罪。

从这里可以看出，在上述诸国家中，仅法国刑法中的"谋杀"为本来意义的"谋杀"，而德国刑法、芬兰刑法与瑞士刑法中的"谋杀"基本相当于我国刑法中故意杀人罪情节情节较重的情形。奥地利刑法中的"谋杀"的外延则更加宽泛，包括刑法有特别规定的几种杀人行为外的所有故意杀人的行为（激情杀人除外）。

从法定刑的角度来看，上述诸国家对谋杀罪的刑事责任态度也有所不同。作为大陆法系的典型代表的德国和法国对谋杀罪规定了绝对确定的法定刑，且为其刑罚体系中的最高刑——终身自由刑（德法两国都已废除死刑）。保留有死刑的岛国新加坡，对谋杀罪的规定则是决定确定的死刑。[1] 而瑞士和奥地利虽然对于谋杀罪也规定了较故杀更高的法定刑，且其法定刑幅度制高点也为终身自由刑，但其采取的却是相对确定的法定刑，而非绝对确定的法定刑。

四、比较结论

从前面的分析可以看出，三种划分方式中，仅第二种以行为人主观罪过形式的不同作为侵犯生命权基本罪，即杀人罪的基本划分依据。而采取另两种划分方式的国家刑法则不采此标准。

具体说来，采取第一种划分方式的国家采用的标准原本是是否具有事先恶意预谋，而实际上当代的谋杀罪已不再仅仅限于事先有恶意预谋的故意杀人行为，还包括了事先并无预谋但不具有减罪情节的故意杀人行为。从罪过形式上来看英美刑法中的谋杀罪，它包括了故意杀人最典型的形式，但并未穷尽全部故意杀人

---

[1]参见《新加坡刑法典》，刘涛、柯良栋译，北京大学出版社 2006 年版，第 70 页；《德国刑法典》，许久生、庄敬华译，中国法制出版社 2000 年版，第 161 页；《法国刑法典 刑事诉讼法典》，罗结珍译，国际文化出版公司 1997 年版，第 54 页。

的行为，而非预谋杀人罪则既包括了一部分故意杀人的行为，又包括了一部分过失致人死亡的行为。

要清晰地说明采取第三种划分方式的国家在杀人基本罪的类型划分上采取的是何种标准，是一件十分困难的事。因为，如前所述，采取此划分方式的各国刑法对谋杀罪的界定是具有较为明显分歧的，其内涵与外延各不相同。从总体上说，它似乎同时采取了两套划分标准，即以罪过形式为标准区分故意杀人与过失杀人，以是否具有事先预谋或严重情节区分谋杀与故意杀人，且这两套标准是并行关系。

笔者认为，以我国和日本为代表的诸国所采取的以罪过形式划分杀人基本罪基本类型的方式是值得肯定的。一方面它符合事物分类的一般理论，同时它也恰当地反映了不同罪过下非法剥夺他人生命行为本质的差异和统治阶级对该行为否定性评价程度的不同，在刑法具体适用过程中对行为罪名的认定上也比较符合主客观相统一的原则。

逻辑一般理论认为，在对事物分类时，应把握一个基本原则，即分类标准的一贯性。当然，这里所说的是在同一层次上的划分，它并不排斥在进一步进行下一层次划分时采取其他标准。如我国根据罪过形式将杀人行为分为故意杀人罪与过失致人死亡罪，而学术界又根据故意中意志因素的不同，将其分为直接故意杀人与间接故意杀人。而第一种划分方式既以是否事前预谋为划分标准，又在一定程度上以行为是否具有减罪情节为标准，第三种划分方式亦同时采用罪过形式与是否具有事先预谋或严重情节两种标准，在逻辑上有违分类标准之一贯性。

尽管故意杀人与过失致人死亡行为在行为后果上都是导致了他人生命的终止，非法剥夺了他人的生命权，但故意罪过下，行为人对于被害人生命的终止所持态度是积极追求或放任，表现出行为人严重的、自觉的反社会性，统治阶级及表现其意志的刑法因而也给予其较为严厉的否定性评价；而过失罪过下，该结果却是违背行为人主观意愿的。这表明行为人反社会性轻微，应给予其否定性评价的程度相应就应较低。这一点可以从各国刑法对过失致人死亡设置法定刑大大轻于故意杀人犯罪的规定中得到明证。而根据英美刑法对于杀人基本罪的划分，非预谋杀人罪中，既包括故意杀人的行为，也包括非故意杀人（即过失致人死亡）的行为。而对于非故意杀人的行为在罪名确定上以"非预谋杀人罪"称之，无法体现出过失罪过下行为人较之非预谋故意杀人行为人更为轻微的反社会性和人身危险性，也无从体现国家对该行为较轻的否定性评价。

不仅如此，对该行为在罪名上以非预谋"杀人罪"称之也是不符合主客观相统一原则的。从"非预谋杀人罪"这个词的组词结构来看，属偏正结构，其中心词为"杀人罪"。如前所述，"杀人"这一词汇从字面上即含有希望剥夺他人生命的意思，它强调行为人在故意心理状态支配下的行为，而非强调他人死亡的结果。对于过失致人死亡的行为以"杀人罪"称之，自然难以符合主客观相统一的原则。另，根据英美法系对谋杀罪的理解，在没有减罪或免罪情节的情况下，出于重伤但不是杀害的故意而直接造成他人死亡的行为即属于谋杀罪之列。美国绝大多数州刑法中就都有这一类型的谋杀罪（纽约州和威斯康星州除外，将其归入"极端轻率谋杀罪"）。对于主观故意在于伤害的行为却以谋杀罪的罪名认定，这也不能说不是由于在侵犯生命权基本罪分类标准上偏离主观罪过标准所导致的有违常识的尴尬局面。

英国目前对非故意非预谋杀人（involuntary manslaughter）面临的如下批评或许在一定程度上也反映了该国刑法理论界对目前奉行的基本罪划分标准的反思。

（1）杀人罪可以在仅有较低水平犯意的情况下构成。如果被告人仅仅轻轻地打了被害人的鼻子，被害人摔倒并碰到了他的头，结果死了，被告人将就推定的非预谋杀人有罪。对于严重疏忽杀人，它不需要被告人预见死亡，或者甚至不需要预见对被害人的任何伤害。

（2）"非预谋杀人"的标签涵盖了从轻微疏忽到预谋杀人之间宽广的杀人范围。目前推定的非预谋杀人与严重疏忽杀人之间的区别无益于区分较不严重的罪行和较为严重的罪行。表明是否一个推定的非预谋杀人必须比一个严重疏忽杀人的行为更加严重是不可能的。

（3）严重疏忽杀人不考虑被告人遵守由"理性人"（a reasonable man）标准的能力。

（4）严重疏忽杀人的定义本身不确定。

根据这些批评，法律委员会已经建议现行的关于非故意非预谋杀人应被过失致人死亡（reckless killing）与重大疏忽致人死亡（killing by gross carelessness）两罪所代替。他们建议设计条文为："任何人，其行为引起他人死亡的，构成过失致人死亡罪，如果（a）他对于其行为将引起死亡或者严重伤害的危险具有认识；且（b）对他而言，已经注意到该境况，正如他知道或者相信境况会如此，而采取该冒险是不合理的。"

重大疏忽严重性较小，设计为："（1）任何人，由于他的行为引起了他人的死亡，构成重大疏忽致人死亡罪如果（a）对于一个在他位置的理性人而言，他的行为将引起死亡或者严重伤害这一冒险是明显的；（b）在当时具体时间他能够认识到该冒险；且（c）要么（ⅰ）他的行为远落后于在当时环境中对他的合理期待；或者（ⅱ）他意图通过他的行为引起伤害或者他认识到并且不合理地接受了这一冒险。（2）根据（ⅰ）（a），可归因于该人（a）在当时具体的时间，知识和相关事实被告人被显示具有；且（b）任何技能或经验被他所拥有。[1]

第二节　基本罪在刑法分则体系中所处地位

一、各国（地区）立法例考察

根据侵犯生命权的犯罪之基本罪在刑法中所处地位的不同，世界各国（地区）刑法立法例大体可以划分为以下类型。

1.侵犯生命权的犯罪之基本罪置于刑法分则之首

采取这种立法例的国家（地区）主要是俄罗斯、法国、巴西、奥地利、瑞士、瑞典、西班牙、捷克、阿根廷以及我国澳门特别行政区。如俄罗斯刑法分则之首即为第七编"侵害人身的犯罪"（第一至六编均为总则性的规定），且在该编中侵犯生命权的犯罪又是其重中之重：该编开篇即为"杀人罪"、"母亲杀死新生儿"、"在激奋状态中杀人、超过正当防卫限度或者超过拘捕犯罪人所必需的方法杀人"、"过失致人死亡"以及"迫使他人自杀"。又如瑞典刑法典分则开篇即为"第三章　对生命和健康的犯罪"。在该章中，第1条和第2条分别规定的便是谋杀罪和非预谋杀人罪。值得注意的是，尽管美国联邦模范刑法典亦将"对州之生存及安全之犯罪"列为"犯罪之规定"之首，位于包括杀人罪等在内的"对人身危险为内容之犯罪"之前，但美国首府华盛顿辖区、肯塔基州、得克萨斯州、南卡罗莱纳州、威斯康星州、维吉尼亚州等州刑法却采取了此种立法例。华盛顿刑法在总则性的规定（包括一般条款、责任原则、精神错乱、防卫、犯罪等级等）之后紧接着开始的分则性条款9A.32首当其冲地规定的便是杀人罪（homicide）。

2.置于少数几个侵犯国家法益或社会法益的犯罪之后

如蒙古刑法分则之首为"第十四章　危害国家安全罪"，紧随其后的即为"第十五章　侵犯生命与健康的犯罪"。采取将侵犯生命的犯罪作为仅次于国事罪规定在刑法分则前端的，还有保加利亚刑法典、越南刑法典。阿尔巴尼亚刑法典中，"侵犯人身和生命罪"则是紧随在位于刑法分则之首的"第一章　反人类罪"之后的。在部分国家刑法中，对于至于侵犯生命与健康的犯罪之前的罪种，同时既包括国事罪，也包括反人类罪。如波兰刑法典。该国刑法典在分则开篇，分别是"第

---

[1] 上述批评和建议译自［英］乔纳森·赫林：《刑法》（第三版），法律出版社2003年版，第209—210页。

十六章 危害和平、人类罪与战争罪"、"危害波兰共和国罪"和"危害国防能力罪"。在部分国家刑法中，置于侵犯生命与健康的犯罪之前，作为分则开篇的，除了国事罪外，也包括了侵犯社会法益的犯罪。如新西兰刑法典、尼日利亚刑法典、喀麦隆刑法典等。新西兰刑法典分则开篇即为"危害公共秩序的犯罪"、"影响法律和司法行政的犯罪"和"危害宗教、道德和公共福利的犯罪"（注：新西兰刑法典将国事罪纳入了"危害公共秩序的犯罪"之列）如前文所提及，《美国模范刑法典》采取的实际上是此种立法例。尽管"由于这些事情（指关于谋叛、内乱、谍报活动等犯罪定义与政治情势相关——笔者注）及美国法律协会之资历之限制，避免对有关这些问题之［模范］规定做准备"但"在模范刑法典之构成上，仍保留第二〇〇章俾便对州之生存或安全之犯罪之规定能够编入"。即《美国模范刑法典》尽管其本身对于分则性的规定实际以"对人身危险为内容之犯罪"（杀人罪为该部分之首）为开篇，但仍在该部分之前保留了"对于州之生存及安全之犯罪"部分作为分则第一部分。

3.置于绝大多数侵犯国家法益或社会法益的犯罪之后

采取这种立法例的国家（地区）主要有：新加坡、菲律宾、希腊、印度、日本、韩国、德国、意大利、泰国、加拿大以及我国台湾地区。如在日本，杀人罪被列为其刑法典第 26 章，其前各章分别为：内乱罪、外患罪、有关国交的犯罪、妨害执行公务罪、脱逃罪、藏匿犯人或隐灭证据罪、骚乱罪、放火和失火罪、有关决水和水利的犯罪、妨害交通罪、侵犯居住罪、侵犯秘密罪、鸦片烟罪、有关饮用水的犯罪、伪造货币罪、伪造文书罪、伪造有价证券罪、伪证罪、诬告罪、猥亵、奸淫和重婚罪、赌博和彩票罪、有关礼拜场所和坟墓的犯罪、渎职罪。规定于杀人罪章之后的仅其他侵犯人身的犯罪、对名誉、信用、财产的犯罪。在这些国家中，有相当一部分国家甚至将一般的性犯罪或猥亵妇女的犯罪行为作为妨害风化罪的具体罪名置于侵犯生命的犯罪之前。如新加坡刑法典、芬兰刑法典、丹麦刑法典、挪威刑法典、泰国刑法典、意大利刑法典、日本刑法典和韩国刑法典。

二、基本罪所处位置之应然

一般说来，刑法典分则体系对各种犯罪的排列顺序表明了统治阶级对其犯罪社会危害性程度大小及重要性的认识。一般说来，各国或地区刑法总是将（其认为的）侵犯较为核心法益的犯罪置于较为显著的位置，对其中危及统治阶级根本利益和根本统治秩序的犯罪往往规定于刑法分则之首。[1] 即在刑法分则中采取

---

[1] 当然，也有极少数国家或地区对于刑法分则各罪的排列与其对各罪侵犯法益重要性的评价无关，如美国《罗德艾兰州刑法》对分则各罪的排列以英文首写字母为序。

由重到轻的排列方法。当然，这种重或轻的划分，只是就各类犯罪的总体予以观察，而非对具体各罪进行逐一比较后所做的排列。[1]但这种轻重的排列，表明了统治阶级对各罪社会危害性程度的总体认识。如俄罗斯刑法典在理念上承认，人是文明世界中的最高社会价值，因此，该刑法典的方针确定为最大限度地保障人身安全，全力保护公民的生命、健康、名誉、人格、权利和自由，保护他们不受侵犯。保护人身免受犯罪的侵害这一任务的优先地位在俄罗斯刑法典分则中体现为，该刑法典一改1960年《苏俄刑法典》分则以国事罪开始的做法，以"侵害人身的犯罪"开篇，并且，"侵害生命和健康的犯罪"作为重中之重，被置于该编之首，也就是整部刑法典分则的第一章。

我国现行刑法分则对各章的排列顺序依次为：危害国家安全罪、危害公共安全罪、破坏社会主义市场经济秩序罪、侵犯公民人身权利、民主权利罪、侵犯财产罪、妨害社会管理秩序罪、危害国防利益罪、贪污贿赂罪、渎职罪以及军人违反职责罪。如此排列，显示了统治阶级对国家安全、社会安全、市场经济秩序、人身权利、民主权利、财产权利等各种法益重要性程度上的认识。根据各国或地区刑法总是将其认为较为核心法益的犯罪置于较为显著的位置，对危及其统治根本利益和根本秩序的犯罪则往往规定于刑法分则之首的惯常做法，显然我国立法机关认为，国家安全、社会公共安全是较公民人身权利等法益更为重要的利益。

而从我们前文所谈的法益重要性应然的层面上看，生命权具有至上性。自然人的生命权应高于其他一切法益，包括国家利益、社会利益以及其他个人利益。认为包括生命权在内的公民人身权利低于国家安全、社会公共安全，甚至社会主义市场经济秩序的认识，与现代社会所倡导的生命价值至上和人本主义的基本立场是不相适应的。从民众感情出发，恐怕也是难以接受的。试想，认为破坏社会主义市场经济秩序的犯罪都比侵犯包括公民生命权在内的侵犯公民人身权利的犯罪社会危害性要大的刑法典，如何体现刑法对公民最基本的权利——生命权保护的优先地位？

对于我国现行刑法分则各章的排列，学界一般也认为，采取的是由重到轻的排列方法。按照这种认识，侵犯包括公民生命权在内的人身权利的犯罪是较侵犯国家安全、公共安全的犯罪为轻的犯罪。如学界通说认为，以危害公共安全的方法，如放火、故意杀人的，属于想象竞合犯，应从一重处断，即按照重罪放火罪等危

---

[1] 参见高铭暄主编：《中国刑法学》，中国人民大学出版社1989年版，第375页。

害公共安全罪认定。[1] 然传统的以法定刑判断罪重罪轻的标准在此却难以奏效：《刑法》分则对放火罪与故意杀人罪所规定的法定刑幅度完全一致，都是最高刑为死刑，最低刑为三年有期徒刑。学界于是求助于类罪名的排列顺序与行为所侵犯私权益主体的数目。这里且不论对集合了私权益的公权益是否就必然高于私权益，单从立法对观念的影响的角度看，学人产生故意杀人罪是较放火罪等轻的犯罪这种认识，很大程度上也是由于现行《刑法》的规定使然。故，从引导社会观念的转变角度出发，将侵犯公民人身自由的犯罪，至少是侵犯生命权的犯罪，在我国《刑法》分则体系中的位置予以适当提前，也是十分重要的。笔者无意否定学术研究的独立性，然立法态度对学人立场的影响却是客观存在的。如1997年《刑法》修订前，对于类推制度肯定者甚多，而其修订实施后，此种声音却几近销声匿迹。

从世界各国立法例来看，外国刑法一般以犯罪侵犯法益为标准采用二分法或三分法，即把犯罪分为侵犯公法益与侵犯私法益的犯罪，或者分为侵犯国家法益的犯罪、侵犯社会法益的犯罪和侵犯个人法益的犯罪。各国或地区刑法或是将侵犯生命权的犯罪之基本罪置于刑法分则之首，或是将之置于少数几类侵犯国家法益或社会法益的犯罪之后，或是将其置于绝大多数侵犯国家法益或社会法益的犯罪之后。由于不同历史时期各国或地区在社会本位或个人本位上倾向的不同，刑法分则体系排列也各有特色。传统观点一般认为，国家法益高于社会法益，社会法益则又高于个人法益。故，刑法分则在排列顺序上，一般把侵犯国家法益的犯罪置于前面，侵犯社会法益的犯罪次之，侵犯个人法益的犯罪置于最后。但是，第二次世界大战以后，随着人权观念的深入发展，强调刑法对个人权益的保护，强调对"人"的重视，于是有的刑法经过修订，改变了原来的排列顺序。如1994年3月1日生效的《法国刑法典》以侵犯人身之重罪、轻罪开始，接着是侵犯财产之重罪与轻罪，然后才是1810年《法国刑法典》首先加以规定的危害民族、国家及公共安宁罪以及其他重罪与轻罪。这一改变表达了"特定时期一个国家里公认的根本价值"[2]——即个人法益高于、重于或优先于社会法益与国家法益。又如前文所提及1996年《俄罗斯刑法典》，也即俄罗斯现行刑法典，在其刑法分则排列顺序上也对1960年《苏俄刑法典》做了同样的改变。

---

[1] 也有学者认为，故意杀人罪是较放火罪等更重的罪，对于这种情况应按照故意杀人罪认定。但持此观点的目前仍为少数说。参见张明楷：《论以危险方法杀人案件的性质》，载《中国法学》1999年第6期，第105—112页；李立众：《再论以危险方法杀人案件之定性》，载《政法论坛》2002年第2期，第109—116页。

[2]《法国刑法典　刑事诉讼法典》，罗结珍译，国际文化出版社公司1997年版，第1页。

我国现行《刑法》将侵犯包括公民生命权在内的人身权利的犯罪置于较后的位置，一方面是由于我国传统文化对个人与个人权利的漠视使然，另一方面也是由于我们建国以后长时期的计划经济体制下，集体主义价值观进一步得到了宣扬并深入人心。在这种文化历史背景下，尽管目前由于市场经济体制的确立和发展，重视个人权利的价值观在民众观念中有了一定的抬头，但却并未在立法价值倾向上得到体现。笔者认为，为彰显生命权之重要性，体现生命至上原则计，应考虑将以侵犯生命权的犯罪为首的侵犯公民人身权利的犯罪作为《刑法》分则之开篇，即采取以俄罗斯刑法、法国刑法等为代表的第一种立法例。如此立法，也是我国刑法高度重视人权保障的一面突出旗帜。

第三节　故意杀人罪从重情节之法定化

在我国刑法理论与实务界，存在一种普遍的忽视量刑问题的倾向。实践中，司法人员往往对罪与非罪、此罪与彼罪的界限十分重视，而对于如何量刑，却缺乏足够的关注。这客观上导致了司法实践中量刑畸轻畸重的现象并不罕见。

应当说，量刑偏差也并非我国刑事司法中所独有的现象，它在世界各国普遍存在。值得注意的是，这个问题在各国已经引起了足够的重视。如美国为此于1984 年制定了《犯罪综合法案》，一方面实行"强制量刑"，创设了许多法官必须遵守的纲领，以免除法官的许多自由裁量权；另一方面则设立联邦审判委员会，以消除各法院之间判决的严重差异性。加拿大、澳大利亚、新西兰等国也纷纷建立司法判决委员会、量刑委员会等协调量刑的组织，为量刑的自由裁量权的统一行使制定一些指导原则和实施细则。[1]

如此种种措施，均属从司法层面来解决量刑偏差问题。然量刑偏差的广泛存在，固然与司法中的不当操作具有不可小视的关系，而刑事立法对犯罪情节规定的缺乏或者含糊也不能不说是其中一个十分重要的原因。或许也正是基于这样的考虑，各国（地区）刑法呈现出酌定情节法定化的发展趋势，纷纷在分则关于故意杀人罪的部分明确规定较为具体的从严和从宽情节。概括起来，大体有两种方式：一是直接以从重（加重）情节、从轻（减轻）情节的形式直接规定于故意杀人罪条款之中，即并不另外规定独立的罪名与犯罪构成，而只是以情节加重犯或减轻犯的形式出现；另一则是规定独立的罪名和犯罪构成与故意杀人罪相并列。在这两种方式中，有的对从严与从宽情节都采取规定单独罪名的方式，如日本刑

---

[1] 参见苏惠渔等:《量刑与电脑——量刑公正合理应用论》，百家出版社 1989 年版，第 1—5 页。

法、韩国刑法。有的则混合采取两种方式。如巴西刑法第 121 条将"出于下流动机"等从重情节作为故意杀人罪加重构成以列举的方式规定，而该刑法第 123 条对杀婴这种故意杀人罪的从轻情节则以独立罪名的方式加以规定。做类似规定的还有法国刑法典、意大利刑法典等。笔者认为，对故意杀人罪的从重或从轻情节的规定，为法条设计之系统与逻辑性考虑，当以情节加重犯与情节减轻犯的立法形式更为妥当。

由于实践中对故意杀人罪普遍存在的重刑主义倾向，本书出于限制重刑适用之初衷，主要探讨故意杀人罪之从重情节。

一、各国（地区）相关立法剖析

故意杀人罪作为最严重的犯罪（之一），各国（地区）刑法往往对其配置了最严厉的刑罚。在未废除死刑的国家，其最高法定刑一般是死刑，如我国刑法、日本刑法、印度刑法等；在已废除死刑的国家，其法定最高刑也往往达到极值，一般为无期徒刑。如德国刑法、法国刑法等。根据罪责刑相适应原则，适用最严厉刑罚的，自应是最为严重的罪行。这里对"最为严重"罪行理解上的差异，可能直接关系到犯罪人最重要的权利——生命权是否因此而被剥夺。因此，对于哪些故意杀人行为属于最严重罪行的判断，对犯罪人至关重要。现代各国刑法根据罪刑法定原则明确化的要求，大多在其刑法中列举了一系列故意杀人罪的从重情节。尽管由于社会观念、传统文化等因素的不同，各国刑法规定的从重情节不尽一致。

基本罪包括有谋杀罪的国家，谋杀罪通常都是较故意杀人罪更重的罪行。由于从本质上看，谋杀罪仍属于故意杀人罪的范畴。为了论述的方便，本节论述中，按照罪过不同而将侵犯生命权的基本犯罪分为故意杀人罪与过失致人死亡罪，而不将谋杀罪作为独立于故意杀人罪之外的罪名。

概括而言，各国刑法中所规定的故意杀人罪从重情节大致可分为主体、主观、客观三个方面。

（一）主体方面

这是因犯罪人身份而从重。一般包括两种：①在押犯；如《美国模范刑法典》第 210·6 条之 A："谋杀行为系由被处拘禁刑之已决犯所犯时。"②有犯罪前科者。如，原苏联刑法规定的"以前曾犯故意杀人罪"，蒙古刑法中的"再次实施或者以前因犯重伤罪或抢劫罪而被判刑的人实施的"等。《美国模范刑法典》也规定了此种因身份而从重的情形。前述同条之 B 规定："被告以前曾犯谋杀罪或对人身行使暴力或以暴力胁迫为内容之重罪而被判决有罪者。"美国爱达荷州采纳了《美国模范刑法典》的做法，将对这两种特殊主体都作为从重的情节规定在一级谋杀之中。该州刑法第18—4003条对构成一级谋杀罪的情况最后两项列举为："任何由一个监禁在刑事机构的人针对刑事机构雇用的人、刑事机构中的其他居民或刑事机构的参观者实施的谋杀为一级谋杀。""任何从刑事机构脱逃或者试图脱逃的人实施的谋杀为一级谋杀。"值得一提的是，在朝鲜刑法中还规定有现役军人杀人加重处罚的规定。朝鲜刑法第113条对故意杀人罪基本罪所规定的法定刑为"10年以下徒刑"，其刑法第112条对具有特定七种加重情节的故意杀人，则规定"判处10年以上徒刑，情节特别严重的，得判处死刑"。而朝鲜刑法第114条针对现役军人杀人的特别规定为："现役军人杀人，情节特别严重的，判处死刑。"类似的规定曾见于1927年施行的苏俄刑法。该刑法曾规定："现役军人的杀人行为，情节特别严重的，判处最高的刑罚方法——枪决。"对于苏俄刑法的这一独创，据学者解释，是因为："社会主义国家军队是无产阶级专政的支柱，负有保卫社会主义国家和人民的重任。不仅如此，现役军人掌握武器，其实施杀人罪，比普通公民实施故意杀人罪相对比，具有更大的危险性。"[1] 朝鲜刑法第114条的规定不知是否出于同样的考虑，由于资料的匮乏，无处可考。

（二）主观方面

各国刑法从主观方面出发规定故意杀人罪从重情节的，大体包括预谋、犯罪动机两个方面。

1. 预　谋

如前所述，在基本罪包括有谋杀罪的国家，谋杀罪通常都是较故意杀人罪更重的罪行。因此，若从将侵犯生命权的基本罪分为故意杀人罪与过失致人死亡罪两种的角度来看，在这些国家，实际都是将"预谋"作为故意杀人罪的一个从重情节。尽管根据其本国刑法，实际是将预谋作为最严重杀人罪的一个构成要件。如美国、英国、加拿大、德国、法国、瑞士等。但正如本章前文所述，在英美，实际对于谋杀罪中预谋的要求已不再那么严格，预谋对于在故意杀人罪中作为从重情节更大程度体现在对谋杀罪等级的划分，而非谋杀罪认定之本身。在美国绝大多数对谋杀罪予以等级划分的州，预谋都在一级谋杀罪构成中占有举足轻重的地位。一般而言，一级谋杀罪包括两种：①在实行特定种类重罪过程中发生的重罪——谋杀；②有预谋的谋杀，即早期普通法中的谋杀罪。然正如美国著名大法官卡多索所言，把一级谋杀和二级谋杀的区分建立在是否预谋之上，这太含糊以

---

[1] 宁汉林：《杀人罪》，群众出版社1986年版，第26页。

至对陪审团来说简直无法捉摸，并由此提出建议，在法律中不必再做这样的规定。这一立场在《美国模范刑法典》中得到了体现。《美国模范刑法典》第210·6条"对于谋杀罪之死刑之适用，决定刑之程序"中专门对谋杀罪的加重情节与减轻情节做了详细的规定。

基本罪不设谋杀罪的国家中，预谋作为法定从重情节明确规定于本国刑法的，主要是意大利、西班牙和泰国。

我国台湾刑法界从谋杀罪之废除理由出发，对预谋作为故意杀人罪之从重情节妥当与否，存在两种对立的认识。一种观点认为，预谋作为从重情节本身具有不当性：①有预谋之杀意与无预谋之杀意，法理上不能有正确之区分；②即使可分，而同一杀人，刑法究无轻重之差；③因犯意出于预谋而加重其刑，何以别种犯罪俱无特予以重刑之规定？反对者则认为，以犯意之轻重，区别谋杀与故杀，未为不当。认为不能因其难以分别或他罪无此规定而否定预谋作为法定从重情节之合理性。并认为，"以预谋之故意，为杀人罪加重之情节，谓犯罪人有特别之凶性，因科以重刑……"，废除谋杀之规定，不过是因为刑法对普通杀人罪法定刑已包括极刑。[1] 对此，笔者认为，有预谋之故意杀人的确体现出比无预谋的故意杀人行为更重的主观恶性。但从实践中情况看，故意杀人案件大多为有预谋的杀人，临时起意的故意杀人终究属于少数，且其中多为激愤杀人的情况。若是以激愤杀人等临时起意的杀人为基点，对此外的绝大多数故意杀人都要从重，未免有过于严厉之嫌。莫若以有预谋的杀人为基点，对激愤杀人等无预谋的杀人给予从轻，既可体现对有预谋杀人之严厉谴责，又可使刑法不致过于苛厉。

2. 犯罪动机

相当一部分国家都将出于卑劣动机而杀人的，作为故意杀人罪的从重情节。但对于何谓"卑劣"的动机，却是见仁见智。如德国刑法规定为"出于杀人嗜好、性欲的满足、贪财或其他卑劣的动机"；或"意图实现或掩盖其他犯罪行为而杀人"。法国刑法规定为"为阻止证人、受害人或一方民事当事人告发事实、提起控告或出庭作证，或者由于其告发、控告或出庭作证而杀害证人、受害人或一方民事当事人"。意大利刑法规定为"为逃避拘留、逮捕或监禁"、"出于卑劣或者无聊的理由"。西班牙刑法规定为"为获取某一代价，补偿或承诺"。俄罗斯刑法规定为"出于贪利的动机"、"流氓动机"、"为掩盖其他犯罪或为实施其他犯罪创造条件而实施"、"出于民族的、种族的、宗教的仇恨或敌视，或为了血族复仇而实施的"、"以利用受害人身体的器官或组织为目的"。朝鲜刑法规定为"出于贪利、嫉妒或其他卑鄙动机"、"为了隐蔽其他重罪"。蒙古刑法规

[1] 参见陶百川等编著：《最新综合六法全书》，台湾三民书局2001年版，第902页。

定为"以掩盖其他罪行或者便于实施其他犯罪为目的"。泰国刑法规定为："因预备或便于其他犯罪而杀人"、"因确保其他犯罪所得之利益、掩饰其他犯罪或脱免其他犯罪之处罚"。巴西刑法则规定为"出于卑鄙的动机"、"下流的动机"、"为了便利或保证另一罪的实施。隐匿、逃避惩罚或从中获利"，等等。然而，一般说来，动机属于影响对行为人主观恶性评价的因素，其本身并非独立的影响刑事责任的要素。因此，笔者认为，大可以将犯罪动机作为酌定量刑情节加以考虑，而不必笼统地将之作为法定情节规定于刑法之中。

（三）客观方面

从客观方面规定故意杀人罪的从重情节，一般主要是从犯罪对象和犯罪方法两个角度考虑。

1. 对　象

从各国规定来看，故意杀人罪中作为从重情节的特殊对象涉及以下几类人。

（1）公务人员。杀害公务人员作为故意杀人罪的从重情节，在许多国家或地区已得到了共识。如法国、加拿大、英国、泰国等国刑法与美国亚利桑那州、爱达荷州、纽约州等州刑法。在这些国家或地区刑法中，对作为故意杀人罪从重情节的犯罪对象所包括的范围宽窄认识不一，有的几乎要将所有公务人员包括进来，有的却只限于司法工作人员。如美国爱达荷州刑法规定的范围即为治安官、行政官、法院官员、消防队员、司法官员、执行官方职责的控诉律师，且谋杀者已知或应知其为官员，该范围可谓宽矣。而加拿大刑法第29条对故意杀人罪中作为从重情节的被害人范围基本限制在执行警务与监务的人员。该条行文为："当受害人为下列人员时，谋杀为一级谋杀，不论谋杀是否预谋与蓄意：a. 警长、警员、巡官、法警长、副法警长、法警或为维护公共秩序而雇用的正在执行职务的人员；b. 典狱长、副典狱长、教诲师、管理员、监狱长、警卫或监狱中正在执行职务的其他官员或永久雇员；c. 获监狱权威批准正在执行职务的监狱工作人员。"

尽管各国所规定的范围宽窄不一，但其中有一点思想却是共通的：对于故意杀害司法工作人员的，尤应从重处罚。

（2）血亲。对于杀害血亲作为故意杀人罪从重处罚的情节，目前见之于刑法的，有韩国、法国、意大利、西班牙、泰国、西班牙、朝鲜和我国台湾地区。这些国家或地区刑法中，有的仅将血亲中的直系尊亲属作为从重的情节，如韩国、法国、泰国和我国台湾地区；而有的则不仅将直系尊亲属作为故意杀人罪从重处罚的情节，还将直系卑亲属、配偶、兄弟姐妹等也纳入其范围。如西班牙刑法所规定的杀害父母妻子罪，实质上也是一种因犯罪对象法定从重的条款。其对于犯罪对象的规定，不仅包括尊亲属，也同时包括卑亲属和配偶。又如朝鲜刑法第 112 条所规定的"同被害人是直系血亲的"、"对被害人有抚养、关照的义务的"，显然也包括了被害人是犯罪人的直系卑亲属等血亲。

将杀害血亲作为故意杀人罪法定的从重情节，从立法宗旨看，在于维护基本的人伦。这一点在前文讨论杀害尊亲属罪时已叙及，不赘述。如此立法，对于引导社会对基本人伦的维护和营造一个父慈子孝、兄良弟悌的社会氛围，自然有所裨益。然笔者认为，将被害人与犯罪人之间的血缘关系，抽象地作为故意杀人罪的法定从重情节，似乎仍有不妥。①从出发点看，维护基本人伦和营造浓浓亲情，是社会道德所应致力的事情，而非法律，尤其是作为最后一道屏障的刑法的任务。②从实践来看，一概将杀害血亲认为是故意杀人罪的从严情节，在具体个案中也未必能体现罪责刑相适应的原则。当然，我们不否认在相当多的骨肉相残的案件中，行为人显示了较一般场合故意杀人更多的人身危险性。但我们也不能对更多的杀害血亲的案件实属出于无奈，行为人表现出较一般故意杀人案件中行为人小得多的人身危险性视而不见。如在相当多的案件中，血亲杀人往往是为了血亲免受病魔折磨而杀死亲人、母亲不忍残障儿童"生不如死"而杀之、父母不堪忍受不肖儿为非作歹而"大义灭亲"的，等等。当然，对于这些故意杀人的行为，其对于他人生命权的非法剥夺性质，笔者无意否认。但对于这些故意杀人，若是根据抽象地一律将杀害血亲作为故意杀人罪法定情节从重处罚，且一般适用故意杀人罪最高法定刑幅度的做法，恐怕难以与行为人较小的可责性与人身危险性相适应。③从刑罚适用的社会效果来看，也未必能起到一般预防与特殊预防的作用。如此适用刑罚，不仅对行为人缺少教育与威慑的功效，对社会一般公民也难以起到教育的作用，或者也许相反还会引起社会一般公民对刑罚过度使用的抵触。这一点可从现实中许多"大义灭亲"的案件动辄乡邻联名请求司法机关对行为人从轻处罚的现象中发现端倪。故笔者认为，不如将被害人为血亲这一情节作为酌定从重的情节，由法官根据具体案情中行为所体现出的主观恶性程度决定是否从重。如此处理，则既能有效避免混淆道德与法的弊端，也可起到强调人伦的实际效果，保证个案做到罪责刑相适应和公正司法与法律适用社会效果的统一。

（3）未成年人。明确规定杀害未成年人作为法定故意杀人罪的从重情节的是法国刑法、美国阿拉斯加州刑法、爱达荷州刑法。对于未成年人为被害人的从重，与有些国家刑法对于杀害无力自卫者从重一样，立法意旨在于人道主义——从能力上看，未成年人也属于无力自卫者之列。如法国刑法在明确规定杀害未成年人作为故意杀人罪从重情节的同时，还规定"杀害因年龄、疾病、残疾、怀孕、身体或精神缺陷，明显极易攻击之人或罪犯明知极易攻击之人"的从重。当然，对于何为未成年人，由于各国家或地区经济、文化观念等方面的差异，认识各有不同。如法国刑法规定"杀害 15 岁以下的未成年人"即为故意杀人罪在被害人年龄上的从重条件；而美国阿拉斯加州刑法规定为 16 岁以下，亚利桑那州刑法则规定为 12 岁以下。

（4）孕妇。杀害怀孕的妇女作为故意杀人罪从重的情节，既是出于对其腹中胎儿潜在生命的考虑，也是刑法人道主义的表现。这是一个问题的两个方面。从各国刑法以及国际人权公约来看，一般都将被告人为孕妇的作为从轻情节，而其为被害人的，则为从重情节。如《公民权利和政治权利国际公约》第六条规定，"对孕妇不得执行死刑"；俄罗斯刑法第 61 条"减轻刑罚的情节"也明确将"怀孕"作为法定减轻刑罚的情节，同时第 105 条第 2 款关于杀人罪情节加重犯构成情形第 4 项规定"犯罪人明知受害人正在怀孕而实施的"从重处罚。同样将孕妇作为故意杀人罪从重情节规定的还有法国刑法、蒙古刑法、阿尔巴尼亚刑法等。

此外，俄罗斯、朝鲜等少数几国刑法还将杀害"孤立无援状态的被害人"作为故意杀人罪的从重情节。如此规定，颇费思量。因为，从一般杀人案件的发生看，通常杀人犯多数都不太可能选择在熙熙攘攘的公共场合和其他被害人具有援助的场合杀人，而往往选择被害人独自一人处于无援状态之时实施杀人行为。且一般说来，公然杀人较隐秘的杀人也更多地显示了行为人的反社会性。从罪责刑相适应的原则看，更应被作为故意杀人罪从重情节的，似乎应是公然杀人而非隐蔽性杀人。然考察俄罗斯最高司法官员所主编的释义对该规定的解释，却有豁然开朗之感。该解释指出："孤立无援状态意味着受害人没有可能对罪犯进行有效的反抗。杀人犯意识到这一点，所以他在实施犯罪的时候利用了被害人的这种状态。杀害处于昏迷状态、无意识状态、严重醉酒状态的人，杀害年迈的人、病人、睡着的人、幼年人，而在某些情况下还包括杀害未成年人，都应该根据刑法典第 105 条第 2 款第 3 项定罪。"[1] 从这一解释看来，该刑法对杀害孤立无援状态被害人的规定，与前文所述有些国家刑法对杀害包括未成年人在内的无力自卫者从重规定有异曲同工之意：概从人道主义考虑，被害人无力自卫的，从重处罚。

2. 方　　法

作为故意杀人罪从重情节的方法，各国刑法规定如下。

德国：以残忍、残暴或危害公共安全的方法。

意大利：采用了虐待手段，或者以残酷待人的方式实施；使用有毒物品，或者采用其他陷害手段的。

---

[1] ［俄］斯库拉托夫、列别捷夫主编：《俄罗斯联邦刑法典释义》（上册），黄道秀译，中国政法大学出版社 2000 年版，第 275 页。

西班牙：利用水灾、火灾、毒药或炸药；用残酷非人道方式，故意增加被害者之痛苦。

俄罗斯：手段特别残忍的；使用危害公众的方法实施的；团伙、有预谋的团伙或有组织的团伙实施。

朝鲜：使用危害多数人的生命的方法或是用残酷的方法的。

蒙古：采用危及多人生命的方法的；特别残酷的。

泰国：以痛苦或暴虐方式杀人。

巴西：用毒药、放火、爆炸物、窒息、折磨或者其他狡猾的或残酷的，或足以造成公共危险的手段；用背信弃义、陷害或伪装或者其他使受害者难以防卫或不可能防卫的手段。

罗马尼亚：所用手段危及数人生命。

阿尔巴尼亚：用使被害人遭受痛苦的方法、用危及多数人生命的方法。

如此林林总总的规定，概括起来，实际无非主要是从两个方面着眼：一是残忍手段；另一则是危险手段。

对于使用这两种手段故意杀人的从重处罚，有其合理性：残忍手段的使用，显示了行为人更高的人身危险性，同时，使用残忍手段杀人的行为给社会造成的恐慌和恶劣影响也是一般故意杀人所无法比拟的；危险手段作为从重情节，则缘于行为对社会公共安全所造成的威胁。

值得一提的是，残忍手段与危险手段都是一个比较模糊的概念，若在立法中仅以"残忍手段"、"危险手段"表述，由于具有一定的抽象性，在具体适用中亦需慎重解释。而若在立法中对其予以具体化，虽便于适用，却又难免挂一漏万。故立法究竟以何者为佳，仍需各国刑法根据其对法律明确性程度的认识予以选择。笔者倾向于在给予适当限制条件的情况下采用前种立法方式。

当然，各国（地区）刑法中的故意杀人罪从重情节远非本节叙及所止，尚有如结伙、涉嫌其他犯罪、被害人数为两人或两人以上等。鉴于篇幅所限，从略。

二、我国现行《刑法》关于故意杀人量刑情节之阙如及弊端

在我国 1979 年《刑法》制定前，诸草案对故意杀人罪之法条设计上，是否应明确从严情节和从宽情节，也不是没有争议的。综观目前可查之各草案，也是几度反复：1950 年《刑法大纲草案》、1954 年《指导原则草案》、1956 年第 13 稿、1957 年第 21 稿、第 22 稿、1978 年第 34 稿、1979 年第 35 稿中，都或详或略地列举了故意杀人罪的从严、从宽情节，而其他诸草案则相反。然而，由于当时刑事立法奉行宁粗勿细、宁疏勿密的指导思想，1979 年《刑法》第一百三十二条

最终对故意杀人罪仅简约地规定："故意杀人的，处死刑、无期徒刑或者十年以上有期徒刑；情节较轻的，处三年以上十年以下有期徒刑。"当然，受此立法指导思想影响，1979年《刑法》条文粗疏之处甚多，并不止于故意杀人罪。如对强奸罪情节加重犯的规定也仅简单地表述为："……情节特别严重的或者致人重伤、死亡的，处十年以上有期徒刑、无期徒刑或者死刑。"

刑法修订中，学界和有关部门也提出了对故意杀人罪的量刑情节应予以明确化的建议。如，有学者受全国人大常委会法工委聘请，对侵犯公民基本权利罪所做的法条设计中，对故意杀人罪的法条设计即为"故意杀人的，处十年以上有期徒刑、无期徒刑或者死刑；故意杀人，有下列情形之一的，处死刑或者无期徒刑：（1）为隐匿、毁灭罪证杀人灭口的；（2）因违法犯罪行为被揭发而报复杀人的；（3）为抗拒拘捕、羁押而杀人的；（4）明知是怀孕的妇女而杀人的；（5）杀人手段特别残酷的；（6）有其他严重情节的。故意杀人，有下列情节之一的，处三年以上十年以下有期徒刑：（1）因受被害人的欺压或者严重侮辱，当场出于义愤而故意杀人的；（2）生母在分娩时或者分娩后将其亲生婴儿杀害的；（3）有其他较轻情节的。"全国妇联也提出意见，认为，故意杀人罪中的"情节较轻的，处三年以上十年以下有期徒刑"过于笼统，建议对犯故意杀人罪情节较轻的，做具体规定，以避免操作中的随意性。[1]然而，令人不解的是，尽管如此，1997年《刑法》对于最为严重的罪行——故意杀人罪，却并未做与他罪同样明确化的举措，而是一字未改地将1979年《刑法》的规定完全照搬了过来。

对此，最高人民法院《刑法》修改小组的解释是："此条虽然采用简单罪状的写法，但在司法实践中还是可行的。如果将此条改为叙明罪状，就需列出从重、从轻处罚的情形，条文显得繁杂，也不易将实践中的情况概全。各省法院也均未提出改写此条。"[2]立法机关对此是否也持同样的理解，不得而知。笔者认为，若是由于担心条文显得繁琐或不能将实践中的情况概全而对故意杀人罪的从重、从轻情节不予以明确化，则该理由难以成立。"英语不是精确的数字工具，如果是的话，我们的文化就太可怜了"[3]，汉语也不是。在这个意义上，立法有必要并且应当保持一定的概括性。但这并非意味着为此必须牺牲立法的明确性。恰恰相反，现代刑事法治应在确保立法明确性的前提下实现立法的概括性。尤其是对

[1] 参见高铭暄、赵秉志主编：《新中国刑法立法文献资料总览》（下），中国人民公安大学出版社1998年版，第2963—2964页、第2217页。

[2] 高铭暄、赵秉志主编：《新中国刑法立法文献资料总览》（下），中国人民公安大学出版社1998年版，第2277页。

[3] ［英］丹宁：《法律的训诫》，杨百揆等译，法律出版社1999年版，第13页。

侵害重要法益的常见罪，立法更不能为图简约而舍弃对其做加重或减轻构成的规定。同样，为不能达到对实践情况的概括全面而放弃努力更加不能成为我国刑法不对故意杀人罪从重、从轻情节予以明确化的充足理由。事实上，无论是立法的概括性，还是对实践概括能否全面的问题，也并非故意杀人罪所独有，它们在刑法分则所规定的其他各罪中同样存在。何以 1997 年《刑法》对其他各罪犯罪情节予以明确化都得到盛赞，而对最为严重的故意杀人罪却独有此疑问，不能不令人费解。

1997 年《刑法》明确将罪刑法定原则规定为我国刑法的基本原则之一。其第三条规定："法律明文规定为犯罪行为的，依照法律定罪处刑；法律没有明文规定为犯罪行为的，不得定罪处刑。"众所周知，明确化是罪刑法定原则的一个派生原则。所谓"明确性原则"，又称"避免含糊性原则"(Void-of-Vagueness Principle)，主要是指立法者必须明确规定刑法法规，使普通公民对法律充分明晰，使司法官员充分理解，防止适用法律的任意性。该原则要求在法条规定上，应力争减少模糊性，增加确定性。[1] 也正是为了贯彻罪刑法定原则，适应明确化原则的要求，1997 年刑法修订中将原 1979 年《刑法》的诸多规定予以了明确化，其中包括对量刑情节的法定化与明确化。如对前述之强奸罪情节加重犯的规定细化为："强奸妇女、奸淫幼女，有下列情形之一的，处十年有期徒刑、无期徒刑或者死刑：（1）强奸妇女、奸淫幼女情节恶劣的；（2）强奸妇女、奸淫幼女多人的；（3）在公共场所当众强奸妇女的；（4）二人以上轮奸的；（5）致使被害人重伤、死亡或者造成其他严重后果的。"同样，1997 年《刑法》对抢劫罪、盗窃罪等罪情节加重犯的规定也给予了细化。而对此细化，学界以及司法界普遍认为增加了法条的可操作性和明确性，反映颇佳。

对包括故意杀人罪在内的分则个罪犯罪情节予以明确化，是罪刑法定原则的要求。不仅如此，它同时也是对罪责刑相适应原则的贯彻。罪责刑相适应在刑法分则立法中，主要通过法定刑的配置得以体现。司法实践中，解决了正确定罪的问题之后，如何在量刑中真正切实贯彻罪责刑相适应原则，也取决于刑法对该个罪轻重不同的各档法定刑的适用如何规定以及法官对该规定的正确理解。而刑法对个罪法定刑各刑档的规定，实际涉及学者所言之纵向方面刑度配置合理化的问题。即"刑法对各罪所配置的刑度要合理，即应根据具体犯罪的不同情节和社会危害性程度，充分运用基本构成和修正构成的立法技术，设定法定刑的刑度，规定几个轻重有别而又合理衔接或交叉的刑度，并在每个刑度之内，设立可供选择的刑种幅度。只有这样，才能避免刑度大小失当，可以适应犯罪和犯罪人的不

---

[1]Joel Samaha.Criminal Law（fourth edition），1993，p.43.

同情况，恰如其分地适用刑罚，从而有效地实现罪刑均衡。"[1]

我国现行《刑法》对故意杀人罪的规定为："故意杀人的，处死刑、无期徒刑或者十年以上有期徒刑；情节较轻的，处三年以上十年以下有期徒刑。"规定的法定刑跨越了从三年有期徒刑到死刑。而在如此大的法定刑跨度中，如何确定具体应适用的刑罚，《刑法》却避而不谈。如此立法，对于罪刑均衡的实现，恐怕也不无问题。

同理，法定刑幅度巨大前提下，故意杀人罪量刑情节的缺失和因此导致的量刑抽象化，客观上使得罪责刑相适应原则在司法实践中落空。如同是殴打、追击致使被害人逃入河中溺死的不作为故意杀人案，张某故意杀人案中江苏省滨海县人民法院仅判处被告人张某有期徒刑三年，缓刑四年，而在罗某、刘某故意杀人案件[2]中，被告人罗某、刘某却被重庆市綦江县人民法院分别判处无期徒刑和有期徒刑十五年。两案基本情节类似，而量刑之悬殊令人侧目。究其原因，立法量刑细化标准的缺乏难辞其咎。

不仅如此，故意杀人罪法定量刑情节的阙如，于死刑的限制和正确量刑观念的引导也是不利的。

虽然我们不能简单地仅以死刑废除是世界性趋势作为我国废除死刑的充足理由，因为毕竟死刑的存废还必须考虑一个国家的历史文化传统、政治经济发展水平、社会基本价值观念、犯罪现实状况等因素。但在尚不具备死刑废除条件的背景下，必须严格控制和减少死刑已成共识。而在控制和减少死刑的诸多举措中，正如熊选国大法官在 2007 年 8 月 25—26 日召开的"死刑立法改革问题学术座谈会"上发言所说的那样，"对于死刑限制，立法修改完善是最直接、最重要的。……立法应从多种途径出发来减少死刑的适用，这既包括对很多基本不用的死刑罪名加以修改，也包括严格死刑适用的条件"。这其中，自然也包括，或者说一个重要的方面便是严格作为死刑大户的故意杀人罪的死刑适用。故意杀人罪从严情节法定化，对于严格控制和减少死刑，具有不容忽视的重要意义。

众所周知，我国刑法关于故意杀人罪刑事责任的规定采取的是一种由重到轻的非常态模式，即，"故意杀人的，处死刑、无期徒刑或者十年以上有期徒刑；情节较轻的，处三年以上十年以下有期徒刑。"这一立法模式意味着，在观念上，死刑是故意杀人罪优先考虑适用的刑种。这种存在先天死刑滥用可能的前提下，立法对于故意杀人罪从严情节的阙如，更使得死刑适用的立法限制在故意杀人罪中被弱化。我国刑法对于死刑的实体性限制主要体现在对罪质的限制上，即死刑

---

[1] 陈兴良：《罪刑均衡的立法确认》，载《检察理论研究》总第 23 期，第 14—15 页。

[2] www.cq.xinhuanet.com，2005 年 1 月 25 日。

只适用于罪行极其严重的犯罪分子。而何谓"罪行极其严重"？这一措辞具有一定抽象性。在缺乏分则具体化的情况下，其适用完全取决于法官的理解。立法的粗疏及司法者过大的自由裁量权，对于故意杀人罪的死刑的限制怎能不停留于纸上谈兵？

况且，在我国刑法理论与实务界，普遍存在重定性轻量刑的倾向。实践中，司法人员往往对罪与非罪、此罪与彼罪的界限十分重视，而对于如何量刑，却缺乏足够的关注。这客观上导致了司法实践中量刑畸轻畸重的现象并不罕见。从某种程度上说，立法对司法具有观念引导的作用。尽管从整体上讲，立法具有滞后性，但这并非意味着立法只能对现实被动地反应。立法对重要罪名的从严情节、从宽情节以及相应应适用的法定刑幅度尽可能地明确，不仅将增加法律的操作性，减少司法中的量刑困惑，也将同时传递给司法工作人员一个积极的信息：正确定罪之后，对被告人判处轻重适宜的刑事责任同样不容小视。

三、来自司法机关的弥补

或许正是基于以上各点考虑，司法实践中，为了准确把握故意杀人罪适用死刑的适用，1999 年 10 月最高人民法院下发的《全国法院维护农村稳定刑事审判工作座谈会纪要》(以下简称《纪要》)。《纪要》指出："要准确把握故意杀人犯罪适用死刑的标准。对故意杀人犯罪是否判处死刑，不仅要看是否造成了被害人死亡的后果，还要综合考虑案件的全部情况。对于因婚姻家庭、邻里纠纷等民间矛盾激化引发的故意杀人犯罪，适用死刑一定要十分慎重，应当与发生在社会上的严重危害社会治安的其他故意杀人犯罪案件有所区别。对于被害人一方有明显过错或对矛盾激化负有直接责任，或者被告人有法定从轻处罚情节的，一般不应当判处死刑立即执行。"

客观地说，《纪要》的存在，对于故意杀人罪死刑适用的限制有一定积极作用，毕竟它排除了具备某些情节的故意杀人犯罪的死刑适用。但一方面，《纪要》本身法的位阶层次过低，缺乏权威性；另一方面，《纪要》本身并非积极明确故意杀人罪的量刑情节，而只是消极地、例外地排除民间矛盾引发的故意杀人犯罪和被害人有明显过错情况下故意杀人犯罪的死刑适用。且其排除死刑适用的因素仅限于因婚姻关系、邻里关系等民间矛盾激化引起的故意杀人犯罪和被害人有明显过错或对矛盾激化负有直接责任的故意杀人犯罪，适用场合有限。实践中，故意杀人犯罪存在的从严情节、从宽情节不可枚举，存在《纪要》明确的两种情节的故意杀人，不过是所有故意杀人犯罪案件中极其有限的一部分。面对大部分故意杀人犯罪案件，司法实践仍然处于指导缺乏的状态。

可喜的是，在 2010 年 4 月最高人民法院刑三庭发布的《在审理故意杀人、伤害及黑社会性质组织犯罪案件中切实贯彻宽严相济刑事政策》（以下简称《政策》）中，首次全面明确了故意杀人案件量刑中所需要具体考量的情节。根据该《政策》，在故意杀人案件中，要根据犯罪的具体情况，实行区别对待，做到该宽则宽，当严则严，宽严相济，罚当其罪。具体来说，需充分考虑各种犯罪情节。犯罪情节包括犯罪的动机、手段、对象、场所及造成的后果等，不同的犯罪情节反映不同的社会危害性。犯罪情节多属酌定量刑情节，法律往往未做明确的规定，但犯罪情节是适用刑罚的基础，是具体案件决定从严或从宽处罚的基本依据，需要在案件审理中进行仔细甄别，以准确判断犯罪的社会危害性。有的案件犯罪动机特别卑劣，比如为了铲除政治对手而雇凶杀人的，也有一些人犯罪是出于义愤，甚至是"大义灭亲"、"为民除害"的动机杀人。有的案件犯罪手段特别残忍，比如采取放火、泼硫酸等方法把人活活烧死的故意杀人行为。犯罪后果也可以分为一般、严重和特别严重几档。在实际中一般认为故意杀人、故意伤害一人死亡的为后果严重，致二人以上死亡的为犯罪后果特别严重。特定的犯罪对象和场所也反映社会危害性的不同，如针对妇女、儿童等弱势群体或在公共场所实施的杀人、伤害，就具有较大的社会危害性。以上犯罪动机卑劣，或者犯罪手段残忍，或者犯罪后果严重，或者针对妇女、儿童等弱势群体作案等情节恶劣的，又无其他法定或酌定从轻情节应当依法从重判处。如果犯罪情节一般，被告人真诚悔罪，或有立功、自首等法定从轻情节的，一般应考虑从宽处罚。

实践中，故意杀人、伤害案件的被告人既有法定或酌定的从宽情节，又有法定或酌定从严情节的情形比较常见，此时，就应当根据最高人民法院 2010 年 2 月 8 日印发《关于贯彻宽严相济刑事政策的若干意见》（以下简称《意见》）第 28 条，在全面考察犯罪的事实、性质、情节和对社会危害程度的基础上，结合被告人的主观恶性、人身危险性、社会治安状况等因素，综合做出分析判断。

充分考虑犯罪的各种客观方面的情节之外，还应充分考虑犯罪人的主观恶性和人身危险性。《意见》第 10 条、第 16 条明确了被告人的主观恶性和人身危险性是从严和从宽的重要依据，在适用刑罚时必须充分考虑。主观恶性是被告人对自己行为及社会危害性所抱的心理态度，在一定程度上反映了被告人的改造可能性。一般来说，经过精心策划的、有长时间计划的杀人、伤害，显示被告人的主观恶性深；激情犯罪，临时起意的犯罪，因被害人的过错行为引发的犯罪，显示的主观恶性较小。对主观恶性深的被告人要从严惩处，主观恶性较小的被告人则可考虑适用较轻的刑罚。

人身危险性即再犯可能性，可从被告人有无前科、平时表现及悔罪情况等方面综合判断。人身危险性大的被告人，要依法从重处罚。如累犯中前罪系暴力犯罪，或者曾因暴力犯罪被判重刑后又犯故意杀人、故意伤害致人死亡的；平时横行乡里，寻衅滋事杀人、伤害致人死亡的，应依法从重判处。人身危险性小的被告人，应依法体现从宽精神。如被告人平时表现较好，激情犯罪，系初犯、偶犯的；被告人杀人或伤人后有抢救被害人行为的，在量刑时应该酌情予以从宽处罚。

未成年人及老年人的故意杀人、伤害犯罪与一般人犯罪相比，主观恶性和人身危险性等方面有一定特殊性，在处理时应当依据《意见》的第 20 条、第 21 条考虑从宽。对犯故意杀人、伤害罪的未成年人，要坚持"教育为主，惩罚为辅"的原则和"教育、感化、挽救"的方针进行处罚。对于情节较轻、后果不重的伤害案件，可以依法适用缓刑、或者判处管制、单处罚金等非监禁刑。对于情节严重的未成年人，也应当从轻或减轻处罚。对于已满十四周岁不满十六周岁的未成年人，一般不判处无期徒刑。对于七十周岁以上的老年人犯故意杀人、伤害罪的，由于其已没有再犯罪的可能，在综合考虑其犯罪情节和主观恶性、人身危险性的基础上，一般也应酌情从宽处罚。

当然，在对于故意杀人案件从重、从轻情节的全面考虑出发，《政策》的积极意义是值得给予肯定评价的。但从法律效力本身角度来讲，我们却不能以《政策》的存在为由，而忽视了故意杀人情节法定化的进一步追求。

众所周知，司法解释并非我国法律的渊源。况且，从《政策》发布的主体和名称来看，《政策》甚至都很难被认为是一个常规的司法解释。1981 年 6 月 10 日第五届全国人大常委会第十九次会议通过的《关于加强法律解释工作的决议》规定："凡属于法院审判工作中具体应用法律、法令的问题，由最高人民法院进行解释。凡属于检察院检察工作中具体应用法律、法令的问题，由最高人民检察院进行解释。"这也就是说，最高人民法院和最高人民检察院是依法有权进行司法解释的单位。而最高人民法院刑三庭作为最高人民法院的一个具体业务部门，是否有权对外发布司法解释，不无疑问。而从解释的形式上看，根据最高人民法院发布 2007 年 3 月 23 日发布的《最高人民法院关于司法解释工作的规定》第六条，"司法解释的形式分为'解释'、'规定'、'批复'和'决定'四种。"显然，《政策》也并非最高人民法院通常做出司法解释的形式。

四、故意杀人罪量刑情节法定化重构

基于前文所述故意杀人罪从重从轻情节法定化对于贯彻罪刑法定原则、死刑限制等诸方面的积极意义和《政策》本身的劣势，笔者认为，未来的刑法修订，有必要借鉴国外刑法关于故意杀人罪的立法，对故意杀人罪的量刑情节，尤其是从严情节予以明确。

　　具体来说，可参照其他各国或地区刑法对故意杀人罪法定情节的规定，规定以下从重情节：明知是已怀孕的妇女而杀害的；杀害未成年人的；手段残酷的；使用危及公共安全的方法的；杀害多人或者多次杀人的；在押犯或已决犯杀人的；为便利其他犯罪或毁灭罪证而杀人的；具有其他严重情节的。从轻情节则宜规定：激愤杀人的；生母杀新生儿的；受嘱托或得承诺杀人的；具有其他较轻情节的。

　　至于立法方式上，概括起来，各国（地区）刑法大体采取两种方式：①以从重（加重）情节、从轻（减轻）情节的形式直接规定于故意杀人罪条款之中，即并不另外规定独立的罪名与犯罪构成，而只是以情节加重犯或减轻犯的形式出现；如俄罗斯刑法在第105条第1款规定了故意杀人罪基本法定刑之后，紧接着规定："杀人而有下列情形之一的：（1）对2人以上实施的；（2）因他人执行职务或履行社会义务而对他或其亲属实施的；（3）犯罪人明知受害人处于孤立无援状态而实施的，以及同时犯有绑架或劫持人质的；（4）犯罪人明知妇女正在怀孕而实施的；（5）手段特别残忍的；（6）使用危害公众的方式实施的；（7）团伙、由预谋的团伙或者有组织的集团实施的；（8）出于贪利的动机或者受雇于人，以及同时犯有抢劫、勒索或武装匪帮行为的；（9）出于流氓动机的；（10）为掩盖其他犯罪或为其他犯罪创造条件而实施的，以及同时实施强奸或性暴力行为的；（11）出于民族的、种族的、宗教的仇恨或敌视，或为了血族复仇而实施的；（12）以利用受害人身体的器官或组织为目的而实施的；（13）多次实施的，处8年以上20年以下的剥夺自由，或处死刑，或处终身剥夺自由。"②对具有从严情节或从宽情节的故意杀人行为规定独立的罪名与故意杀人基本罪相并列。如德国刑法第212条在规定故意杀人罪的同时，第211条规定了谋杀罪，第213条、第216条则规定有基于要求的杀人以及其他故意杀人的较轻的严重情形等。当然，这两种方式有时也会被混合使用。如巴西刑法第121条将"出于下流动机"等作为故意杀人罪加重构成情节以列举的方式规定，而该刑法第123条对杀婴这种故意杀人的从轻情节则以独立罪名的方式加以规定。做类似规定的还有法国刑法典、意大利刑法典等。出于法条设计逻辑性的考虑，笔者认为，对故意杀人罪从严情节法定化，在立法形式上，当以情节加重犯的形式更为妥当。并且，这客观上也将使故意杀人罪基本犯的刑事责任大大降低，这于死刑限制和轻刑化观念的引导也是大有裨益的。

第四节　其他犯罪中致人死亡或故意杀人的处理

一、域外立法例概览

对于实施其他犯罪行为中造成了被害人死亡的情况，多数国家刑法基本都做出了规定，概括起来，大体有以下几种做法。

（一）作为谋杀罪的构成要素之一

早期的普通法中，凡在实行或着手实行重罪过程中造成故意或非故意死亡的，均构成谋杀罪，即所谓的"重罪—谋杀罪"。现代美国刑法，仍将出于重伤但不是杀害的故意而直接造成他人死亡的行为认为是谋杀的一种，称为"故意重伤谋杀罪"（intent-to-do-serious-bodily-injury murder）。又如新加坡刑法对谋杀罪的说明3："A故意给Z足以导致一个人死亡自然过程产生的一刀或一棍打击。结果致Z死亡。在此A犯有谋杀罪，尽管其并未打算致Z死亡。"

（二）作为构成相关犯罪情节加重犯或结果加重犯

如日本刑法第181条规定的强奸致死伤罪（"犯第176条至179条之罪，因而致人死伤的，处无期或者3年以上惩役"）、第240条规定的抢劫致死罪、抢劫杀人罪（"强盗……致人死亡的，处死刑或者无期徒刑"）、第241条规定的抢劫强奸致死罪（"强盗犯强奸女子的处无期或者7年以上惩役；致人死亡的，处死刑或者无期徒刑"）。另如日本刑法中的将毒物等混入水道致死罪（第146条）、颠覆火车等致死罪（第126条第3款）、强制猥亵等致死伤罪（第181条）、同意堕胎致人死伤罪（第213条后半段）、业务堕胎致人死伤罪（第214条后半段）等。

俄罗斯刑法第126条"绑架"第3款、第127条"非法剥夺他人自由"第3款、第128条"非法将他人送入精神病院"第2款、第131条"强奸"第3款第1项、第132条"性暴力行为"第3款第1项、第143条"违反劳动保护规则"第2款、第152条"买卖未成年人"第3款、第167条"故意毁灭或损坏财产"第2款、第206条"劫持人质"第3款、第211条"劫持飞机、船舶或铁路机车车辆"第3款、第217条"违反有爆炸危险工程中的安全规则"第2款、第220条"非法使用放射性材料"第2款、第235条"非法从事私人医疗业务或私人制药活动"

第 2 款、第 236 条 "违反卫生流行病学规则" 第 2 款、第 238 条 "生产或出售不符合安全要求的商品、完成不符合安全要求的工程或提供不符合安全要求的劳务" 第 2 款、第 3 款、第 252 条 "污染海洋环境" 第 3 款、第 263 条 "违反铁路、航空或水上交通安全规则的运营" 第 2 款、第 3 款、第 264 条 "违反交通规则和交通运输工具使用规则" 第 2 款、第 3 款、第 266 条 "交通运输工具的劣质修理和带着技术缺陷的投入使用" 第 2 款、第 3 款、第 267 条 "破坏运输工具或交通道路" 第 2 款、第 3 款、第 268 条 "违反保证交通运输安全工作的规则" 第 2 款、第 3 款、第 269 条 "违反管道干线的建设、运营或修理安全规则" 第 2 款、第 3 款的规定也都采取了这一做法。另外，韩国刑法第 173 条 "煤气等器具的损坏" 第 3 款、第 188 条 "妨害交通致人死伤"、第 194 条 "饮用水投毒致人死伤" 的规定。我国台湾地区 "刑法" 第 328 条关于抢劫罪的规定、第 347 条关于掳人勒赎罪的规定等也将实施该犯罪过程中过失致人死亡作为各相关罪构成结果加重犯的加重情节。

（三）伤害罪想象竞合

如日本刑法中的泄露煤气等致死伤罪（第 118 条第 2 款）规定："使煤气、电气或蒸气漏出或者流出，或者将其截断，因而致人死伤的，与伤害罪比较，依照较重的刑罚处断。" 类似的规定还有日本刑法中所规定的妨害交通致死伤罪（第 124 条）、污染净水等致死伤罪（第 145 条），特别公务员滥用职权等致死伤罪（第 196 条）、不同意堕胎致死伤罪（第 216 条）、毁坏建筑物致死伤罪（第 260 条后半段）。

（四）对该致人死亡行为单独评价

如意大利刑法第 586 条 "因其他原因造成的死亡或者伤害" 规定："当某一被法律规定为故意犯罪的行为造成他人死亡或者伤害，而该结果并不为犯罪人所希望时，适用第 83 条的规定，但是，第 589 条和第 590 条规定的刑罚予以增加。"（注：意大利刑法第 83 条规定：由于错误地使用实施犯罪的工具或者其他原因造成与所希望的后果不同的后果时，如果有关行为被法律规定为过失犯罪，犯罪人以过失的名义对其不希望发生的后果负责。第 589 条规定的是过失杀人罪；第 590 条规定的是过失人身伤害罪）这几条综合表达的意思即为：在故意犯罪中造成他人伤害或者死亡的，如该故意犯罪已经既遂，对该行为以该故意犯罪与过失杀人罪或过失伤害罪数罪并罚；若该故意犯罪未达既遂的，则仅按过失杀人罪或过失伤害罪加重处罚。

前述各种处理方式，其中 "致人死亡" 的含义宽窄有别。其中，日本刑法对部分犯罪致人死亡以相关罪与伤害罪从一重处断以及意大利刑法对致人死亡的行为独立评价的处理中，仅指行为人对被害人死亡之结果的主观心态为过失的状况，而不包括行为人在该故意犯罪中故意杀人的情况。而英美刑法中的重罪谋杀和日本刑法中所规定的"致人死亡"则既包括行为人对被害人死亡的结果持过失的态度，又包括行为人对被害人死亡的结果持故意心态的情况。前述日本刑法中关于抢劫或强奸致人死亡的适用中，强奸致死和抢劫强奸致死的，都不包括行为人具有杀意的场合，而对于日本刑法第240条，日本最高法院以及现在正变为通说的观点认为，则不仅适用于行为人无杀意的作为结果加重的抢劫致人死亡的场合，也适用于抢劫杀人的情况。[1]

二、域外立法简析

（一）行为人无杀意的

以上各种作法中，都包括了行为人无杀意的情况。即行为虽造成了被害人的死亡，但行为人对该死亡结果主观罪过为过失。关于这种情况的处理，第一种与我们所一贯坚持的主客观相统一原则不符，难以为我们所采。关于这一点，我们在前文已探讨，不赘述。日本刑法对于在部分犯罪中致人死亡的，与伤害罪择一重处断。如此处理，可能一方面是因为日本刑法中的过失致人死亡罪法定刑远低于伤害致死的法定刑（日本刑法对过失致人死亡的，规定的法定刑仅为"50万元以下罚金"，而"伤害身体因而致人死亡的，处2年以上有期惩役"）；另一方面是因为日本刑法中这几种情况属于具体危险犯，以行为人对发生致人死伤的结果具有认识（极有可能发生的程度），与过失致人死亡的场合行为人往往对死亡结果无认识也有所区别。然从主观故意内容和客观后果来看，在造成后果为死亡的场合，该行为似乎都与故意伤害并无关联。

至于意大利所采用的对致人死亡的结果独立评价为过失杀人罪的做法，在我国刑法学界，也曾有人因其与传统观念相符，从社会效果的角度对此大加推崇（当然，该学者主要还是针对在其他犯罪中故意杀人的行为）。[2]然笔者认为，对于在其他犯罪中故意杀人的行为，由于行为对于被害人的死亡主观罪过仍为故意，也确实由于其行为导致了被害人死亡结果的发生，主张对其独立评价为故意杀人，出于彰显对故意侵犯生命权的犯罪给予最严厉的否定性评价计，这种做法

---

[1] 参见［日］大谷实：《刑法各论》，黎宏译，法律出版社2003年版，第91—92页、第177—179页、第181页。

[2] 参见郑伟：《刑法个罪比较研究》，河南人民出版社1990年版，第74—75页。

也未必不可考虑。尽管该故意杀人与故意犯其他罪之间往往存在手段行为与目的行为之间的牵连关系，但我国刑法对牵连犯本也并未一律按一罪处断。不过，笔者认为，如此将导致在故意犯罪已达既遂时数罪并罚的后果，似有过于苛厉之嫌。莫若借鉴欧美刑法关于重罪谋杀的概念，对该种行为以故意杀人罪认定，并将故意实施其他罪的行为作为故意杀人罪的从重情节考虑。如此，则既考虑到了在该行为所侵犯的法益中具有至上性的生命权之主体地位，同时也兼顾了牵连犯的理论与刑法的谦抑。然而，对于故意犯罪而过失致人死亡的，在故意犯罪已达既遂时，以该故意犯罪与过失致人死亡罪数罪并罚则不仅有失苛厉，从罪责刑相适应的角度而言，也是难称恰当的。因为，在此场合，虽然亦有死亡结果的发生，但从行为人反社会性程度和人身危险性程度来看，行为的社会危害性尚达不到需给予最严厉的否定性评价的程度；从刑法基础理论上看，这种情况属于想象竞合犯的范畴。对于想象竞合犯，应"从一重处断"。

日本刑法、俄罗斯刑法和韩国刑法为代表的部分国家或地区刑法对于在其他故意犯罪中过失致人死亡的行为作为相关罪结果加重犯处理的做法，乍一看来，似乎也与我们前文所谈的应按照想象竞合犯"从一重处断"的原则不符。为了打消疑虑，笔者逐条比较了各国刑法关于过失致人死亡罪的法定刑与对各故意犯罪中致人死亡行为设置的法定刑。结果发现，各国或地区刑法对于后者所规定的法定刑无一例外的都高于，有的甚至远远高于刑法对过失致人死亡罪的规定。如日本刑法对过失致人死亡罪所规定的法定刑为"50万元以下罚金"，而对于强制猥亵致死伤罪则规定应"处无期或者3年以上惩役"；俄罗斯刑法第109条规定普通过失致人死亡的，"处3年以下的限制自由或3年以下的剥夺自由"，对于业务过失致人死亡的，"处5年以下的限制自由或5年以下的剥夺自由，并处或不并处3年以下的剥夺担任一定的职务或从事某种活动的权利"，而对于绑架中过失造成受害人死亡的，"处5年以上15年以下的剥夺自由"（第126条），对违反爆炸危险工程中的安全规则过失造成人员死亡的，"处5年以下的限制自由，或处10年以下的剥夺自由，并处或不并处3年以下剥夺担任一定职务或从事某种活动的权利"（第217条）。因此，按照这些国家或地区刑法的规定，对于在这些相关故意犯罪中过失造成他人死亡的行为适用刑法实际造成的效果与按照"从一重处断"原则所造成的效果一致。不仅如此，对于造成他人死亡的各相关故意犯罪行为以各相关故意犯罪的加重犯认定，在罪名确定上也与行为人主观故意内容和客观行为保持了一致，反映了犯罪的基本要素。

综上，笔者认为，在上述四种类型中，第二种类型，即对于在故意犯罪中过失致人死亡的，作为相关犯罪情节加重犯的做法是值得我们认同的。

（二）行为人具有杀意的

涉及行为人在实施其他故意犯罪中具有杀意的致被害人死亡的，前述各立法例主要是英美刑法的重罪谋杀和日本刑法第 240 条关于抢劫致人死亡的规定。从表面看来，似乎这二者对于对该行为的本质的认识差异甚大：似乎英美对该行为的否定更多地强调对被害人生命权的侵犯，而日本刑法则更为重视财产权利。然而，实际情况并非如此。尽管日本刑法对包括抢劫杀人的抢劫致人死亡的情况规定于其刑法第 36 章"盗窃和强盗罪"，日本刑法理论界仍认为，"抢劫致人死伤罪首先是以生命、身体为法益的"[1]，这实际与我们所主张的对该种行为以故意杀人罪认定，并将故意实施其他罪的行为作为故意杀人罪的从重情节考虑的做法具有一致性，而与我国刑法对于抢劫中以故意杀人为手段的，认为行为侵犯的主要客体为财产权利，评价为抢劫罪，具有一定的不同之处。

三、我国现行《刑法》相关处理分析

对于生产销售假药罪等行为人本身对于被害人的死亡结果不具有杀意，而过失的导致死亡结果的情况，我国现行刑法一般作为各相关罪的结果加重犯处理，这与前文我们所认同的域外刑法做法基本一致，故本书拟对此从略（此外，实施其他犯罪致人死亡的，还存在一种典型的情况，即业务过失致人死亡的。在我国，此类犯罪亦分散规定于刑法分则各章。关于对这些犯罪在归属上对生命权之至上性的违背以及在刑法设置上与一般过失致人死亡罪之间的不合理性，已于前文涉及，不赘述），而着重讨论行为人在实施其他犯罪中具有杀意的情况的处理。

纵观我国现行《刑法》对此问题的态度，概括起来大体包括以下几种做法：作为他罪的从重情节；以他罪与故意杀人罪数罪并罚；转化为故意杀人罪。

（一）作为他罪的从重情节

这种做法，体现于放火罪、决水罪、爆炸罪等危害公共安全罪以及《刑法》规定可以故意杀人为手段行为的犯罪之中，突出的表现便是绑架罪与抢劫罪。

《刑法》第二百三十九条规定："以勒索财物为目的绑架他人的，或者绑架他人作为人质的，处……，致使被绑架人死亡或者杀害被绑架人的，处死刑，并处没收财产。"概括而言，此处"杀害被绑架人"，通常包括以下几种情形：①先故意杀死被绑架人，然后隐瞒被害人已经死亡的事实勒索财物或非法利益；②勒索财物不成或者非法要求得不到满足的情况下，出于泄愤等原因故意杀害被绑架人；③绑架目的达到后，出于灭口等原因故意杀害被绑架人的。后两种情形，

---

[1]［日］大谷实：《刑法各论》，黎宏译，法律出版社 2003 年版，第 179 页。

俗称"撕票"。这几种情形，虽然符合独立的故意杀人罪的构成特征，根据《刑法》第二百三十八条第二款的规定，只构成绑架罪一罪，判处死刑并处没收财产。

所谓"绑架"，学界一般认为："是指违背被害人或者其法定监护人的意志，使用强制手段或其他手段将被害人掳离其原处所，置于行为人的控制之下，并剥夺或者限制其人身自由的行为。"[1] 行为人意图通过实施这种剥夺或者限制人身自由的行为，达到勒索财物或者其他非法利益的目的。

而前述第一种情形中，行为人主观故意内容根本不在于通过剥夺或者限制被害人人身自由以勒索财物或要求其他非法利益。因此，从犯罪构成上看，该行为完备的并非绑架罪的构成，而是故意杀人罪的构成。而后两种情形下，行为人的行为则独立地符合绑架罪与故意杀人罪的犯罪构成。

揣摩《刑法》第二百三十九条第二款关于绑架杀害被绑架人的，处死刑并处没收财产的规定，立法者的初衷概在于考虑到后两种情形在司法实践中出现的概率较高，出于从严惩处绑架撕票的行为的考虑，索性直接规定绑架"致使被绑架人死亡或者杀害被绑架人的，处死刑，并处没收财产"。在法定刑规定以绝对确定的死刑并处没收财产，既不至于放纵犯罪分子，同时也便宜了司法。[2]

笔者丝毫不怀疑立法精神以及该款规定在实践中对司法所造成的简便与具体个案宣告刑对罪责刑相适应原则的贯彻。问题是，我们的立法是否仅仅追求司法的便宜与最终刑罚适用的结果？我想任何一个理性的人，对此的回答都应当是否定的。刑法对犯罪行为的否定性评价，不仅在于给予犯罪人一定的刑罚，而且也在于首先对行为的性质给予否定性评价，并根据刑法对类型化的行为所配备的法定刑，判处相应的刑罚。对行为类型化科学性的追求，应当也是刑法立法的目标之一。

单从罪责刑相适应原则的贯彻上来看，尽管对于绑架"撕票"以绑架罪与故意杀人罪数罪并罚或直接以绑架罪一罪认定并在法定刑上适用绝对确定的死刑，在客观效果上可能对具体的犯罪人无甚差异，但从定罪本身对行为人及其行为本身的否定性评价的角度来看，却仍有所不同。刑法对犯罪人及其行为的否定性评价包括两个方面，一是从对其行为确定的罪名上予以谴责，另一则是刑罚的承担。在法条对杀害被绑架人规定绝对确定的死刑的立法前提下，不另行判处故意杀人罪，在刑罚承担上，也足以严惩罪犯。但仅以绑架罪一罪对行为人的犯罪行为予

---

[1] 高铭暄、马克昌主编：《刑法学》，北京大学出版社、高等教育出版社 2000 年版，第 484 页。

[2] 对于立法的这种精神，有的学者在 1997 年《刑法》修订前，对规定该条前身的《关于严惩拐卖、绑架妇女、儿童的犯罪分子的决定》第二条给予了充分的理解。参见张明楷：《论绑架勒赎罪》，载《法商研究》1996 年第 1 期，第 19 页。

以评价，实际上未对行为人故意杀人之行为无价值给予认定。在我国自古即认为杀人为极恶罪行的民族文化背景之下，某种程度上讲，又何尝不是一种罪责刑不相适应的体现？更何况，对此种恶劣情况下故意杀人的行为在定罪上丝毫不给予否定性评价，难道不是一种对被害人生命权的漠视？

这种类似的漠视也体现在现行《刑法》及司法解释对抢劫罪的界定中，尽管在程度上有所改善。

《刑法》第二百六十三条对抢劫罪的界定为，"以暴力、胁迫或者其他方法"抢劫公私财物的行为。最高人民法院 2001 年 5 月《关于抢劫过程中故意杀人案件如何定罪问题的批复》对此进一步解释："行为人为劫取财物而预谋故意杀人，或者在劫取财物过程中，为制服被害人反抗而故意杀人的，以抢劫罪定罪处罚。行为人实施抢劫后，为灭口而故意杀人的，以抢劫罪和故意杀人罪定罪，实行数罪并罚。"也就是说，若故意杀人是劫财手段的，则该故意杀人行为不被独立评价，而仅以抢劫罪一罪认定；而故意杀人是抢劫后为灭口而实施的，则以抢劫罪与故意杀人罪数罪并罚。当然，刑法对抢劫故意杀人的规定符合故意杀人罪与抢劫罪犯罪构成，这一点与《刑法》第二百三十九条第二款是有着根本区别的。但从将故意杀人作为劫财手段来评价这一点来说，在一定程度上也未尝没有隐含地对生命权的漠视。

（二）数罪并罚

《刑法》第一百九十八条第二款规定，"有前款第四项、第五项所列行为，同时构成其他犯罪的，依照数罪并罚的规定处罚。"其中"前款第五项"所列行为之一即为"投保人、受益人故意造成被保险人死亡"的行为。也就是说，投保人、受益人故意杀害被保险人、骗取保险金的，根据《刑法》第一百九十八条第二款的规定，应以故意杀人罪与保险诈骗罪数罪并罚。类似的规定还有：《刑法》第三百一十八条规定的组织他人偷越国（边）境罪，第三百二十一条规定的运送他人偷越国（边）境罪，第一百二十条规定的组织、领导、参加恐怖组织罪。组织他人偷越国（边）境罪，运送他人偷越国（边）境罪，组织、领导、参加恐怖组织罪中故意杀人的，由于该杀人行为本身不能被评价为各相关罪的实行行为之中，因此，《刑法》对其规定以各相关罪和故意杀人罪数罪并罚，具有其合理性。而对于保险诈骗罪中，由于客观效果上，该故意杀人行为是行为人骗取保险金的一种手段，二者之间具有手段行为与目的行为之间的牵连关系，对之与前述各罪一样实行数罪并罚，似有不妥。虽然如此处理，对故意杀人的行为给予了其应得的否定性评价，但却未免有对同一行为重复评价的嫌疑。笔者认为，对于类似问题的解决，似乎也可考虑参考国外刑法的规定，将在实施其他犯罪中故意杀人的，作为故意杀人罪的一项加重情节。这样在同一行为既侵犯生命权，又同时侵犯其他法益（如财产权、金融管理秩序等）时，在罪名认定上突出刑法对生命权的优先保护，同时也可免于重复评价之嫌。当然，如此处理，是否完全恰当，尚可进一步研究。

（三）转化犯

刑法关于涉及生命权被侵犯的转化犯的规定表述基本一致。如《刑法》第二百三十八条第二款第二项规定："使用暴力，致人伤残、死亡的，依照本法第二百三十四条、第二百三十二条的规定定罪处罚。"《刑法》第二百四十七条关于刑讯逼供、暴力取证致人伤残、死亡的，《刑法》第二百四十八条关于虐待被监管人致人伤残、死亡的以及《刑法》第二百九十二条关于聚众斗殴致人重伤、死亡的，也采取了大体相同的规定。不同之处主要在于，《刑法》第二百三十八条第二款在此转化规定之前同时规定有"犯前款罪，致人重伤的，处三年以上十年以下有期徒刑；致人死亡的，处十年以上有期徒刑"。而前述其他各条则未做类似规定。

学界普遍认为，《刑法》第二百三十八条第二款第一项规定的"致人重伤"、"致人死亡"，是指行为人对重伤或死亡结果持过失心态的情况，而该款第二项中，行为人对伤残、死亡结果主观罪过则为故意。[1]对于其他各罪，由于不存在如同《刑法》第二百三十八条第二款第一项以至人重伤或死亡作为结果加重犯的情形，从字面意义看，似乎行为人对致人重伤或者死亡的结果主观罪过既可为故意，也可为过失。故有学人对此未加分析而笼统认为："对刑讯逼供致人死亡的，应定故意杀人罪，从重处罚。刑讯逼供致人死亡，是指由于暴力摧残或者其他虐待行为，致使被害人当场死亡或者经抢救无效死亡。"[2]而多数学者则主张，这几条所规定的转化为故意伤害罪、故意杀人罪的场合，行为人主观罪过仍应限于故意而不能包括过失。[3]

---

[1] 参见高铭暄、马克昌主编：《刑法学》（下编），中国法制出版社 1999 年版，第 836—837 页；高铭暄、马克昌主编：《刑法学》，北京大学出版社、高等教育出版社 2000 年版，第 483 页；张明楷：《刑法学》（下），法律出版社 1997 年版，第 715 页。

[2] 张明楷：《刑法学》（下），法律出版社 1997 年版，第 753 页。

[3] 参见高铭暄、马克昌主编：《刑法学》（下编），中国法制出版社 1999 年版，第 858—859 页、第 861 页、第 863 页；高铭暄、马克昌主编：《刑法学》，北京大学出版社、高等教育出版社 2000 年版，第 492 页；王作富主编：《刑法分则实务研究》（上），中国方正出版社 2001 年版，第 998 页、第 1003—1004 页；肖中华：《侵犯公民人身权利罪》，中国人民公安大学出版社 1998 年版，第 305 页、第 306 页、第 310 页。

对于学界多数人的这种主张，笔者十分赞同。因为，若非法拘禁、刑讯逼供、暴力取证、虐待被监管人或者聚众斗殴中过失地造成被害人重伤或者死亡的，负故意伤害罪、故意杀人罪罪责，将有悖于与我国刑法主客观相统一的基本原则。

然而，我们也不能不承认，现行《刑法》立法的表述也是学界产生这种分歧的重要原因所在。况且，在行为人实施非法拘禁、刑讯逼供、暴力取证、虐待被监管人或者聚众斗殴行为而对其行为致使被害人死亡的结果存在故意的案件中，也并非一律对行为人仅以故意杀人罪一罪认定，而是也存在对行为人以各相关罪和故意杀人罪数罪并罚的可能。如行为人先实施刑讯逼供行为，进而另起犯意实施杀人行为的，或在实施刑讯逼供、虐待被监管人等行为过程中，出于泄愤报复、显示淫威等动机故意杀害被害人的，即不能适用各相关条款，认为属于转化以故意杀人罪一罪认定的情形，而应实行数罪并罚。对此，学界亦有公论，无须赘言。而剔除这些情况后，实施非法拘禁、刑讯逼供、暴力取证、虐待被监管人或者聚众斗殴行为而故意致被害人死亡的，基本都可看作是各相关犯罪与故意杀人罪的牵连犯。根据牵连犯在法无例外规定情况下，从一重处断的原则，亦应按照故意杀人罪定罪量刑。如此看来，诸转化犯的规定似并无存在之必要。

即使不论此类规定之必要性存在与否，单就已有法条分析，也不是没有疑问的。突出的问题是，《刑法》第二百三十八条第二款第一项规定了非法拘禁过失致人死亡的，作为非法拘禁罪的结果加重犯，处以十年以上有期徒刑，而其他各转化犯的相关法条中则对此并未予以规定。且不谈类似犯罪法条规定之统一性，单就对实践的影响来说，如此立法也存在不当误导的问题。当然，如前所述，根据刑法主客观相统一原则与刑法分则关于故意杀人罪犯罪构成的规定，这一结论仍然是可推导出来的：即行为人对致使被害人死亡的结果主观罪过为过失的，仍应以刑讯逼供罪等而非故意杀人罪认定。但刑法对非法拘禁罪明确规定过失致人死亡的，作为结果加重犯，而对刑讯逼供罪等则不做同样规定，容易导致无论行为人主观罪过为故意或是过失，只要造成被害人死亡的结果的，都一律转化为故意杀人罪的曲解。更何况刑法在其他规定"致人死亡"的相关法条中，一般行为人对死亡结果所持心态均为过失。

此外，《刑法》第二百三十八条、第二百四十七条、第二百四十八条对转化的条件表述为"致人伤残、死亡"，也不是没有问题。如有学者指出的那样，"伤残"并非刑法术语。根据公安部1992年发布的《道路交通事故受伤人员伤残评定》

的解释，伤残包括精神的、生理功能的和解剖结构的异常以及生活、工作和社会活动能力的不同程度的丧失。根据这一界定，伤残不仅包括重伤，也包括轻伤。学界为求法条规定之合理性，一般将伤残解释为重伤。[1] 如此理解也并无不妥，但如此有意违背词汇原意，不能不说是学界因立法措辞不够严谨而采取的无奈之举。鉴于此与本书关系并不甚大，不予展开。

---

[1] 参见高铭暄、马克昌主编：《刑法学》（下编），中国法制出版社 1999 年版，第 837 页；
高铭暄主编：《新编中国刑法学》（下册），中国人民大学出版社 1998 年版，第 730 页；
肖中华：《侵犯公民人身权利罪》，中国人民公安大学出版社 1998 年版，第 305 页。

第五章　侵犯生命权补充罪研究

第一节　域外刑法中侵犯生命权补充罪介评

对自然人生命权予以全面保护，首先取决于对侵犯生命权的犯罪罪名体系设置的完备。一般来说，完备的侵犯生命权犯罪罪名体系，不仅包括基本罪（故意杀人罪、过失致人死亡罪），还应包括补充罪以及其他导致自然人生命丧失的犯罪。因此，在许多国家或地区，对于生命权的保护，除故意杀人罪、过失致人死亡罪（过失杀人罪）外，尚存在一些补充性罪名，我们称之为"补充罪"。如英国1961年《自杀法》第2条规定："帮助、支持、赞同和鼓励他人自杀，或者企图使他人自杀者将被判处不超过14年的监禁。"此即英国刑法关于帮助、支持、赞同和鼓励自杀罪的规定。又如，巴西刑法第132条"使他人生命与健康直接置于接近危险的境地"的规定。

所谓"侵犯生命权补充罪"是指在刑法分则中除故意杀人罪、过失致人死亡罪以外的，故意侵犯自然人生命权并规定于侵犯生命权犯罪相关章节的犯罪。其特征为：

（1）侵犯法益为公民生命权。虽然相当一部分学者认为胎儿也有生命，堕胎罪在许多国家也为独立的犯罪，但正如本书第二章中分析，胎儿由于不具有权利主体资格，难以成为生命权主体。因此，堕胎的行为尽管也涉及对人类潜在生命的剥夺，但并不属于直接侵犯自然人生命权的犯罪。

（2）一般规定于侵犯生命权犯罪的相关章节。有些国家、地区刑法对非法剥夺部分具有特殊身份自然人生命权的行为或具有某些特别要素的杀人行为归入侵犯国家法益或社会法益的犯罪。这些犯罪，虽然也属于侵犯生命权的关联罪，但由于在犯罪类型上属于侵犯国家法益的犯罪，亦不属于本书讨论的范围。如新加坡刑法第121条A"对总统人身的犯罪"规定："图谋、设想、自主、设法或企图致总统死亡或受到伤害或受监禁或阻止者，处死刑，并处罚金。"根据该条规定，尽管图谋、设想、自主、设法或企图致总统死亡的行为亦涉及非法剥夺总统的生命权，但该罪属于国事罪而非侵犯生命权犯罪补充罪的范畴。类似的规定还有：意大利刑法第 276 条、第 295 条，西班牙刑法第 136 条、第 142 条、第 148 条等。

（3）从主观罪过上看，该罪为故意犯罪。

一、杀婴罪

杀婴陋习古已有之。古代斯巴达为了保证军事力量，婴儿一出生就需接受体质检查，不健康的婴儿即被扔进山谷。直到 19 世纪，杀婴在整个欧洲仍被认为是最常见的犯罪行为。[1] 然从实质上看，杀婴与普通杀人行为在性质上并没有本质的区别——都是一种故意剥夺他人生命的行为，侵犯了自然人的生命权。因此，在未特别规定杀婴罪的国家，杀婴行为完全可以直接以故意杀人罪定罪量刑。如印度刑法第 299 条之说明 3 规定："使一个婴儿死亡，只要该婴儿的任何部分已经露出母体，尽管可能尚未呼吸，或尚未全部产出，均可以构成杀人罪。"[2] 另据网络资料，2003 年 11 月 15 日，我国沈阳市沈河区承德路一居民楼三楼某未婚妈妈将刚出生带着胎盘和脐带的初生儿抛下，致使其死亡一案，目前已由沈阳市人民检察院以故意杀人罪提起公诉；[3] 超生妈妈杨某于火车上产下女婴后将其从火车排便孔扔下一案于 2003 年 12 月 9 日被广州铁路运输法院一审判决杨某故意杀人罪被判处有期徒刑十年，剥夺政治权利三年；20 岁的打工妹小萍（化名）在宿舍里悄悄生下一名男婴后，因担心未婚生子丢人而掐死新生儿一案，也于 2004 年 4 月 26 日被北京海淀法院判处五年有期徒刑。[4]

杀婴行为在许多国家或地区刑法被作为特殊的杀人规定较轻的刑事责任或实际作为杀人罪的减轻情节，其理论依据通常是：怀孕与分娩对妇女的心理产生相当大的不良影响，这使产妇体验到了一种特别病态的精神身体痛苦。尽管这种痛苦并不因此使得产妇欠缺责任能力，但它却可被看作一种减轻情节；此外，杀婴行为往往具有一些"个性"的情节，诸如因生育非婚生子女而在周围的人面前感到羞耻、物质上的困难等不利因素等。这些情节也证明犯罪人的危险性不大。[5]

---

[1]Dennis J. *Horan and Melinda Delahoyde.Infanticide and the Handicapped Newborn*. Brigham Young University Press, 1982，p.1.

[2] 由于怀疑中文版《印度刑法典》翻译有误，此处根据印度东方图书公司 1980 年英文版《印度刑法典》第 211 页翻译。

[3]http://news.99.com/a/20040308/000005.htm。

[4]http://szbo.myetang.com/xfzm/232.htm。

[5] 参见［俄］斯库拉托夫、列别捷夫主编：《俄罗斯联邦刑法典释义》（上册），黄道秀译，中国政法大学出版社 2000 年版，第 287 页。

此外，在英国，这样的几点理由也被提了出来：①对于孩子的伤害小。孩子不可能受到成年谋杀受害者可能经受的那种痛苦；②其家庭所受到的损失相对较小；③该犯罪不会像其他谋杀犯罪一样在社会中造成不安全感。[1]

各国刑法基于杀婴行为所具有的诸多有别于一般杀人的情节及其所体现出行为人较轻的危险性，对杀婴罪都规定了较轻的处罚，但同时对本罪的适用往往规定了严格的限制条件。通常来说包括行为人身份的限制、行为人精神状态的限制、被害人年龄的限制，有的国家刑法甚至在行为动机方面也予以明文规定。

1. 行为人身份

一般来说，杀婴罪的犯罪主体以生母为限，如加拿大、瑞士、俄罗斯、奥地利、意大利等国刑法、英国《1938 年杀婴罪法》在杀婴罪相关条款中均明文规定本罪的犯罪主体以生母为限。巴西刑法、新加坡刑法虽并未在条文中明示本罪主体以生母为限，但这一条件限制仍隐含于其刑法对杀婴罪表述的字里行间。如巴西刑法第 123 条："利用分娩状态，在生产中或刚生产后杀死自己的婴儿的：处刑：2 年至 6 年拘役。"新加坡刑法第 310 条："通过故意作为或不作为引起其不满 12 个月的婴儿的死亡的，但在实施此种作为或不作为时，其大脑的平衡受到了不能从生育的影响中完全恢复或受到哺乳后果影响的因素的干扰的妇女，虽然此种行为依本条规定等于谋杀罪，但应以杀婴罪论处。"显然，"利用分娩状态"或是"其大脑的平衡受到了不能从生育的影响中完全恢复或受到哺乳后果影响的因素的干扰"指的都是生母。

已有资料显示，目前对于杀婴罪行为主体规定并不仅限于生母的国家为西班牙、韩国。韩国刑法第 251 条"杀婴罪"规定："直系亲属为隐瞒耻辱，或者预想无法养育，或者有特别值得怜悯的动机，在分娩时或者分娩后杀害婴儿的，处 10 年以下劳役。"西班牙刑法则将杀婴罪的主体规定为生母与外祖母。

2. 行为人精神状态

关于这一点，加拿大刑法规定为"生产尚未完全复原或受哺乳的影响致使其情绪紊乱"；英国《1938 年杀婴罪法》规定为"其头脑因分娩后未能及时恢复而紊乱或者因为哺乳的影响"；巴西刑法规定为"分娩状态"；俄罗斯刑法则强调分娩状态或"精神受刺激的情势下或在不排除刑事责任能力的精神病状态中"。

3. 被害人年龄

刑法对杀婴罪中被害人年龄的限制实际与杀婴罪犯罪时间密切相关。除少数国家，如俄罗斯，同时从两个角度对此加以规定外，各国刑法并不都分别给予明示，而仅仅从被害人年龄角度，或从犯罪时间方面做出限制。从时间方面规定

---

[1] 参见［英］J·C·史密斯、B·霍根：《英国刑法》，法律出版社 2000 年版，第 430 页。

的，通常表述为生产过程中或刚生产后。如瑞士刑法第 116 条规定："在生产过程中或在生产过程的影响下，母亲杀死其婴儿的，处监禁刑。"巴西刑法第 123 条："利用分娩状态，在生产中或刚生产后杀死自己的婴儿的，处……。"另一些国家刑法则从被害人年龄角度加以限制。如加拿大刑法规定为"新出生的子女"；西班牙刑法规定为"初生之婴儿"；新加坡刑法规定在时间限制上较宽，为"不满 12 个月"。这也是英国《1938 年杀婴罪法》所采取的立场。

4.行为动机

仅少数国家在杀婴罪中特别要求这一要件。如西班牙刑法规定"为掩饰其羞耻行为"、韩国刑法规定"为隐瞒耻辱，或者预想无法养育，或者有特别值得怜悯的动机"。

值得注意的是，在众多将杀婴罪规定为独立犯罪的国家，意大利刑法的规定可以说是最为独特的。该法第 578 条规定："母亲造成自己的新生儿在分娩后立即死亡的，或者在分娩期间造成胎儿死亡的，当行为时因与分娩有关的物质遗弃或者精神遗弃时，处……。"在杀婴罪的规定中强调"在受遗弃的情况下"这一特定的境况，不能不说是意大利刑法在此问题上的一大特色。

实际上，我国刑事立法中，也不是没有考虑过在刑法中增设生母溺婴的情况作为一种特殊的侵犯生命的补充罪名。早在 1996 年 8 月 8 日的刑法分则修改草稿中，立法机关就设计将故意杀人罪情节较轻的情况修改为："生母溺婴或者故意杀人有其他较轻情节的，处三年以上十年以下有期徒刑。"在当月的 12 日全国人大常委会法制工作委员会邀请的专家座谈会上，也有专家提出生母溺婴的情况特殊，可单独规定一个溺婴罪。立法机关采纳了这一建议，在修改稿第一百一十六条中做了如下法条设计："生母溺婴的，处三年以上七年以下有期徒刑"。该修改稿进而演变成 1996 年 10 月 10 日的征求意见稿删除了情节较轻的故意杀人的规定，同时采用一个独立的条文规定"生母溺婴的，处三年以上五年以下有期徒刑"。在征求意见中，一些部门和地方提出，原刑法故意杀人罪关于情节减轻犯的规定在适用中并没有问题，如删除该规定，将导致故意杀人罪情节较轻的情况只限于生母溺婴一种情况，这与具体司法实践中存在帮助杀人、义愤杀人、防卫过当杀人、不堪虐待杀人等情节较轻的故意杀人不符，因而建议删去生母溺婴罪的规定，只将其作为故意杀人罪情节较轻的一种情况处理。立法机关经过研究，最终放弃了单独设立生母溺婴罪的尝试，维持了原 1979 年《刑法》第一百三十二条关于故意杀人罪的规定。[1]

---

[1] 参见高铭暄：《中华人民共和国刑法的孕育诞生和发展完善》，北京大学出版社 2012 年版，第 448—449 页。

实际上，从理论上看，对杀婴罪在故意杀人罪之外给予独立的刑事责任，无论做或宽或严的限制，从客观所造成的效果来看，都是给予生母（有的国家甚至还包括其他人）以杀害婴儿的特权和婴儿生命权更少的保护，与生命权平等原则实难兼容。

而且，母亲因分娩所造成的精神紊乱也并不能成为对杀婴行为网开一面的充足理由。实际上，生产与妇女的心理紊乱之间直接联系的存在是难以被证明的。客观上，在多数案件中，生产或哺乳所产生影响的不完全恢复与杀婴之间的关系甚至是遥远的。英国皇家精神病学院所能证明的，也仅是由于生产所带来的社会处境的不利所带来的压力，而非分娩或哺乳本身给产妇所带来的精神紊乱。

杀婴的一些个性的情节也不是独立杀婴罪存在的理由。这些能反映行为人主观危险性或行为社会危害性小于一般故意杀人场合的情节完全可以作为杀人罪的量刑情节考虑并实现个案罪责刑之间的平衡。

正是基于这些考虑，英国巴特勒委员会建议废除独立的杀婴罪。尽管英国刑法修订委员会对此建议并未采纳，笔者认为这一建议还是值得首肯的。

二、自杀关联罪

本书所称之"自杀关联罪"，并非一个独立的罪名，而仅仅是指各国刑法所规定的与自杀相关联的一系列犯罪的总称。

普通法认为自杀是自我谋杀。任何人鼓动他人自杀即构成谋杀罪的从犯。不成功的自杀是犯罪未遂。但从目前笔者所掌握的资料看，自杀罪在现代各国都已被废除。罕见的例外是印度刑法典与新加坡刑法典。《印度刑法》第 309 条规定："无论何人，为了自杀而实施任何自杀行为的，处可达 1 年的单纯监禁或罚金，或二者并处。"新加坡刑法第 309 条"企图自杀"与之基本一致。此外，美国 20 世纪 70 年代，内华达、华盛顿、俄克拉何马、南达科塔和北达科塔五个州仍认为未遂自杀是犯罪。不过，由于自杀不伤及其他人，所以这些州的检察官也极少对自杀未遂者起诉。

废除自杀罪并不意味着对帮助、教唆自杀等行为亦做非罪化处理。事实上，现代国家在废除自杀罪的同时，往往在其刑法中明确规定了教唆、帮助自杀行为的刑事责任。如加拿大刑法第 241 条规定了"劝告或帮助自杀"（该条具体内容为"有下列行为者，无论自杀的结果是否发生，构成可诉罪，处 14 年以下监禁：a 劝告或促成他人自杀，或 b 帮助或教唆他人自杀"）；而在澳大利亚的昆士兰州、西澳大利亚州和塔斯马尼亚州等州刑法中，自杀不再是谋杀的一种，但帮助或者鼓动他人自杀作为一种特殊的犯罪被创制；在维多利亚州、新南威尔士州及南澳大利亚州，自杀或自杀未成也不再是犯罪。但煽动、劝说、帮助或者教唆他人自杀或企图自杀则是犯罪。自杀同盟中的未死者构成非预谋杀人罪而非谋杀罪。[1]

（一）自杀关联罪的范围比较

尽管各国对于将自杀行为予以非罪化处理意见基本一致，但自杀关联罪范围却宽窄不一。

1.加功自杀

所谓"加功自杀"指故意教唆、劝告、帮助、促成他人自杀的行为。各国刑法多对教唆、帮助他人自杀行为予以规制，仅少数国家，如新加坡、法国的刑法只对教唆自杀做出规定，而对帮助自杀并不涉及。

以被教唆人、被帮助人是否具有自由意志为标准，各国刑法对加功自杀范围的规定，有三种立法例。

（1）非强制性或欺骗性的加功自杀。在此种加功自杀中，自杀人具有认识和控制自己行为的能力，且未受欺骗或强制。对于是否自杀，自杀人具有自由选择，行为人的加功行为仅起辅助作用。将加功自杀仅限于非强制性或欺骗性的加功自杀，是各国刑法比较普遍的做法。瑞士、加拿大、西班牙、奥地利以及意大利甚至在刑法中明确规定自杀关联罪为非强制性或欺骗性的加功自杀。日本刑法虽并未在条文表述上明示，但根据日本刑法学者的理解，一般认为自杀参与罪中的客体（即我们理解的犯罪对象）为"行为人以外的自然人"，并指出，"这里的人需要至少是理解自杀意味着什么并且具有自由地决定意思的能力的人"，"幼儿、心神丧失者等不能成为本罪的客体"。[2] 在对加功自杀做如此界定的国家，采取强制性或欺骗性的手段教唆、帮助他人自杀或者唆使、帮助不具有意思能力的人自杀的，视同杀人罪。如意大利刑法第 580 条规定，教唆、帮助"不满 14 岁的未成年人或者不具有意思或者意愿能力的人"自杀的，"适用有关杀人罪的规定"。

（2）强迫性自杀或教唆、帮助不具有意识能力的人自杀。如朝鲜刑法第118 条第 2 款："教唆或帮助未成年人，或者不能了解或控制自己行为的人自杀，因而发生自杀或自杀未遂的，判处 5 年以下的徒刑。"将加功自杀界定为这些本质上推定违背自杀人意志的"教唆"、"帮助"自杀行为的主要是泰国刑法和朝鲜刑法。

---

[1]L. Waller, C. R. Williams.*Criminal Law Text and Cases* (ninth edition).Butterworths, Australia, 2001, p.136.

[2]［日］大塚仁：《刑法概说》（各论）（第三版），冯军译，中国人民大学出版社 2003 年版，第 34 页。

（3）既规定非强制性或欺骗性的加功自杀，也规定强制性或欺骗性的加功自杀。如巴西、新加坡、印度等国刑法。值得注意的是，这些国家中，要么将后者作为前者的加重犯（巴西），要么虽然将二者并列规定，但对其设置较前者更重的法定刑（韩国和印度）。然而，对于后者设置更重的法定刑也并不能掩盖其在性质认定上的有失偏颇。因为，所谓"帮助"与"教唆"，实际上都暗含被教唆人、被帮助人具有刑事责任能力的意思。教唆、帮助不具有刑事责任能力的人，在刑法理论上属于间接正犯。如教唆、帮助不具有刑事责任能力的人自杀，属于故意杀人罪的间接正犯，在犯罪本质上与一般故意杀人无异。对此，大陆法系的典型代表日本刑法理论界与英美法系的典型代表美国刑法理论界均直接表示了赞同，或以其立法表明其立场。如日本著名刑法学家大谷实在论述自杀关联罪与杀人罪的区别时指出："虽说教唆的方法、手段只要是他人产生自杀的意思就够了，但是，该方法、手段到了剥夺他人意志自由的程度的时候，就成为杀人罪的间接实行犯。"[1] 美国阿拉斯加州刑法则认为，故意帮助他人自杀的构成非预谋杀人罪（AS 11.41.120），而通过强迫或欺诈迫使或引诱他人自杀的，构成一级谋杀（AS 11.41.100）。不区分加功自杀的行为中自杀人是否具有自由意志而一律将之作为加功自杀做有别于杀人罪处理的立法，实际是将本属于（故意）杀人罪的行为剥离并归入性质较轻的加功自杀罪，其合理性不能不令人怀疑。

2.强迫自杀

某些国家将强迫自杀行为也纳入到了加功自杀的范畴。如朝鲜刑法第 1 款："用虐待或其他类似方法，迫使物质上处于从属地位的人自杀或自杀未遂的，判处 5 年以下的徒刑。"与第 2 款关于"教唆或帮助未成年人，或者不能了解或控制自己行为的人自杀"的规定相并列。这种法条之间的密切联系显然表明，朝鲜刑法认为这两款所规定的行为性质相同或者相近。在同样规定有强迫自杀的俄罗斯和泰国，则并未将之作为是教唆或帮助他人自杀的行为。泰国刑法即将之独立作为一条，规定于教唆、帮助自杀罪之前条。而俄罗斯尽管在新刑法典的起草过程中也曾试图对怂恿自杀的责任予以规定，但立法者最终选择只规定强迫自杀行为的责任（俄罗斯刑法第 110 条规定了强迫自杀罪），而并未对帮助、教唆自杀行为做出明确规定。

显然，"强迫自杀"中的"强迫"并未造成被害人选择自杀与否意志自由上的完全丧失，否则即为故意杀人的间接正犯，该当故意杀人罪而非强迫自杀罪；同时，该"强迫"对被害人自杀意思的产生或加强的效果，又不同于教唆、帮助自杀。一般说来，在被害人自杀与否这一问题上，强迫自杀中，行为人的意志起

---

[1]［日］大谷实：《刑法各论》，黎宏译，法律出版社 2003 年版，第 16 页。

主要作用，而被害人的意志则处于从属性地位，尽管并未达到完全失去自由意志的程度；而在教唆、帮助自杀的场合，则恰恰相反，行为人的意志处于次要地位，被害人的意志起支配性的作用。因此，从主观恶性程度上而言，强迫自杀与教唆、帮助自杀中，行为人"轻忽"他人生命权的程度是存在一定差异的。因此，在现有对强迫自杀罪予以明确规定的三国刑法中，笔者认为，《泰国刑法》的界定更为合适。

我国现行《刑法》中，并无独立的强迫自杀罪（也无教唆、帮助自杀罪）。对于相关行为，构成犯罪的，要么以故意杀人罪认定，要么认定为虐待罪（致人死亡）等。然而，行为人迫使他人自杀的，无论在主观恶性与行为之客观表现上，都与其直接的故意杀人所显示出的对他人生命之轻视和反社会程度之轻重具有一定差别的。而对于强迫自杀的论以虐待罪等，则又有轻纵犯罪之嫌。故，笔者认为，为完善生命权保护罪名体系计，设立独立的强迫自杀罪，似乎也有其必要性（由于笔者考虑尚不够周全，本章第二节对此问题暂不详加讨论）。

3.自杀宣传

法国刑法典虽然将"挑动自杀罪"并非规定于"伤害人之生命罪"一章，而是"侵犯人身之重罪与轻罪"之"置人于危险罪"一章，但其对于加功他人自杀行为的否定，却走得比其他国家都更远。法国刑法典第223—14条规定："无论采用何种方式，替被推荐作为自杀手段的产品、物品或方法做宣传或做广告的，处3年监禁并科30万法郎罚金。"即从一般宣传的角度，禁止自杀手段的传播。

（二）帮助、教唆自杀

各国刑法关于帮助、教唆自杀的规定，除了前面所谈及的是否虑及自杀人是否具有自由意志、是否强制、欺骗被教唆人、被帮助人方面存在一定的分歧以外，各国的规定基本上没有大的不同。

本罪所涵盖的行为，各国在表述上有"引诱"、"帮助"、"劝告"、"怂恿"、"教唆"、"挑动"、"诱使"等措辞上的不同。这些措辞上的不同，仅缘于译者的表达的不同，还是在行为所涵盖范围上各有侧重，难以考证。从本罪之设置在于惩处加功他人自杀的行为这一意图看，将本罪的行为理解为教唆或帮助自杀的行为（仅新加坡、法国等少数国家只包括教唆自杀的行为），当无大的纰漏。

所谓"教唆"，是指对没有自杀意图的人，故意采取某种手段使其产生自杀的意思（该手段一般以未达剥夺他人意志自由的程度为限）。所谓"帮助"，是指向已经具有自杀意图的人提供物质上或精神上的帮助，使其坚定自杀意念或使自杀易于进行的行为。

行为人实施本罪之主观罪过为故意。对此许多国家或地区刑法都以或明示或暗示的方式在其刑法中予以明确。如美国阿拉斯加州刑法、亚利桑那州刑法、印第安纳州刑法、北科达州刑法均明确规定为"故意"（intentionally）帮助他人自杀。英国普通法惯例对此的认识是："被告必须明知自己行为的作用及后果，至于是否意识到自己的行为已经构成犯罪则无关紧要。"

少数国家或地区的刑法还对教唆、帮助自杀的动机予以要求。如瑞士刑法典第 115 条即强调行为人"因自私自利的动机"引诱他人自杀或为其自杀提供帮助。而对于犯罪动机，一般国家刑法认为不过是一个量刑情节罢了。如巴西刑法第 122 条之附款甚至明文规定，如果犯罪是出于利己动机的，刑罚加重两倍。这显然是情节加重犯的规定。

（三）受托杀人与得承诺杀人

受"被害人"嘱托或经"被害人"承诺而杀死"被害人"的，由于结束生命之意思源自"被害人"，即生命权人自身，故该行为亦可归入自杀关联罪之列。值得一提的是，笔者对受托杀人与得承诺杀人做如此认识，并非出于主观臆测。从规定有受托杀人与得承诺杀人犯罪的国家或地区的法条设计上看，也表明这一认识是妥当的。如日本刑法对同意（嘱托、承诺）杀人罪与其对自杀关联罪规定即为同一法条——日本刑法第 202 条。该条的表述为："教唆或者帮助他人自杀，或者受他人嘱托或者得到他人的承诺而杀之的，处 6 个月以上 7 年以下惩役或者监禁。"韩国刑法也以同一个条文中两款分别规定受托、承诺杀人罪与教唆或帮助他人自杀罪。我国台湾地区不仅将其与教唆、帮助自杀同规定于"刑法"第 275 条"加功自杀罪"，学者亦多有将受嘱托杀人罪与得承诺杀人罪与教唆自杀罪、帮助自杀罪并列为参与自杀罪之具体类型。[1]

受托杀人，是指行为人按照被杀者的杀害请求而将该人杀害；得承诺杀人则是指行为人得到被杀者关于被杀害的同意而将该人杀害。[2]

对于受托杀人与得承诺杀人，目前仅为数不多的几个国家在刑法中做出了明确的规定，如日本、韩国、瑞士、德国、奥地利、意大利。此外，我国台湾地区、澳门地区和香港地区"刑法"对此也有所涉及。如我国台湾地区"刑法"第 275 条："教唆或帮助他人使之自杀或受其嘱托或得其承诺而杀之者，处一年以上七年以

---

[1] 参见林山田：《刑法特论》（上册），台湾三民书局 1978 年版，第 57—60 页。

[2] 参见［日］大塚仁：《刑法概说》（各论）（第三版），冯军译，中国人民大学出版社 2003 年版，第 37 页。

下有期徒刑。前项之未遂犯罚之。谋为同死而犯第一项之罪者，得免除其刑。"

分析这几个国家或地区刑法对受托杀人与得承诺杀人的规定，存在的最大分歧在于：仅规定受托杀人或仅规定得承诺杀人，还是对二者同时规定？对此，日本、韩国、意大利、我国台湾地区的刑法采取的做法是同时对受托杀人与得承诺杀人予以规定；我国香港地区《杀人罪行条例》第5条第1款规定："任何人依据他与另一个人的自杀协定，杀死该另一个人，或参与该另一个人自杀或参与第三者杀死该另一个人的行为，均属犯误杀罪，而非谋杀罪。"其中对依据自杀协定杀死他人的规定，显然也属于得同意杀人的情况。而瑞士、德国、奥地利、我国澳门地区的刑法则仅仅对受嘱托杀人予以规定。

就笔者看来，受托杀人与得承诺杀人所体现出的行为人之反社会性程度毕竟有所不同。尽管二者从根本上都是因"被害人"之意思，结束其生命，在主观恶性上与一般故意杀人中行为人纯粹地根据其非生命权人的意志剥夺他人生命的故意不同。但在受托杀人中，剥夺生命权之起意在于生命权人，行为人接受其嘱托而杀之，对于"被害人"生命权之剥夺，具有一定的被动性；而在得承诺杀人中，剥夺"被害人"生命权之起意在于行为人，行为具有主动性，故其行为之可宽宥性自是不及前者。

基于上述考虑，笔者认为：①由于受托杀人与得承诺杀人较之一般故意杀人通常具有较轻的反社会性，可考虑对该行为做出有别于一般故意杀人刑事责任的规定；②鉴于受托杀人与得承诺杀人行为人主观恶性程度的差异，宜在刑事责任上也有所区别。

与教唆、帮助自杀罪一样，受托杀人与得承诺杀人罪中行为的对象也必须是对于死亡具有判断能力的自然人。被害人不具有判断能力或不具有自由意志，则不涉及本罪，而是涉及是否构成杀人罪的问题。对此，意大利刑法做出了明文规定。该法第579条"经同意杀人"第3款规定："如果行为实施于下列情况之一，适用有关杀人罪的规定：（1）对不满18岁的未成年人的；（2）对精神患者、因其他疾病或者因滥用酒精制品或麻醉品而处于心智不全状态的人的；（3）被害人的同意是由于犯罪人采用暴力、威胁或者劝说的方式强取的，或者是以欺骗的手段获得的。"

关于被害人的"嘱托"或"承诺"，瑞士刑法规定为"严肃且迫切的请求"，德国刑法规定为"明确且真诚之嘱托"，奥地利刑法规定为"他人之诚挚且令人感动之请求"。这些措辞，无非表达了各国刑法对"被害人"、"嘱托"或"承诺"的真实性和明确性的强调。在未以刑法相关条文明确的国家，这一点亦同样被要求。如日本刑法理论与实务界一般认为，关于"嘱托"与"承诺"，需要具备以下要件："（1）由被杀者自己做出嘱托或承诺；（2）该嘱托或承诺出于具有通常事理辨别能力的被杀者自由并且真实的意思；（3）承诺可以是默示的，但嘱托必须是明示的；（4）嘱托或承诺在杀害行为开始时即已存在。"[1]

关于本罪之成立，部分国家还从行为实施的动机方面予以规制。如瑞士刑法第114条规定"值得尊敬的动机，尤其是出于同情"。

在很大程度上，受托杀人与得承诺杀人与"安乐死"的性质具有相关性。鉴于"安乐死"问题之复杂性，拟另撰文阐述。

三、激愤杀人罪

激愤杀人的场合，虽然行为人主观方面仍具有杀人的故意，但相当一部分国家都将其作为具有减轻情节的杀人。对此，我国学者一般认为，理论上的依据在于：在激愤杀人中，行为人出于激愤，对于自己的行为缺乏审慎的思考，认识能力和意志能力都有所降低，主观罪责比较轻。[2]俄罗斯刑法界对此亦有相近认识。[3]美国学者基于激愤杀人为可减轻的杀人在于激怒影响了作为指导行为道德可责性的行为人的意志状态，进一步认为，这是对人性弱点的一种让步，而且可能也是对其具有不可威慑性的一种让步。[4]此外，也有人认为，在相当一部分激愤杀人的场合，被害人过错的存在，也是减轻行为人罪责的一个重要原因。如在英国刑法理论界就存在关于激怒作为辩护理由之缘由在于宽恕（excuse）还是部分的正当理由（partial justification）的不同见解。主张前者的学者们认为，在激怒的情况下，被告已经失去自我控制意味着该杀人行为不是其真实的选择，该个体对其行为不具有道德可责性；而持后种主张者认为，激怒是一个部分的正当理由，在该行为中，被害人以其自己的激怒行为招致了对其自身的打击。[5]

对于激愤杀人行为时行为人之精神状态，各国刑法或规定为"突然激动的状态"（朝鲜刑法），或规定为"强烈的精神激动状态"（俄罗斯刑法、蒙古刑法）、"极度激动"（巴西刑法），或者如印度刑法从激愤程度的角度规定为"失去自制力"。尽管措辞或有不同，然实质并没有影响行为性质认定的重大差异，无非

---

[1]［日］大塚仁：《刑法概说》（各论）（第三版），冯军译，中国人民大学出版社2003年版，第37页；［日］大谷实：《刑法各论》，黎宏译，法律出版社2003年版，第18页。

[2]参见宁汉林：《杀人罪》，群众出版社1986年版，第167页。

[3]参见［俄］斯库拉托夫、列别捷夫主编：《俄罗斯联邦刑法典释义》（上册），黄道秀译，中国政法大学出版社2000年版，第290页。

[4]参见［美］约翰·卡普兰等：《刑法：案例与资料》（第四版），中信出版社2003年版，第383页。

[5]参见［英］乔纳森·赫林：《刑法》（第三版），法律出版社2003年版，第217页。

是使得被告人认知与辨认能力一定程度减弱而尚未达到失去认知或辨认能力，即失去刑事责任能力的程度。存在重大认识分歧并影响行为性质判断的，在于激愤之原因、事项、杀害对象以及激愤标准等几个方面。

（一）"激愤"之原因

关于激愤杀人中"激愤"之原因，也即激愤杀人之起因，各国刑法规定各不相同。一部分国家在关于激愤的立法中强调被害人的过错。如俄罗斯刑法规定为"遭到受害人的暴力、侮辱或严重侮辱，或因遭到受害人其他违法或不道德的行为（不作为），以及由于受害人不断地违法行为或不道德行为使其长时间地处于精神受刺激的情势"（第107条）；朝鲜刑法规定为"受害人的暴行或严重侮辱"（第115条）；蒙古刑法规定为"受害人的非法强制或严重屈辱行为以及因受害人的其他违法行为"（第107条）；德国刑法规定为"被害人对其个人或家属进行虐待或重大侮辱"（第213条）；巴西刑法规定为"由于重大的社会利益和道德声誉的促使，或者由于受害人非正义的行为"（第121条）；印度刑法第300条说明3则规定为"受到严重的或突然的挑衅"；加拿大刑法规定为"因突然挑衅致使情绪激愤"。另一部分国家或地区的刑法则仅强调行为人行为时之情绪激动状态。如奥地利刑法仅简单地规定为"一般可见之情绪激动"（第76条）。

在英国和美国，甚至不同时期、不同司法辖区，关于激愤杀人中"激愤"的规定也有所不同。英国普通法早年对"激愤"的传统定义即为："激怒是指死者向被控告人实施的某种或某些行为，会造成所有正常人（实际上造成被控告人）突然和暂时失去自我控制，导致被告人面临一种压抑，从而一度不能把握自己的头脑（1949年Duffy案）。这种对激怒特点的限制强调激怒行为由死者引起，且针对被控告人实施。而1957年《杀人罪法》后，则不再局限于这两点限制，而转向强调证据是否与案件有关，也就是被告人是否因激怒而失去自控。在Pearson案中，回家保护甲免遭丙虐待的乙杀死了残暴的丙。该案中，丙长期虐待甲的行为亦被认为是乙的相关的辩护理由。在美国，尽管大多数州刑法对激情杀人都有所规定，但其对于"激情"的规定不尽一致。阿拉巴马州、北卡罗莱纳州、佛罗里达州、爱达荷州、爱荷华州的刑法仅仅强调"突然的激情"（a sudden heat of passion）或"突然的、强烈的、不可抵抗的激情"（sudden,violent and irresistible passion）；而阿拉斯加州、亚利桑那州、得克萨斯州的刑法却同时强调该突然的激情是有故意的被害人严重挑衅的结果。

仅仅强调"激情"、"激情"所导致的情绪激动状态，或是强调被害人对于被害人激情之引起，或二者并重，反映了各国或地区刑法对于包括激情杀人在内的激情犯罪所以从轻出发点的不同。对激情的强调，侧重于激情下行为人认知能力和控制能力减弱所引起的责任的减轻；而对被害人对于激情行为的引起，强调的则是被害人过错在刑事责任中的作用。两种出发点究竟何者更为合适，尚有待进一步研究。笔者倾向于强调从认知能力与控制能力两方面所决定的行为人责任能力的减弱出发解释激情犯罪所以从轻的理由，因为：在严重危害行为已经实施且无正当化事由的情况下，责任主体之责任能力状况，才是决定行为人刑事责任有无与轻重的根本因素。

（二）关于激愤的事项

任何社会都要求人们必须自我控制杀人冲动，但在某些冲动杀人的情况下对行为人又有必要给予一定程度的宽容。但该宽容限于哪些冲动杀人的场合，在不同的历史时期、不同地域、不同的文化背景下，有着很大的区别。

各国对可以允许的"激愤"事项，大体有四种主张[1]：①以通奸为限，如意大利刑法原规定（《意大利刑法》第 587 条"出于名誉的原因的杀人或伤害"已被该国 1981 年 8 月 5 日第 442 号法律第 1 条明文废除）。②以暴力、侮辱、虐待等为限，如德国、法国、加拿大、印度、前苏联、阿尔巴尼亚等。③对激愤事项规定较为宽泛，如巴西刑法规定为"非正义的行为"；俄罗斯刑法规定为"因遭到受害人的暴力、侮辱或严重侮辱，或因遭到受害人其他违法或不道德的行为（不作为），以及由于受害人不断地违法行为或不道德行为"；蒙古刑法规定为"受害人的非法强制或严重屈辱行为以及因受害人的其他违法行为"。此种立法，使用"非正义行为"、"其他违法或不道德行为"、"其他违法行为"等字眼，在一定程度上反映了该国刑法在激愤杀人中对社会道德的考虑。当然，此举对于弘扬社会正气有一定的导向性。然刑法作为一种以国家强制力为后盾的法律规范，似乎应更多地从理性而非道德好恶出发。④在刑法中不对激愤事项予以限制。如英国、美国、瑞士、奥地利。

根据史密斯、霍根的阐述，在早期的英国案例中，法庭也曾把什么可能以及什么不能造成激怒的情况作为法律问题加以规定。可能造成激怒的情况通常包括暴力攻击被告人、丈夫发现妻子与别人通奸以及父母发现并立刻杀死与其儿子搞同性恋者。而《1957 年杀人罪法》之后，则废除了以前所有的关于什么能或什么不能造成激怒的规则，转而将该问题交给陪审团。[2]

---

[1] 参见郑伟：《刑法个罪比较研究》，河南人民出版社 1990 年版，第 84 页。

[2] 参见［英］J·C·史密斯、B·霍根：《英国刑法》，陈兴良等译，法律出版社 2000 年版，第 397 页、第 398 页。

笔者考察了美国近二十个司法辖区的刑法规定，没有一个辖区在刑法中对激愤杀人中的"激愤"做出明确规定。但这并不妨碍美国刑法司法实践中，对于激情却是具有定型化认识的。通常认为，下列情况属于正常的激情事项：受到暴力攻击；受到非法拘捕；见到配偶正在与他人通奸；等等。法官的判决，即使是错误的判决，也不能作为引起激情的起因。与英国不同的是，在美国，单纯的言辞，无论如何侮辱，或财产受到非法侵犯不能被认为是引起正常激情的原因。而根据英国《1957 年杀人罪法》第 3 条的规定，被告人被激怒或者是被某些已经发生的事情，或者是因为某些言词，或者是被二者共同所激怒。[1]

（三）杀害的对象

关于激愤杀人中被杀害者是否为引起激愤的肇事者，各国刑法大体有两种主张：①明确主张被害人即为引起激愤的肇事者。此种立法为多数国家的做法。如朝鲜、俄罗斯、蒙古、德国、印度、巴西、原苏联、意大利等国刑法的原规定。②对此不做规定。如新加坡、加拿大、奥地利等国刑法。

英国刑法原来的态度明确支持前种主张。如 1915 年辛普森案中，被告在即将远航之际听闻自己的妻子与人通奸并虐待儿子后，返回家中杀死了自己的儿子。法庭即以被告的杀人动机不可思议和被杀者并非激愤肇事者为由认定激愤杀人不能成立。而现代英国刑法在认定激愤杀人时所注重的问题是：作为某些言词或行为的后果，被告人是否已经失去自我控制？该激怒是否足够导致使得一个理性的人如被告人所做的那样行事？对于被害人与肇事者是否同一，则并不给予过分的注意。这或许与前文述及的英美在激愤原因问题上已转向强调被告人行为时的激情状态，而不再注重被害人过错有关。

（四）激愤的标准（主观或客观）

关于激愤的判断标准，可能有三种标准：①客观标准，即以社会普通人在类似情况下的反应为依据；②主观标准，以被告人本人的实际反映为依据；③混合标准，既考虑被告人自身的实际反应，同时也将社会普通人的正常反应纳入考虑的范围。

---

[1]Section three of the Homicide Act 1957 states: "Where on a charge of murder there is evidence on which the jury can find that the person charged was provoked(whether by things done or by things said or by both together) to lose his self-control, the question whether the provocation was enough to make a reasonable man do as he did shall be left to be determined by the jury; and in determining that question the jury shall take into account everything both done and said according to the effect which, in their opinion, it would have on a reasonable man."

一般来说，任何国家的法官都不可能完全只考虑社会一般人的标准或只考虑行为人自身的反应。但这并不妨碍其在主观标准或客观标准之间有所侧重。

从立法的措辞及措辞所潜在的意思推测，各国刑法多采取主观标准，或者说更多地侧重于主观标准。如德国、瑞士、巴西、印度、阿尔巴尼亚、蒙古、前苏联以及现在的俄罗斯。如俄罗斯刑法学者在其本国刑法典对"在激情状态中杀人"的释义中认为："什么样的侮辱是严重侮辱呢？这是一个事实问题，应该在每一具体案件中考虑全部案情来解决……在评价侮辱的严重程度时还要考虑犯罪人的个人特点（身体和精神的病态、怀孕，等等）。"[1]

英国的刑法中曾经采用客观标准，认为激怒必须起到能够影响正常人的作用。如比德尔诉检察长案中，上议院即认为："应该正确引导陪审团去考虑乙的行为会在正常人身上产生什么作用，而不是考虑在性不能者身上的作用。"[2] 而在 1978 年凯姆波林案中，这种观念得到了一定程度的改变，转而将被告人个性特点纳入考虑。该案中迪普洛克法官指出："用以参照和比较的普通人系指具有自我控制能力并与被告的年龄和性别相同者。除此之外，还应该具有与被告相同的其他方面的特征，只要这些特征会影响到激愤程度的话。"[3] 这实际已在很大程度上向主观标准倾斜。

1961 年《新西兰犯罪法》在此问题上也采取了类似的立场。该法第 169 条第 2 款规定："任何做过的或说过的事都可以构成激怒，只要 A. 在案发的环境中足够使一个一方面具有普通人的自我控制能力另一方面又具有犯罪者的特性的人失去自我控制的能力；和 B. 该做过的或说过的事事实上使有关犯罪者失去了自我控制能力并因而促使他做出了杀人的行为。"

美国刑法中的充足的激怒也意味着它会引起一个理性的人失去其自我控制。当然，一个理性的人是不会杀人的，即使是被激怒时。但事情可能如此的打动一个人以至于使得他实施暴力，以杀人作为反作用力，虽然在一定意义上不理性，但其法律意义在谋杀罪上既非极度的有罪，也非极度的认可。这里潜在的判断是这样的：一些场合的故意杀人既可归因于特别的情景特征，又归因于行为人道德的堕落。这一观察提供了有关激怒的法律的实质规则：大多数人可能会被激起的，行为人实施杀人行为的那种激怒境况越严重，他们可能将经历的与被告人屈服的

---

[1]［俄］斯库拉托夫、列别捷夫主编：《俄罗斯联邦刑法典释义》（上册），黄道秀译，中国政法大学出版社 2000 年版，第 291 页。

[2]［英］J·C·史密斯、B·霍根：《英国刑法》，陈兴良等译，法律出版社 2000 年版，第 397 页、第 399 页。

[3] 转引自郑伟：《刑法个罪比较研究》，河南人民出版社 1990 年版，第 88 页。

冲动相抗争就越困难，行为人的屈从归因于他与他们的区别的部分就越少。当以社会一般人将做出反应的方式的术语来理解，引起激怒的因素本身越轻，存在的将行为人的行为归因于其对强烈激情异常的易感性的基础就越大。虽然作为个体的人的一些特征也必须被考虑进去，但这一对充足的激怒的规则解释显然立足的是客观主义的立场。由于刑事责任的特定性，不考虑被告人的具体情况也是不公正的。因此，《美国模范刑法典》在一般人的基础上要求考虑被告人的主观特性。这一点也得到了美国部分司法辖区刑法的附和，如纽约州和康涅狄格州的刑法。而美国多数州的刑法则走得更远，实际采取了以被告人主观特性为标准的观点。虽然它们在一定程度上也考虑了社会一般人标准，在被告人自控能力低于社会一般人的情况下，采取社会一般人的客观标准，而在其自控能力高于社会一般人的场合，则采取被告人的主观标准。

　　印度刑法尽管也要求"理性人"（a reasonable man）的存在，但印度刑事审判实践与刑法理论认为，一个人是否受到了足够的、突然的激怒，这是一个事实问题，而非法律问题。在 1962 年 K.M.Nanavati V. State of Maharashtra 案（A.A.R.1962 S.C 605）[1] 上诉中，最高法院指出："为了应用'严重且突然'激情原则，是否存在任何理性人的标准？答案是没有明确的理性人的标准可以给出。一个理性人将做什么依赖于习惯、教养、生活方式、传统观念等，简言之，文化、社会和情感背景，而这个社会是被告人所属于其中的。在我们广袤的国家，存在着从最低到最高文明状况的社会群体。要给出精确的标准是既不可能，也是不可期望的：它有赖于法院在每一个案件中考虑相关环境来决定。"印度法律根据该案例总结认为，对于是否严重且突然的激情的检测，是看一个与被告人属于同一社会阶层的理性人，置于被告所处的状况，是否会如他一样被激怒得失去自控。[2] 这在一定程度上已考虑在原客观标准中融入了主观的内容。

　　笔者认为，对于激怒的标准，以主观标准更为稳妥。因为，毕竟刑事责任问题涉及的是具体个人的刑事责任，有其个性的一面。完全不考虑被告人的个人特性，尤其是足够影响到激怒情绪本身的诸个人特性，确有违公平与个体正义。此外，刑法对激怒杀人所以作为减轻责任的杀人，关键亦在于行为人由于激怒而

---

[1] 该案案情是：南纳瓦提与西维亚是夫妻关系。被害人阿胡加是一个汽车商，是他们家庭的朋友。南纳瓦提为印度海军官员，经常要出门。在他不在时，西维亚与阿胡加已经有了不正当关系。他一回来，就发现西维亚对其冷淡，他希望其告知原因。西维亚承认她已经和阿胡加有不正当关系。这使得南纳瓦提暴怒。他返回他的船，从船上取了一支半自动的手枪、六个弹药筒，去了阿胡加的处所。他进入到阿胡加的卧室并且向他开了枪。然后他向警察局自首。他被根据《印度刑法典》第 302 条判决谋杀罪，尽管他主张"严重且突然的激情"。

[2] T. S. Batra.*Criminal Law in India*.Amir Singh Parashar at Parashar Printing Press,1981,p.422.

导致的认知能力和控制能力的减弱，导致行为人之可责性减弱。而考察行为人之认知能力与控制能力是否减弱，当然需考虑行为人自身影响认知能力与控制能力的个性特征。

四、见危不救罪

当今世界各国，将见危不救罪见之于刑事立法，主要是俄罗斯、法国、奥地利、意大利和瑞士的刑法。

从立法上看，这几国刑法的规定却是各有特色。

俄罗斯刑法关于见危不救犯罪的规定有两款：①关于医务人员对病人不予救助的规定。见于俄罗斯刑法第 124 条"对病人不给予救助"："1.依照法律或者专门规则对病人有救助义务的人，没有正当理由而不给予救助，而且由于过失致使病人的健康受到中等严重损害的，处……；2.上述行为过失造成病人死亡或健康严重损害的，处 3 年以下的剥夺自由，并处或不并处剥夺担任一定职务或从事某种活动的权利。"②对于一般社会成员的规定："明知他人处于有生命或健康的危险中而且因年幼、衰老、疾病或孤立无援而不能采取措施自卫而故意不予救助，如果犯罪人本可以救助该人，而且对他负有照顾义务，或者犯罪人自己使之处于有生命或者身体危险状态中的，处数额为最低劳动报酬 50 倍至 100 倍或被判刑人 1 个月以下工资或其他收入的罚金，或处 120 小时至 180 小时的强制性劳动，或处 1 年以下的劳动改造，或处 3 个月以下的拘役。"（第 125 条）

《法国刑法》于第 223—5 条"阻挠采取救助措施"之后，对"怠于给予救助罪"予以规定。该罪共分 2 条 3 款：第 223—6 条规定的是关于怠于救助面临人身侵犯者的刑事责任："任何人能立即采取行动阻止侵犯他人人身之重罪或轻罪发生，这样做对其本人或第三人并无危险时，而故意放弃采取此种行动的，处 5 年监禁并科 50 万法郎罚金。"该条第 2 款针对的是对一般危险的救助："任何人对处于危险中的他人，能够个人采取行动，或者能够唤起救助行动，且对其本人或第三人均无危险，而故意放弃给予救助的，处前款同样之刑罚。"第 223—7 条则是关于灾难救助："任何人故意不采取或故意不唤起能够抗击危及人们安全之灾难的措施，且该措施对其本人或第三人均无危险而仍不为者，处 2 年监禁并科 20 万法郎罚金。"

奥地利刑法对于怠于救助的对象限定于"不幸事件或公共危险发生之际"，"有死亡或重大身体伤害或健康损害危险，显然需要加以救助之人"。

意大利刑法对于行为人的救助义务区分不同的对象规定有所不同：发现"不能生活自理的人被遗弃或者被丢失"，对行为人赋予的义务是"立即向主管机关报告"；而"发现某人昏迷、似乎昏迷、受伤或者处于其他危险之中"的，则既可以"提供必要的救助"也可"立即向主管机关报告"。只有既不提供必要救助，也不立即向主管机关报告的，方须承担刑事责任。

瑞士刑法最大的特色在于，其刑法第 128 条"疏于救助"中，对于犯罪客观方面行为的规定既包括不予救助的行为，也包括"阻止他人为此等救助，或妨碍他人进行救助的"行为。

概括言之，上述各国刑法在见危不救罪的构成上主要具有以下几个方面的分歧。

1. 主　体

关于本罪的主体，有特殊主体立法与一般主体立法之别。采取特殊主体立法的是俄罗斯刑法。根据俄罗斯刑法第 125 条的规定[1]，构成见危不救罪的只能是负有照顾义务，或者犯罪人自己使之处于有生命或者身体危险状态中的人。这里说的照顾义务，"产生于亲属关系（子女和父母的关系），产生于法律的要求，产生于犯罪人本人的先行行为"[2]。而法国、奥地利、意大利、瑞士的刑法关于见危不救罪的规定中则未见对主体的限制。

2. 救助义务的内容

关于救助义务的内容，一部分国家并未予以详细规定，而部分国家则将之细化为直接的救助行为与报告主管机关或唤起救助的行为。如意大利刑法、法国刑法。

3. 行　为

一般认为，见危不救罪客观方面的行为表现为犯罪人的不作为，即对因某种原因陷入有生命或健康危险境地的人不履行帮助的义务。而瑞士刑法中的"疏于救助"则既包括不作为，也包括作为。从"见危不救"的字面含义以及一般社会理念出发，似乎本罪客观方面表现为明知他人具有生命健康危险而不履行救助义务的行为，是比较自然的结论。而若明知他人具有生命健康危险而阻扰他人为相关救助行为，则不仅仅是应当救助而不救助，即"当为而不为"，而是不应妨碍他人履行救助义务而妨碍，即"不当为而为"，属于以积极的作为侵犯他人生命健康权的行为。对于此种行为，归入见危不救罪，似乎仍有商量之余地。

---

[1] 第 124 条规定的是医务人员对病人不予救助的刑事责任，与其他各国规定的见危不救罪不具有可比性，故本文仅选择具有可比性的第 125 条加以比较。

[2]［俄］斯库拉托夫、列别捷夫主编：《俄罗斯联邦刑法典释义》（上册），黄道秀译，中国政法大学出版社 2000 年版，第 338 页。

五、杀害血亲

在一些国家，杀害血亲也是区别于一般故意杀人的特别犯罪。如原《日本刑法》第 200 条对杀害尊亲属罪的规定："杀害自己或配偶之直系尊亲属者，处死刑或无期徒刑。"（该条已于 1973 年被大法庭判决为违宪，并于 1995 年《日本刑法》修改时被删除）韩国刑法第 250 条第 2 款对杀害尊亲属的行为同样规定了比一般杀人罪更为严厉的刑事责任。该法条规定："杀害自己或者配偶的直系尊亲属的，处死刑或者无期劳役。"我国台湾地区"刑法"第 272 条亦存在类似规定。

杀害尊亲属罪属于杀人罪之加重类型，即被害人与行为人具有直系血亲尊卑亲属之身份，因具有该身份而加重其刑。故本罪主体为直系卑亲属；主观方面必须出于杀害尊亲属之意思，即一方面对行为指向对象有故意，另一方面具有杀人之意欲；具有杀人的行为；所杀者为其直系尊亲属。

杀害尊亲属罪之所以被重罚，其"立法宗旨来源于'忠孝一体'、'祖先崇拜'为基础的家族主义思想，根植于对尊亲属的敬畏的理念，强调对尊亲属的特别保护"[1]。这种立法宗旨及体现该立法的尊欺卑罪轻，卑欺尊罪重的思想由于对现代社会各国宪法所奉行之平等原则的公开违背，已渐呈没落之势，取而代之的解释是从"人伦"、"自然法"的角度来寻找依据。如日本在宪法制定后，对杀害尊亲属罪加重处罚的根据解释为："支配夫妇、亲子、兄弟等关系的道德，是人伦的根本，属于古今中外所承认的普遍道德，即学说上所谓的自然法。"[2]我国台湾学者亦认为："刑法所以对于直系血亲尊亲属之生命特别重视，乃由于直系血亲尊亲属对于其卑亲属有生育之恩，直系血亲卑亲属不图报，反而将其杀害，有背伦常，是宜比照普通杀人罪加重其刑，以维风纪。"[3]

在现代社会，相对而言，从"人伦"、"自然法"寻找依据似乎更容易被接受，而且从类似立法在古代西方社会，甚至罗马法中亦有所体现来看，如此解释也未尝不可。然而，从"人伦"上解释，对于西班牙杀害父母妻子罪的规定或许是合适的，而若用来解释杀害尊亲属罪则直接面临的一个质问将是：既从人伦出发，为何仅对卑杀尊从重，而对于尊杀卑却无类似规定呢？因为，包括父母与子女之间关系的血亲关系，虽然不是绝对对等的关系，但若从天理伦常看，却是相互的、双边的关系。子女杀父母，自然涉及对人伦、自然法的破坏，而父母杀子女却也未必不是破坏人伦与自然法？孰不闻"虎毒不食子"耶？况且，如此立法也有混

---

[1]［日］大谷实：《刑法各论》，黎宏译，法律出版社 2003 年版，第 12 页。

[2]［日］大谷实：《刑法各论》，黎宏译，法律出版社 2003 年版，第 12 页。

[3] 蔡墩铭：《刑法各论》，台湾三民书局 1995 年版，第 30 页。

淆道德与法律界限之嫌。

此外，杀害尊亲属的案件中，也不能排除存在被害人有严重过错等值得怜悯情况的存在。如日本著名的相泽千代杀父案中，日本检察机关发现被告从14岁起就持续遭受其亲生父亲的性虐待，作为被迫乱伦的后果，她为自己的父亲生下了5个孩子（其中2个婴儿夭折，另外还有5次流产）。此后，由于医生劝告其如果再怀孕，对身体将有极大伤害，被告不得不接受了节育手术。在长达十几年的煎熬中，被告之所以未能逃脱魔爪的原因，在于她担心同住在一起的妹妹会遇到相同的厄运。在这期间，被告在工作中结交了一位比自己小7岁的恋人，并有了结婚的计划。当被告将希望结婚的想法告诉其父亲时，被暴怒的父亲殴打并监禁在家中。在饱受了父亲的凌辱之后，被告忍无可忍用和服的腰带将父亲绞杀。该案最终以一般杀人罪判处相泽千代两年零六个月有期徒刑，缓期三年执行，不能不说对杀害尊亲属罪的存在及其过于严厉的刑事责任的司法变通[1]。

或许正是出于以上诸因素的考虑，杀害血亲罪（以杀害尊亲属罪为核心）在近现代各国刑法中已十分罕见，仅在少数国家或地区刑法尚存。鉴于其普遍性已不太强，本书仅做一般介绍。

侵犯生命权之补充罪，各国刑法中都尚有许多。如俄罗斯刑法中的超过正当防卫限度杀人、超过拘捕犯罪人所必需的方法杀人、迫使他人自杀、以杀死或严重损害健康相威胁等；日本刑法中的凶器准备集合罪、凶器准备结集罪，法国刑法中的毒杀罪，德国刑法和英国刑法中的种族灭绝罪等。鉴于篇幅所限，本书仅择其中最具有普遍性的五罪加以比较分析，余者恕不论及。

第二节　教唆、帮助自杀罪和见危不救罪探讨

我国《大清新刑律》、《中华民国暂行新刑律》将侵犯生命权的犯罪主要规定为（故意）杀人罪、杀尊亲属罪、教唆或帮助自杀罪、受托杀人罪和过失致死罪五种。其中，杀尊亲属罪、教唆或帮助自杀罪和受托杀人罪为侵犯生命权的补充罪。而1935年《中华民国刑法》则将侵犯生命权的主要犯罪分为普通杀人罪、

---

[1] 正是以该案为契机，日本政府方面迅速向国会提出废止"杀害尊亲属罪"的议案，但是当时的唯一执政党自由民主党对于杀害尊亲属罪的废止提出了阻挠，最终未能在立法层面实现。而在法律实务中，本案之后，日本最高检察厅统一发文规定，即使对于杀害尊亲属的犯罪也一律以一般杀人罪（刑法199条）提起控诉，从而在实质上取消了杀害尊亲属罪的适用可能。1995年，日本刑法修正案中，杀害尊亲属罪与其他尊亲属犯罪加重刑罚的规定一起，被正式废除。

杀害直系血亲尊亲属罪、义愤杀人罪、杀婴罪、教唆或帮助他人自杀罪、受托或承诺杀人罪以及过失致人死亡罪七种。即规定有杀害直系血亲尊亲属罪、义愤杀人罪、杀婴罪、教唆或帮助他人自杀罪、受托或承诺杀人罪五种补充罪。

新中国建国后的两部刑法，即 1979 年《刑法》与 1997 年《刑法》在此问题上采取了完全一致的态度，即仅仅规定故意杀人罪与过失致人死亡罪，而未规定任何补充罪名。

对此，学界有人持赞赏的态度，认为："我国刑法对故意杀人罪和过失致人死亡罪的规定具有高度的概括性和逻辑性，而不像国外某些国家的刑法和台湾习惯法中对杀人罪的规定的那样，将'谋杀'、'杀害亲属'、'毒杀'、'杀婴'、'受托杀人'、'教唆、帮助自杀'单独规定罪名和法定刑，因为事实上'谋杀'、'杀害亲属'、'杀婴'、'受托杀人'、'教唆、帮助自杀'只是故意杀人的情节，而将这些情节单独规定罪名既不符合逻辑，也无此必要。至于'毒杀'则仅仅一种杀人手段，更没有必要单独规定罪名。"[1]

不能否认，上述见解具有一定的合理性。无论是杀害亲属，或是杀婴，都不过在犯罪对象上具有一定的特殊性，行为本质与一般故意杀人无甚差异。从对被害人生命权的平等保护角度出发，完全可以且应归入故意杀人罪。而受托杀人、谋杀、毒杀、义愤杀人，也不过是在犯罪情节（包括犯罪手段）上相对特殊罢了，本质上亦属于故意杀人的行为，在逻辑上同样没有必要规定为独立的罪名。

然而，对于教唆、帮助自杀罪和见危不救罪，该见解却不能说也是恰如其分的。

一、教唆、帮助自杀罪

自杀作为一种有害社会的事实处分行为，由于人道主义与刑事责任主体的阙如，现代国家一般对之不以犯罪认定。但这并非意味着教唆、帮助自杀行为也不应构成犯罪。因为，教唆、帮助自杀行为对被害人的死亡结果的发生具有一定的原因力，如果没有行为人的教唆或者帮助，自杀事件本可避免。从这个角度说，行为人的教唆、帮助行为导致了被害人的死亡，其行为具有严重的社会危害性；从行为人的人身危险性看，行为人实施的教唆、帮助他人自杀的行为，体现了行为人对他人生命的极端漠视，其主观恶性之存在也是显而易见的。因此，对于教唆、帮助自杀行为以犯罪认定，学界一般并无异议。

由于我国刑法并未规定教唆、帮助自杀罪，对于如何追究教唆、帮助自杀

---

[1] 左振声主编：《杀人犯罪的定罪与量刑》，人民法院出版社 2000 年版，第 25—26 页。

行为的刑事责任，学界见解不同。刑法修订之前，比较具有代表性的两种观点是：①教唆自杀的行为实质上是借他人之手达到杀人的目的，帮助自杀的行为对他人的死亡起了一定的作用并且具有一定的因果关系。因此，我国刑法所规定的"故意杀人"即包含了教唆、帮助自杀的行为，[1] 对教唆、帮助他人自杀的行为应直接定故意杀人罪。[2] ②教唆、帮助他人自杀与故意杀人具有相似之处，又不尽相同，不能直接定故意杀人罪，而是应类推以故意杀人罪认定。此种观点中又有两种不同的主张：①认为对教唆、帮助他人自杀的行为普遍地应以故意杀人罪类推认定；②认为应区别行为社会危害性大小，只对少数教唆、帮助自杀行为以故意杀人罪类推认定。[3] 对教唆、帮助自杀行为不宜直接以故意杀人罪认定，而应采用类推的方法，比照故意杀人罪定罪判刑是学界多数人的主张。[4]

的确，如后种观点所言，教唆、帮助他人自杀的行为与故意杀人行为具有较大差别，这种差别甚至导致了两种行为本质的不同。①从主观方面看，故意杀人罪的故意表现为行为人希望或者放任自己的行为导致他人生命被非法剥夺的后果；而教唆、帮助自杀的行为人主观上只是希望或者放任自己的教唆、帮助行为能引起或促使、便利他人实行自杀，并进而引起行为人死亡结果的发生。②从因果关系看，故意杀人行为是通过自己的行为非法剥夺他人的生命，行为人的行为与被害人的死亡之间具有直接的因果关系。而教唆、帮助自杀行为中，导致被害人死亡行为的直接实施者为死者本人，而非教唆、帮助自杀行为人。行为人的教唆或帮助行为只是给予了自杀者一定的加功作用，对于被害人的死亡虽具有一定原因力，但却并非主要原因。③从行为的社会危害性而言，教唆、帮助自杀的行为与故意杀人相比，无论是在主观恶性（反社会性）程度上，还是其行为客观上对死亡结果所起的作用看，社会危害性都明显弱于故意杀人。

或许正是由于教唆、帮助自杀行为与故意杀人行为具有以上诸方面的重大差异，各国刑法多单独规定教唆、帮助自杀罪。我国 1979 年《刑法》虽未规定教唆、帮助自杀罪，但由于类推制度的存在，尽管教唆、帮助自杀行为与故意杀

---

[1] 参见吴安清主编：《新编刑法学》（罪刑各论），中国政法大学出版社 1990 年版，第 154 页。

[2] 参见金子桐等：《罪与罚——侵犯公民人身权利、民主权利罪的理论与实践》，上海社会科学院出版社 1986 年版，第 16 页。

[3] 参见张绍谦：《略论教唆、帮助他人自杀行为的定性及处理》，载《法学评论》1993 年第 6 期，第 32—33 页；甘雨沛等主编：《犯罪与刑罚新论》，北京大学出版社 1991 年版，第 581—582 页。

[4] 参见王作富：《中国刑法研究》，中国人民大学出版社 1988 年版，第 517—518 页；赵秉志主编：《刑法争议问题研究》（下卷），河南人民出版社 1996 年版，第 233—234 页；张绍谦：《略论教唆、帮助他人自杀行为的定性及处理》，载《法学评论》1993 年第 6 期，第 32 页。

人行为存在诸多差异，然根据 1979 年《刑法》第七十九条规定，"本法分则没有明文规定的犯罪，可以比照本法分则最相类似的条文定罪判刑……"，教唆、帮助自杀行为的刑事责任仍可得到有效的解决（当然，类推制度有违现代刑事法治的基本原则——罪刑法定原则）。

随着 1997 年《刑法》的实施，类推制度的被废除，对教唆、帮助自杀的行为以故意杀人罪类推处理已不再可能。如何解决教唆、帮助自杀行为的刑事责任，仍然是困扰刑法理论和司法界的一个难题。

学界有人重新提出，"《刑法》第二百三十二条规定的'故意杀人'包括了教唆、帮助自杀的行为，对教唆、帮助自杀的，应直接定故意杀人罪"[1]。有人则提出了解决方案：①按照被教唆、被帮助的人是否具有完全意志自由，将教唆、帮助自杀的行为区分为两类，分别定性。教唆、帮助无完全意志自由的人自杀的，构成故意杀人罪。②又根据行为人主观善意或恶意，将教唆、帮助自杀的行为区分为善意教唆、帮助有完全意志自由的人自杀与恶意教唆、帮助有完全意志自由的人自杀。并认为对前者不应以犯罪论处，而后者则构成故意杀人罪。[2]

对于故意杀人与教唆、帮助自杀行为之间的重大差异，前文已做详细陈述，在此仅对后一种方案予以评述。笔者认为，该解决方案还是具有值得肯定的一面的。①其为解决法无明文规定情况下教唆、帮助自杀行为的刑事责任问题而努力，其善良动机和对教唆、帮助自杀行为严重社会危害性的认识是值得认可的。②其对教唆、帮助无意志自由的人自杀的行为本身即应构成故意杀人罪的认识也符合行为本质和故意杀人罪构成。教唆无意志自由的人自杀的行为中，被害人对自杀行为的性质和后果缺乏认识或控制能力，其自杀与否取决于行为人的意志。这实际是借被害人之手实现其杀死被害人的目的，属于间接正犯中利用无意识的工具的情形。但另一方面，这一解决方案也有其致命弱点：如前所述，单纯的教唆、帮助自杀行为无论从行为人主观方面，还是从客观社会危害性、因果关系方面，都与故意杀人行为存在重大差异，对该行为直接以故意杀人罪认定，与行为性质不符。此外，该论者以主观善意或恶意作为区分教唆、帮助自杀行为是否应承担刑事责任的分水岭，也难称恰当。该论者所称之"善意"，指的是"出于对自杀人的同情、帮助自杀人解脱痛苦的善良愿望"。实际上就是从我们通常所说的犯罪动机出发，区分善良动机与卑鄙动机。而一般而言，动机是否纯良并非区分罪与非罪的标准。从具体犯罪构成上看，它也并非故意杀人罪与非罪的界限。

[1] 张明楷：《刑法学》（下），法律出版社 1997 年版，第 696 页。

[2] 参见左振声主编：《杀人犯罪的定罪与量刑》，人民法院出版社 2000 年版，第 216—224 页。

笔者认为，尽管教唆、帮助自杀行为具有严重的社会危害性，从应然的角度出发，该行为应当受到刑法的否定性评价。但在罪刑法定原则作为我国刑法基本原则的今天，我们既不能人为地将并不符合故意杀人罪本质与构成的教唆、帮助自杀行为认为是故意杀人罪客观方面"故意杀人"行为的表现方式，也不能如刑法修订前学者们主张的那样，以故意杀人罪类推，比照故意杀人罪定罪量刑。根据"法无明文规定不为罪，法无明文规定不处罚"的基本原理，我们唯一无奈的选择只能是对该行为以无罪认定。这是罪刑法定原则下，我们因立法的疏漏所必须付出的代价。

而如此，则纵容了教唆、帮助自杀行为人对他人生命权的漠视，使得一部分本应纳入刑法视野的侵犯公民生命权的"犯罪"行为逃脱了法律的制裁。因此，笔者认为，从完善我国刑法对生命权保护的罪名体系出发，在将来刑法再次修订时，应增设教唆、帮助自杀罪。

二、见危不救罪

见危不救罪在某些国家刑法中，也作为一种侵犯生命权的补充罪而存在（详见上文）。一般仅指"不负特定职责或义务的主体，对处于有生命安全危险状态中而急需给予救助的人，自己能够救助而且明知给予救助对自己或对他人无危险，而竟不予救助的行为"[1]。唯一例外的是俄罗斯刑法，其将见危不救罪的适用限于"负有照顾义务，或者犯罪人自己使之处于有生命或者身体危险状态中"的场合。[2]

近几年，由于恶性见危不救案件的连续出现，见危不救应否承担法律责任的问题，在我国引起了强烈关注。不仅学界有相当一部分同志提出应将见危不救的行为纳入刑法规制的范围，早在 2000 年两会召开期间，30 多位人大代表也提出了应在刑法中新增"见危不救罪"的立法建议。

笔者仔细阅读了所能收集到的关于主张在刑法中增设见危不救罪的文章，将其主要理由大致概括为以下几点：①我国不存在见危不救罪的情况下，法官们为了求得正义，多以不作为的故意杀人罪认定，违背了罪刑法定的基本原则。②我国古代刑法和现代他国刑法存在将见危不救予以犯罪化的立法例。③提高国民精神文明，弘扬见义勇为的精神。认为"将本来属于道德层次的要求，部分地

---

[1]《法律辞海》，吉林人民出版社 1998 年版，第 221 页。

[2] 俄罗斯刑法关于主体的这一限制，使得其所规定的见危不救罪与根据其刑法第 105 条构成的不作为故意杀人罪界限十分模糊。为此，笔者反复阅读了该国相关刑法释义，并曾在中国人民大学刑事法律科学研究中心 2004 年 1 月 14 日举办的中俄刑事政策研讨会上向俄罗斯远东大学法学院 А·Н·戈洛别耶夫教授请教。遗憾的是，仍不得要领。

变成法律规范，变成人们的强制义务，这是提高国民精神文明的一条途径。"[1]

为了正确认识见危不救犯罪化之必要性与可能性，笔者将逐一考察上述各立法理由之合理性。

讨论之前，我们首先需要对"见危不救"做一分解。见危不救的行为，从字面含义出发，根据行为主体是否具有作为义务，可分为具有作为义务人员的见危不救和无关人员的见危不救。我国广大公民，包括法律工作者，提及见危不救，常常既指前者，也指后者。由于具有作为义务的人员不予救助的行为，完全可以由不作为犯的理论加以解决，故实际目前刑法没有规范并被考虑是否需刑法加以规范的不予救助行为，仅指无关人员的不予救助行为。因此，见危不救罪中的"见危不救"应仅限于无关人员的见危不救。如此理解，也与国外多数国家刑法对见危不救罪的理解相暗合。

（一）关于"法律真空"导致的以不作为故意杀人罪定性对罪刑法定原则的违背的问题

从目前司法实践以不作为故意杀人罪认定的案件看，涉及的基本都是对具有作为义务的人不予救助导致被害人死亡的定性问题。[2] 这部分行为的定性与我们所要讨论的是否将见危不救行为犯罪化并不具有同一性。而且，从刑法理论上看，这种行为也完全符合故意杀人罪（不作为）的犯罪构成，并不涉及对罪刑法定原则的违犯问题。这里主要是涉及一个对罪刑法定原则的正确认识问题。罪刑法定原则的基本内涵是，"法无明文规定不为罪，法无明文规定不处罚"，行为人刑事责任的承担，应严格依据刑法的明文规定。但这也并非意味着刑法应对每一种犯罪具体犯罪行为细节，包括行为方式，都应做出明确规定。这一方面是因

---

[1] 参见朱力：《旁观者的冷漠》，载《南京大学学报》（哲人社版）1997 年第 2 期，第 114—125 页；范忠信：《国民冷漠、怠责与怯懦的法律治疗——欧美刑法强化精神文明的作法与启示》，载《中国法学》1997 年第 4 期，第 106—113 页；王琼雯：《对见危不救行为的法律矫治》，载《江苏公安专科学校学报》2001 年第 4 期，第 106—110 页；赵瑞罡：《关于增设不予救助罪的探讨》；载《法学论坛》2001 年第 3 期，第 67—73 页。

[2] 2000 年 4 月 9 日，浙江省金华市中级人民法院依法对目睹女友自杀不仅不予救助还将房门锁上的李家波故意杀人案做出终审判决，认为李家波因"见死不救"导致被害人死亡，判处有期徒刑五年；另，2001 年天津市西青区人民法院关于被告人王春全对其妻王玉洁负有特定义务，明知其跳河可能死亡而采取漠不关心的态度，放任结果发生，构成（间接）故意杀人罪，遂判处王春全有期徒刑六年的判决；哈尔滨市中级人民法院对船主吴某见死不救判处有期徒刑三年，缓刑三年的判决；2003 年河南省灵宝市人民法院一审认定，苏某在王某向其讨债过程中，应预知王某头碰墙壁的自伤行为会发生死亡的严重后果，而以不作为的方式放任王某死亡结果的发生，苏某的行为已构成故意杀人罪（间接）。判处苏某有期徒刑四年，并判令赔偿死者损失 20 810.53 元。

为，"不管我们的词汇是多么详尽完善，多么具有识别力，现实中始终会存在着为严格和明确的语言分类所无能为力的细致差异与不规则的情形"[1]。另一方面这也是法律力争简约的体现。因此，我国刑法分则对各罪的规定仅规定类型化的行为，而不在行为方式上对不作为予以明确。当然，我国刑法未在总则部分对不作为以及作为义务的来源予以明确规定，这在某种意义上未必不是一种缺憾。若根据罪刑法定原则对明确性的要求，认为这有违背罪刑法定原则之嫌，也还是有可倾听之处。但若仅从刑法未规定见危不救罪而认为对有作为义务人员见死不救的按照故意杀人罪认定便是对罪刑法定原则的违背，则未免言过其实。

（二）关于已有立法例借鉴的问题

部分学人以欧美刑法存在见危不救罪为依据，认为我国当仿效该立法，以对国民冷漠、怠责与怯懦予以法律治疗。这里，我们且不谈该学者欲以刑罚手段求得道德改善之合理性，仅就事论事，仿效欧美增设见危不救罪也未必合适。

以刑法规制见危不救的行为，实在也并非西方各国首创。据我国睡虎地出土的秦简《法律答问》载："贼入甲室，贼伤甲，甲号寇，其四邻、典、老皆出不存，不闻号寇，问当论不当？审不存，不当论；典、老虽不存，当论。"[2] 这是对于盗窃入室行凶时，四邻、典、老等人应救助而不予救助的给予处罚的规定。集封建法律之大成的唐律，为了让人们包括官吏严格地按照封建的典章制度及伦理道德行事，也对"邻里被强盗、及杀人，告而不救助"等给予刑罚处罚。

或许有人认为，我国封建时代即对见危不救予以刑法规制，而现行《刑法》却对此予以摒弃，是对优良传统的沦丧。然笔者认为，持此论者似乎也当换个角度，从法律生长的土壤，重新审视这一问题。

如同迪尔凯姆所主张的那样，对社会现象不能用常识去理解，也不能用个人的主观去理解，而只能通过社会去解释。因为，任何事物都必须在一定的"场"中才能存在或者才能表现出来。社会现象的"场"就是社会环境。我们对社会现象的认识必须放在社会生活的背景中去考察，从环境中发掘存在和影响它们各种社会联系的一些事实。一定的立法，总是追求或体现着统治阶级所倡导的某一法治秩序或观念。见危不救罪的确定，体现出统治阶级期望在社会成员中营造这样一种氛围：即使自己将受到直接或间接的损害，也应积极救助他人。这种期望从本质上溯源，无非是一种社会本位思想的体现。从这一点上看，现代欧美与我国古代对见危不救犯罪化在立法背景所决定的观念追求上具有一致性。我国封建社

---

[1] ［美］博登海默：《法理学——法哲学及其方法》，华夏出版社 1987 年版，第 464 页。

[2] 转引自周密：《中国刑法史纲》，北京大学出版社 1998 年版，第 182 页。

会实行"家国一体"的封建集权统治。在这种背景下，最为顺应该统治的观念，莫过于泯灭个人的"社会本位"观念。在小农经济时代的熟人社会里，这一观念也进一步得到了认可。这种占据社会主流且顺应统治的观念，被立法所确认，并不足为奇。而资本主义由其经济基础所决定，自始形成的伦理价值体系即以"个人主义"、"利己主义"为核心。这种价值观念对于迫切需要建立起"社会本位"观念的垄断资本主义的发展，已渐成障碍。为了解决这种先天性特征与后天特定需求之间的矛盾，欧美各国将思路转向了道德立法化这一后天补足的办法。而我国长期的封建集权以及建国以来长时期实行计划经济的影响，以集体主义为核心的"社会本位"观念本已根深蒂固，无须以立法的方式来加强。相反，为了摆脱过于忽略个人权利的历史影响，我们急需改变长期法律与道德不分的状况和引导公民个人权利观念的确立。在这一点上，我们与欧美各国的立法背景可以说是大相径庭。

（三）关于提高国民精神文明

首先需要申明的是，笔者对于该论者意图以刑罚手段提高国民精神文明、弘扬见义勇为精神的善良初衷由衷赞赏。的确，维系一个健康的社会，其主要的精神纽带之一就是成员们的热情、爱心、责任感和勇敢。见义勇为是一种基于正确人生观的高尚思想境界，理应得到弘扬。

然弘扬高尚的道德情操却未必一定需要依赖法律。从古希腊罗马所谓"自然法"的三大原则——"正直地生活，勿害他人，各得其所"来看，"勿害他人"作为法律和道德的界限，古来有之。且其在长期的历史进程中，已经成为了公民日常生活的基本准则，被绝大多数公民所认同和接受，成为了社会主义道德的一个基本要求。在这种观念下，人们一般认为："一个人有义务不侵害他人，但是没有义务为他人谋福利。法律义务只能强制实现维护社会秩序的最低标准，而不能强制实现最高标准，这个最高标准只能通过道德来提倡。否则，法律就变成赤裸裸的暴力。"[1] 依照现代法治理念，公民的行为，只要不侵犯他人的合法权益和国家的利益及公共秩序，就有其天然存在的合理性，只要他自己在行使这种自由的时候不妨碍他人的自由，就不应该受到法律的谴责和限制，尤其是刑法的谴责。

对于作为最后一道防线的刑法，提高国民精神文明和弘扬见义勇为的高尚情操，实非其首要任务。刑罚并不是维持伦理道德的适当手段。对于伦理道德的维持主要应由道德建设机制来实现。以法律强制推行道德的做法，忽视了精神文明建设、道德教化对社会公民的爱心、责任、热情、勇敢等美好道德的形成的重

---

[1]《转型期：路标指向何方》，载《北京青年报》2000 年 8 月 3 日。

要作用。这些美好道德的形成，需要长期、系统的教育，而不是刑罚的恐吓和现实惩罚。况且，出于该动机而将见危不救的行为予以犯罪化，也与现代刑法所倡导的刑罚的谦抑性不相一致。"刑罚之界限应该是内缩的，而不是外张的，刑罚应该是国家为达其保护法益与维持社会秩序的任务的最后手段。能够不使用刑罚，而以其他手段达到维护社会共同生活秩序及保护社会与个人法益之目的时，则务必放弃刑罚手段。"[1]

---

[1] 林山田：《刑罚学》，商务印书馆 1987 年版，第 128 页。

第六章　生命权刑法保护的几个特殊问题

第一节　生命权视野中的生命刑

一、生命刑是对生命权的侵犯吗

生命刑，也即死刑，是以剥夺犯罪人生命为内容的刑罚方法。因其带来生命的丧失，所以也叫生命刑。[1]

作为一种古老的刑罚，死刑曾长期占据了刑罚体系的中心地位。然自从1764年贝卡里亚率先提出："在一个组织优良的社会里，死刑是否真的有益和公正？人们可以凭借怎样的权利来杀死自己的同类呢？"世界范围内长达两百余年的死刑存废之争便经久不息。

在两百余年的争论中，正如西原春夫所言："问题可以说已经提出殆尽了。所剩下的只是关于存续或废除的法律信念而已。"[2] 故笔者并不打算就已经被反复讨论的死刑之是否公正、是否有效、是否经济、是否会误判等问题做一番附和，而仅欲从死刑与生命权、死刑与生命观念的角度，谈一点自己的想法。

从生命权的角度看死刑，最突出的问题是：死刑是对生命权的侵犯吗？

（一）实在法的角度

一种看法认为，死刑不是对生命权的侵犯。不仅如此，该论者还认为，废除死刑将使更多的百姓死于罪犯之手，不利于保护大多数人的生命权。如美国专栏作家丹尼斯·普瑞格（Dennis Prager）对死刑废除论提出的两点批判中重要的一点 [3] 即为："如果我们过去没有对谋杀犯执行死刑，将有多得多的无辜者已经

---

[1] 为求表述之合乎习惯，本文除标题外，一般称之为"死刑"。

[2] 转引自［日］长井圆：《围绕舆论与误判的死刑存废论》，张弘译，载《外国法译评》1999年第2期，第17页。

[3] 另一点理由是认为，几乎没有一项重要的社会利益不导致无辜者的死亡，正如高速公路之存在。

死去。废除主义者使他自己和真诚而易受骗的公众相信，死刑政策威胁无辜者的生命而废除死刑则不威胁无辜者的生命。这完全是不真实的。"[1]持此观点的另外一部分学者则从权利丧失理论出发认为死刑不是对生命权的侵犯。著名的死刑留存论者海格（Haag）认为，生命的神圣性是指每一个人的生命对每一他人都是神圣的。仅仅宣告人的生命的神圣性与不可侵犯性是不够的。生命的神圣性还必须以使那些侵犯无辜者生命权的人丧失生命相威吓得到保障。至于对剥夺犯罪者生命权与法律保护生命权之间的冲突，他说："每个人，谋杀者也不次于被害人，拥有不可侵犯的生命权。法律因此不能剥夺任何人的生命"是"站在高翘板上胡说"。"谋杀者通过对他的惩罚认识到，他的伙伴们已经发现他不值得活着，这是因为他实施了谋杀行为，他被从活着的共同体中开除。这种降格是他自己招致的。通过其谋杀行为，谋杀者已经使如此的自己失掉人性以至于他不能保持在生者之间。社会承认他的自我降格就是执行必要的刑罚。"[2]死刑保留论者大卫·安德森（David Anderson）也表达了类似的看法："一个滥用自由或权利的人伤害或甚至杀害了他人，即将他自己置于人权保护之外并且可以被惩罚。因此，'生命权'不是无条件地适用于一切环境下的一切人。一些规则和原则的例外仍然存在。"[3]日本学者内田文昭关于"无缘无故杀了人的人，按理说是不能主张生存权利的"的说法，在对犯罪人生命权的否定上，也别无二致。

与死刑留存论者提出的，死刑不是对生命权的侵犯，相反，它是对生命权的保护针锋相对，死刑废除论者们坚定地认为，死刑本身即为对生命权的一种侵犯。如美国死刑废除论者们往往认为死刑是对该国宪法关于人人皆有生命权规定的违背。

客观地说，本人也坚定地认为，死刑应当或早或晚被废除。在本书写作之前，笔者亦认为，死刑本身即为对生命权的一种侵犯，并试图以此为立足点论证死刑废除之应然与必然。然经过大量的翻阅资料和思考，我不得不十分沮丧地承认，若从实在法上权利理解生命权，这一结论难以得出。

（1）主张死刑是对生命权的侵犯的首要论据为，国家无权杀人。死刑废除论之首倡者贝卡里亚即以这样的推理过程来论证国家无权杀人：

大前提：国家的一切权利都来源于个人对自己自然权利的割舍。

小前提：生命是个人绝对不可转让的权利，当然也不会转让给国家。

结论：国家无权剥夺任何人的生命。

[1]http://www.townhall.com/columnists/dennisprager/dp20030617.shtml。

[2]http://www.pbs.org/wgbh/pages/frontline/angel/procon/haagarticle.html。

[3]http://w1.155.telia.com/~u15525046/document.htm。

不仅如此，贝卡里亚进一步论述："体现公共意志的法律憎恶并惩罚谋杀行为，而自己却在做这种事情；它阻止公民去做杀人犯，却安排一个公共的杀人犯。我认为这是一种荒谬的现象。"[1] 现代死刑废除论者大多继承了这一论调。

然而，遗憾的是，贝卡里亚的论述也并非足以成立。这里姑且不论社会契约论之虚无性，单就国家刑罚权的来源本身看，也难以验证国家不具有死刑权。

包括死刑权在内的刑罚权是国家统治权的组成部分，是一种国家权力，具有公的性质。根据马克思主义的观点，"刑法不外是社会对付违反它的生存条件（不管这是些什么样的条件）的行为的一种自卫手段。"[2] 刑罚权的根据并不在于神权、契约，也不在于功利与社会防卫，而在于最强大、在经济上占统治地位的阶级借助于政治上的统治地位，获得了这种镇压和剥削被压迫阶级的手段。当然，刑罚权也不是统治者的恣意横行，它取决于一定的物质生产方式和需要。因此，"国家将杀人作为一种惩罚的权利（如果存在这样的一种权利的话）既不是一种'自然的'也不是一种基本的权利，而是一种人为的或者极其偶然的与派生的权利。"[3] 国家是否有死刑权，完全取决于这种如此严厉的惩罚在相应的物质条件（经济基础）下它是否是必需的。在法律上，国家是否拥有这一权力，取决于该国宪法对刑罚权的限制。因此，国家是否有死刑权，只有联系具体的经济基础及其决定下的宪法规定，才对于解决实际问题具有切实的意义。离开了具体的经济文化环境，抽象地谈国家是否拥有死刑权，无非是一种空谈。

（2）并非一切剥夺权利的行为都是对权利的侵犯。所谓"侵犯"，强调的是行为的不正当性与违法性。而作为行使国家刑罚权对权利的剥夺，由于其正义性，与侵犯合法权益的犯罪之间，具有质的区别。基于此，我们所言之对基本权利的侵犯仅指非法剥夺他人合法权益而不能包括作为刑罚或其他司法手段的剥夺权益，一如我们不能说自由刑是对公民人身自由权利的侵犯、财产刑是对公民财产权的侵犯一样。

至于认为死刑与禁止杀人相矛盾，则是一种偷换概念的诡辩。国家禁止杀人，是禁止作为犯罪行为的杀人行为，而非一切杀人行为。如正当防卫中的杀人，不仅不是法律禁止的，反而是法律所鼓励的行为。死刑尽管从表面看，也是一种杀人，但并非作为犯罪行为的杀人行为。将国家禁止杀人这一禁令中的"作为犯罪行为的杀人"偷换成"一切杀人行为"，以证明死刑也是对生命权的侵犯，在逻

---

[1]［意］贝卡里亚：《论犯罪与刑罚》，黄风译，中国大百科全书出版社 1993 年版，第 49 页。

[2]《马克思恩格斯全集》第 8 卷，人民出版社 1961 年版，第 579 页。

[3]［美］雨果·亚当·比多：《生命权与杀人权》，载邱兴隆主编：《比较刑法——死刑专号》，中国检察出版社 2001 年版，第 142 页。

辑上是不能成立的。

作为实在权利的生命权不得不承受种种限制，尽管从自然权利的角度看，它未必是合适的。正如死刑废除论者批评死刑留存论者认为杀人者无权主张生命权与"同害报复"和康德的绝对报应刑是根本相同的思想。[1] 然在刑罚权以国家权力的形式对犯罪人生命权予以剥夺时，基于实在权利对国家权力的依赖性，我们也不能因此说它无权。因为，毕竟国家是否有权做某事与国家做某事是否是正确的，这是两个完全不同的问题。就如比多所言："国家有权利杀人，虽然当国家行使这一权利时，它几乎不是在做正确的事。"[2]

（二）自然法的角度

与实在法强调法定权利实然状况相应，自然法强调基本人权的应然状态。

从应然层面上说，生命权作为人之最基本、最重要的权利，属于不可剥夺的权利。该不可剥夺性，并非来源于天赋人权或者生命是上帝赐予的只能由上帝收回等唯心主义观念，而正如我们前文所说，每一个自然人自其出生起，就成为了社会的一分子，其为社会之组成做出了最基本的贡献，从而具有其自在价值。基于该不可撤回的贡献，其亦应享有最基本的权利——生命权。

因此，从自然法的角度而言，国家基于国家权力所享有的刑罚权（死刑权），也未必不是一种对生命权的侵犯。从法理上看，"我们设定权利，对主体来说，是为了能让其自由地做一些事情，而对权利的义务者（别人和国家）来说，是为了不让他们做一些事情。但是，国家在这里却可以合法剥夺人的生命而不叫作侵犯人的生命权，国家也可以允许别人剥夺一些主体的生命而不叫作侵犯生命权，则国家这种'必要的恶'究竟有无限度呢？我认为，至少人的生命应该成为国家权力的一个限度，生命权的设定，因此才有意义。退一万步而言，即使在国家权力积极剥夺人的生命（死刑）或消极地不禁止人剥夺他人的生命（堕胎和安乐死）时，我们应该坦然承认，这些行为侵犯了人的生命权，而不是以法律的貌似严密的措辞来为制度开脱责任。"[3]

我们说从应然的层面来说，死刑是对生命权的违背，与近代国家人权法在此问题上的认识也是一致的。虽然从历史的眼光看，国家人权法在死刑与生命权的关系认识上也存在一个不断调整的过程。

[1] 参见［日］长井圆：《死刑存废论的抵达点——关于死刑的正当根据》，载《外国法译评》1999年第1期，第18页。
[2]［美］雨果·亚当·比多：《生命权与杀人权》，载邱兴隆主编：《比较刑法——死刑专号》，中国检察出版社2001年版，第141页。
[3] 徐显明主编：《人权研究》，山东人民出版社2002年版，第133页。

《世界人权宣言》并不认为死刑是对生命权的违背。由于《世界人权宣言》中并没有关于死刑的文字，我们只能从相关资料中推测宣言在此问题上所持立场。而在联合国世界人权宣言第二次会议之前，人权委员会秘书处的建议稿中关于生命权的条款建议稿写道："每个人享有生命权。这一权利只有在假借规定有死刑的犯罪的普通法被确定有罪的情况下才能被否认。"这也就是承认死刑为生命权的唯一例外。对此，1980 年联合国秘书处的一份报告给予了确认，认为联合国世界人权宣言在关于死刑问题上保持了"中立"。[1]

而《公民权利和政治权利国际公约》则希望废除死刑，虽然没有形成任何理由认为生命权要求废除死刑。该公约依然对死刑与生命权做了并行的规定。其在"人人有固有的生命权。这个权利应受法律保护。不得任意剥夺任何人的生命"之后，紧接着规定："在未废除死刑的国家，判处死刑只能是作为对最严重的罪行的惩罚，判处应按照犯罪时有效并且不违反本公约规定和防止及惩治灭绝种族罪公约的法律。这种刑罚，非经合格法庭最后判决，不得执行。"

历史上人权议定书首次暗示生命权在一定方式上与死刑相抵触的是 1971 年 11 月联合国通过的第 2857 号决议。该决议规定："……为了全面的保障世界人权宣言第 3 条规定的生命权，从在一切国家废除死刑的愿望的观点出发，主要追求的目标是逐步限制规定有死刑的犯罪的数目。"

标志着国际人权法对生命权与死刑关系的认识发生根本转变的，是 1989 年 12 月 15 日联合国大会通过的《公民权利和政治权利国际公约》第二任择议定书。该议定书指出，废除死刑有助于提高人的尊严和促使人权的持续发展，深信废除死刑的所有措施应被视为是人类在享受生命权方面的巨大进步。要求各缔约国在其管辖范围内，任何人不得判处死刑，每一缔约国应采取一切必要措施废除死刑。尽管在联合国 189 个成员国中，到现在为止也仅有大约 44 个国家批准了这个附加协议，但该议定书本身却足以表明国际人权法在此问题上的态度。

存在的问题是，死刑留存论者提出诘难："强加一定的重新解释于一个国际文献，并且否认我们所了解的文献本身对于死刑的中立观点，这在道德和智力上是否可以接受？"[2]对此，我们的解释是，事物总是发展变化的。国际人权法也随着 20 世纪后半期人道主义思想的广泛传播和人权保障活动的普遍发展改变了原有的立场，这也并不是一个意外。

---

[1]UN Doc. A/CONF.87/9, § 5.

[2]http://w1.155.telia.com/~u15525046/document.htm.

二、生命刑是正确的吗

从前面的分析可以得出的结论是，从实在法上权利的角度看，实际上死刑的存废并不因为其对生命权的维护或侵犯。从功利的角度看，对具有严重人身危险性的罪犯处以死刑，客观上将导致一般社会公众生命权受到侵害的危险降低。从这个意义上，死刑留存论者所说的死刑之存在是对社会大多数人生命权的一种保护，也未必完全没有道理。问题是：这种以牺牲少部分人的手段来保护大多数人的方法，是否就是正确的呢？若从生命权保护的角度出发，这个问题也可以换成：死刑与指导生命权保护的生命观念是一致的吗？

这里实际上涉及的已经不纯粹是一个刑法的问题，而是一个生命观念的问题。但正如日本尾后贯庄太郎在神奈川大学法学部创建时所言："未必是死刑的问题，所有的刑罚问题都是世界观问题、哲学方面的立场问题。"[1] 因此，在死刑的抵达点究竟应当是存或废问题上，笔者认为，汗牛充栋的死刑论著在死刑的节俭性、公正性、威慑性等问题上纠缠不休，并不能令人信服死刑存或废之应然性，毋宁将视线凝聚于文明时代我们应对生命所持观念和世界观。

本书开篇即已论述，对于生命，我们理应采取以生命神圣论为基础，以生命价值论、生命质量论为补充的统一论，其中，生命神圣论必须是我们牢牢把握的前提。

人本主义认为，人永远只能是目的而非手段。这也是我们强调生命神圣最为核心的体现。以人作为达到任何目的的手段的做法和论调，都是对人本身即为目的这一原则的违背和对神圣生命的漠视。

在这种层面上说，现存死刑存废论中的相当一部分论证都是以人为工具的功利主义论调[2]。

不用说死刑留存论者关于死刑是防止私刑的必要手段，死刑具有最大的威慑力，死刑是彻底剥夺再犯能力的必要之刑，不可避免的错杀与滥用是死刑之利的必要代价等论据明显是以功利论为基础的立论。即使是死刑废除论者，其立论

---

[1]［日］长井圆：《死刑存废论的抵达点——关于死刑的正当根据》，载《外国法译评》1999年第 1 期，第 15 页。

[2]功利主义者认为，人们之所以这样行为而不那样行为，纯粹是由于人的趋乐避苦的天性使然，对快乐的追求是人的一切行为的潜在指导者。这种快乐主义的人生观构成了功利主义理论大厦的基石。体现在对人权的保护上，"功利主义的突出特点是：认为集体福利不过是个人福利的总和。只要符合最大多数人的最大幸福的原则"，"几乎任何事物都可以在集体的名义下成为好事。多数人，在自由和平等投票的基础上可以要求个人的死亡，如果认为这样做对社会是好的话"（［美］D·福塞希：《人权的政治哲学》，载沈宗灵、黄枬森主编：《西方人权学说》（下），第 60 页）。

也往往难逃功利主义之窠臼。早期的死刑废除论者，无论是贝卡里亚还是边沁，其主张废除死刑，无不出于一种两害相权取其轻的选择。其论证基本是：在死刑之外还存在着一种较小的恶，它的代价小于死刑，但对于犯罪的一般预防和特殊预防的效果和作用却不小于，甚或大于死刑。这种较小的恶就是终身监禁。故从总体上看，死刑较终身监禁，代价大而收益小，为不必要的刑罚，应当废除。贝卡里亚反复强调死刑是不必要的，[1] 而边沁晚年立足于死刑是"浪费"之刑呼吁废除之，[2] 论证方法和体现的价值观上，不能不说也都是功利主义的。

以人为工具的功利主义世界观所导致的后果是，死刑留存论者与死刑废除论者各自基于自己的认识，去理解死刑的效益性、死刑的公正性以及死刑对生命权的保护等问题，得出完全相反且彼此均无法说服对方的结论。

只有以人本主义为世界观，以生命至上为原则，才能得出一个具有确定性的结论，那就是死刑的废除。

尽管我们前文认为，从实在法意义的生命权保护，无法推导出死刑的存在是对生命权的侵犯，但也并非意味着国家依该权力行使死刑权就符合现代人本主义世界观。正如比多所言："尽管人的生命的神圣性与生命权截然不同，但它们有着一种共同的连接。各自表达了这样一种观点，即对人的生命持一种工具性的看法是错误的。"[3]

国家死刑权的行使，从刑罚的目的来看，无非是特殊预防与一般预防。而无论是对特殊预防或一般预防目的的实现，若以人的生命的剥夺作为代价，究其实质，难说不是对人的生命持一种工具性的看法。

依据以生命至上为基本原则的人本主义主张废除死刑，与当代方兴未艾的人道主义思潮也是相一致的。与世界文明发展的脚步并行的是，人道主义也日益深入人心。"人道主义是一种以人为中心和目的，关于人性、人的价值和尊严、人的现实生活和幸福、人的解放的学说。"[4] 它是一种以人为中心的人本主义世界观。刑法的人道性，立足于人性。而人性的基本要求则是指人类出于良知而在其行为中表现出的善良与仁爱的态度与做法，即把任何一个人都作为人来看待。

[1] 参见［意］贝卡里亚：《论犯罪与刑罚》，黄风译，中国大百科全书出版社 1993 年版，第 45—51 页。

[2] 参见杰里米·边沁：《死刑及其考察》、《论死刑——杰里米·边沁致他的法国同胞》，邱兴隆译，载邱兴隆主编：《比较刑法——死刑专号》，中国检察出版社 2001 年版，第 101—137 页；邱兴隆：《边沁的功利主义死刑观》，载《外国法学研究》1987 年第 1 期。

[3] Hugo Adam Bedau. *Death is Different: Studies in Morality, Law and Politics of Capital Punishment*. Northeastern University Press, 1987, p.10.

[4] 陈兴良：《刑法理念导读》，法律出版社 2003 年版，第 221 页。

体现在刑罚的设置上，即在于刑法不得剥夺人之不可剥夺的基本权利。正如前文所论述的那样，人之作为人类社会的一分子，其自出生就因其参与组成人类社会这一基本的贡献而享有作为人之最基本的权利，生命权即为人最基本、最重要的权利。故从人道的观念，任何人，无论是一般社会成员抑或是犯罪人，其最基本的权利——生命权不应被剥夺。

如此可能存在的责难是，人道是否以牺牲正义为代价？然而，正义也是一个发展的概念。在同态复仇的时代，人们认为以眼还眼，以牙还牙是正义；而在等价报应的时代，则强调罪与刑在价值上的等同；在强调罪刑均衡的今天，正义并不在于刑种与罪之间权益性质的一致性而在于是否重罪重罚／轻罪轻罚。在今天，对杀人者在综合评价行为的社会危害性后给予相应轻重的自由刑而非死刑，也并不是有失正义的裁判。当然，人们对正义理解的不断发展变化也与人类随着人道主义观念的渐入人心而日益宽容有关。

三、死刑设置与被告人生命权

如前所述，从应然的角度来说，死刑本身即是对生命权的一种侵犯。从这一角度出发，对非最严重的罪行设置死刑当然也是对被告人生命权的侵犯。

不仅如此，即使是我们不从死刑本身对生命权的侵犯出发，单就死刑存在条件下，对于不应规定死刑或判处死刑的犯罪设置死刑是对其生命权的一种侵犯而言，结论也依然如此。

这一点即使是死刑留存论者也并无异议。

事实上，死刑留存论者对死刑之正义性的论述也主要是限于对谋杀犯保留死刑。如卢梭对死刑符合社会契约论的论述即为"对罪犯处以死刑，也可以用大致相同的观点来观察，正是为了不至于成为凶手的牺牲品，所以人们才同意，假如自己做了凶手的话，自己也得死。在这一社会契约里，人们所想的只是要保障自己的生命，而远不是要了结自己的生命；决不能设想缔约者的任何一个人，当初就预想着自己要被绞死的。"[1] 这里，卢梭所针对的应适用死刑的罪犯，显然指的是谋杀犯。与其论述不同的是，主张人永远只能是目的而非手段的康德，则从等害报应的角度直截了当地论述了对谋杀犯适用死刑之必要性。他说："谋杀人者必须处死。在这种情况下，没有什么法律的替换品或替代物能够用它们的增减来满足正义的原则。没有类似生命的东西，也不能够在生命之间进行比较，不管如何痛苦，只有死；因此，在谋杀罪与谋杀的报复之间没有平等的问题，只有

---

[1]［法］卢梭：《社会契约论》，何兆武译，商务印书馆1980年修订版，第46页。

依法对人执行死刑。"[1]

如出一辙的是，现代死刑维护者们最重要的论据往往也仅基于对谋杀犯应保留死刑。如前述内田文昭关于"无缘无故杀了人的人，按理说是不能主张生存权利的"说法、丹尼斯·普瑞格（Dennis Prager）"如果我们过去没有对谋杀犯执行死刑，将有多得多的无辜者已经死去"的假设，甚至海格著名的赌博理论[2]，也无不以谋杀犯作为其立论的对象。

按照罪刑阶梯，死刑作为最严厉的刑罚，它剥夺公民最重要、最基本权利——生命权，所适用的也应只是最严重的罪行。或许正是出于对现代刑事法治基本原则之一罪责刑相适应原则的考虑，《公民权利和政治权利国际公约》第六条对未废除死刑国家死刑适用在罪质上做了如下限制："在未废除死刑的国家，判处死刑只能是作为对最严重的罪行的惩罚。"

至于所谓"最严重的罪行"，根据联合国经济和社会理事会 1984 年 5 月 25 日通过的《关于保护面对死刑的人的权利保障措施》（1984/50 号决议）的解释，是指蓄意而结果为害命或其他极端严重的罪行。这里的"蓄意"，指恶意或故意，即恶意或故意剥夺他人的生命；其他极端严重的罪行，是指与恶意杀人或谋杀相当的罪行，如种族灭绝等。

按照这一标准，在《刑法修正案（八）》之前，我国刑法关于死刑罪名的设置在很大程度上不能说没有侵犯被告人生命权的嫌疑。以最高人民法院《关于执行中华人民共和国刑法确定罪名的规定》的解释为依据，可以适用死刑的罪名有 68 个，分布于刑法分则除渎职罪以外的各类犯罪之中。尤为重要的是，在这些死刑罪名中，绝大部分是侵犯客体价值低于生命权利的非暴力犯罪，例如，走私犯罪，伪造货币罪，金融诈骗犯罪，盗掘古文化遗址、古墓葬罪，盗掘古人类化石、古脊椎动物化石以及组织他人卖淫罪等。"这类犯罪是以单纯攫取经济利益为目标的非暴力犯罪，对其适用死刑实际上是以财物的经济价值来衡量人的生

---

[1]《西方法律思想史资料选编》，北京大学出版社 1983 年版，第 425 页。

[2]Louis P. Pojman.*Life and death: Grappling with the moral dilemmas of our time*.Wadsworth publishing company,Canada,2000,pp.142–144. 海格赌博理论的基本意思是：我们所采用的任何社会政策都是一个赌博。死刑是否有效，并不能得到有效的证明。因此我们要么赌死刑有效，要么赌死刑无效。他将一个谋杀者获救赋值为＋5，一个谋杀者被执行死刑赋值－5，一个无辜者获救赋值＋10，一个无辜者被谋杀赋值－10，然后假设每一个死刑的执行可使 2 个无辜者获救。那么，如果我们赌死刑是有效的，而它确实是有效的，则我们赢了——记值为＋15，但若死刑是无效的，则我们输了——记值为－5；如果我们赌死刑是无效的，而它实际是有效的，则我们输了——记值为－15，但若死刑是有效的，则我们赢了，记值为＋5。则总体上说，若赌死刑有效，总体得值为＋10，而若赌死刑无效，总体得值则为－10。因此，赌对谋杀犯执行死刑是正确的更好。

命价值，这不仅贬低了人的生命价值，而且也与《公约》所倡导的公民的生命权至高无上的主旨极不协调。"[1]

所幸的是，这一点得到了国家立法机关的认同。为了进一步体现国家的死刑政策，2011年2月25日十一届全国人民代表大会常务委员会第十九次会议通过的《刑法修正案（八）》在死刑罪名的消减上做出了重大的举措。一次性地废除了以经济犯罪为主体的13个非极端罪名的死刑设置。这13个罪名是：走私文物罪，走私贵重金属罪，票据诈骗罪，走私珍贵动物、珍贵动物制品罪，走私普通货物、物品罪，金融凭证诈骗罪，信用证诈骗罪，虚开增值税专用发票、用于骗取出口退税、抵扣税款发票罪，伪造、出售伪造的增值税专用发票罪，盗窃罪，传授犯罪方法罪，盗掘古文化遗址、古墓葬罪以及盗掘古人类化石、古脊椎动物化石罪。

此次刑法修正，是继1997年大规模修订刑法后，最大规模的一次修改，也是新刑法颁布以来首次提出减少死刑。尽管立法机关对此次死刑消减给出的理由是"有些罪名较少适用，可以适当减少"和"根据我国现阶段经济社会发展实际，适当取消一些经济性非暴力犯罪的死刑，不会给我国社会稳定大局和治安形势带来负面影响"，[2]但本次死刑消减所彰显出的国家决策机关在宽严相济刑事政策的指导下，对死刑认识的理性回归，仍是不容否认的。而修正案八通过之后，最高人民法院副院长张军在3月31日召开的全国法院贯彻执行《刑法修正案（八）》电视电话会议对"全国法院要进一步严格执行党和国家的死刑政策，严重控制、慎重适用死刑"的再次强调，也反映了最高司法机关对死刑司法适用的谨慎态度。[3]我们完全有理由相信，"摘除"刑法中关于非暴力犯罪的死刑，对不危及生命之罪行将不适用死刑，以废除死刑的方式彰显公民生命权的至高无上性的道路，还将走得更远。

四、生命至上观念培育与死刑废除之渐进

目前，我国学界对于死刑的废除，应该说普遍还是比较理性的，但也有少

---

[1] 高铭暄：《从国际人权公约看中国非暴力犯罪的死刑废止问题》，载《法制日报》2003年6月26日理论专刊。

[2]2010年8月23日全国人大常委会法制工作委员会主李适时在第十一届全国人民代表大会常务委员会第十六次会议上所做《关于〈中华人民共和国刑法修正案（八）（草案）〉的说明》，中国人大网，http://www.npc.gov.cn/huiyi/lfzt/xfxza8/2011-05/10/content_1666058.htm。

[3]《刑法修正案（八）取消13个死刑罪名——张军：全国法院将进一步严格控制慎用死刑》，《法制网领导频道》，http://www.legaldaily.com.cn/leader/content/2011-03/31/content_2561102.htm?node=20509。

数人主张，现在越来越多的国家加入了废除死刑的行列，而且步伐是越来越快，死刑的废除并不需要通过一个缓慢的过程，并以世界上实际存在短时间内完全废除死刑的国家为例证明其合理性：土库曼斯坦在 1994、1995、1996 年每年要执行 100 多个死刑，是世界上执行死刑最多的国家之一，1997 年的刑法仍然规定了 17 个死刑罪名，1999 年土库曼斯坦的总统宣布暂停一切死刑的执行，然后以总统命令的方式，宣布废除所有犯罪的死刑。在该国死刑废除的实现就没有经过一个缓慢的发展过程，而是直接跳跃式的。更有激进者宣称，"给我一个开明的政治家，我将一夜之间废除死刑"。

死刑由于其不人道性，应从人类刑罚体系中废除并且终将被废除，对此笔者也坚信不疑。然而，在从数千年个人观念泯灭的封建社会直接过渡，欠缺人道主义与基于个人基本权利认识的生命至上观念的我国，对于死刑这一曾经长期占据核心地位的刑种，直接废除存在现实可能性吗？

日本学者正田满三郎指出："死刑作为理念是应当废除的。然而抽象地论述死刑是保留还是废除，没有多大意义。关键在于重视历史的社会的现实，根据该社会的现状、文化水平的高下等决定之。"[1]

从物质文明程度上来说，中国尚是一个发展中国家。虽然我国正在全面建设小康社会，但距离这个目标尚有一段相当长的距离。而社会对生命价值的认识与社会物质条件——经济发展水平之间存在正相关的关系。在经济学领域，对生命价值的理解甚至就是指"平均人"在一生中所能创造的社会财富的经济价值。尽管在生命伦理学、法学等领域，对生命的价值不能限于经济学的理解，但该计量方法体现出的社会对生命价值的衡量与经济发展水平之间的正相关关系却是不容忽视的。在生产力极不发达的原始社会，由于物质的匮乏，战俘被认为是无价值的，因而往往被杀死；而在生产力稍有发展的奴隶社会，人们发现战俘尚可创造财富，于是战俘的生命被认为是有价值的，不再被杀掉。现代各国在死亡损害赔偿金数额上的巨大差异，在一定意义上也折射出不同经济发展水平状况下人们对生命价值大小认识上的差异。在我国目前物质条件相对落后的情况下，社会对生命价值的理解同样也保持在一个与之相对应的较低水平上。生命价值较低水平的认识，直接的后果是：从犯罪预防的角度看，从肉体上消灭罪行严重且具有再犯可能性的犯罪人就被认为是比花费大量的人力、物力、财力防范犯罪成本小得多的合理选择。因此，我们说，较低的物质发展水平决定了死刑的完全废除在我国目前不具有现实可能性。

---

[1] 转引自马克昌：《比较刑法原理》，武汉大学出版社 2002 年版，第 844 页。

另一方面，任何法律的更新其实质或根本应是法律观念上的彻底更新。[1]一定的立法，都是一定文化观念的反映；反之，文化观念对立法的支持也将维护立法的权威并使得其在实践中被自觉有效地拥护和执行。如此方能在立法与文化观念之间形成良性互动。或许正是基于此，日本在考虑是否在立法上废除死刑时，十分强调对国民情感的考虑。

受较低程度的物质文明发展水平决定，足以导致死刑被废除的精神文明程度在我国目前也难以认为已经达到——尤其是其中占主导的人道主义思想和生命至上的观念。

人道主义强调将任何人都作为人来看待，包括犯罪人在内。在此基础上的生命至上观念认为，一切人的生命都是有价值的，它"比整个地球都贵重"，即使是犯罪人。正如日本教授熊仓武所言："即使是被告人的生命在'生命是宝贵的'这一点上按理说没有什么不同的，另外，它在'比整个地球都贵重'这一点上也不应该有存在差异的理由。当然，被告人因其所犯的罪行，在合理的限度内通过妥当种类的刑罚，如在某种程度上拘束其自由，或是蒙受财产性负担，是免不了的。这种对抗性的制裁是不言而喻的。然而，尽管是以国家权力的名义，永远地否定了被告人的生命，直接地而且是现实地剥夺被告人的人性，这一点已经背叛了自我抑制刑罚权的现代市民国家所负的历史性、政治性的责任义务，越出了刑罚权的妥当性根据、刑罚权的合理性界限恰恰不过是……对国家公权力的滥用而已。""国家并不是把因被告人玩忽职守而造成的结果，在牺牲被告人生命上来挽回，而恰是应当亲自完成防止值得判死刑的这种犯罪的历史性、政治性责任义务的。唯有这样做的结果，才真正产生出、孕育出包括被告人在内的国民对于生命的觉醒，对于生命尊严的认识和树立尊重生命的理念。"[2]

应该说，在中国几千年的生死文化中，崇尚生命的观念并非不存在。据马王堆汉墓出土的医书《十问》记载，尧曾经问舜，天下万物孰最贵？舜答曰："生。"尧舜之间的这个问答应该说代表了整个中华民族的共同信念；《易传》所载"天地之大德曰生"也是说生命是天地给予人类的最高恩惠，应格外珍惜。成书于战国时期的我国第一部中医理论专著《黄帝内经》明确提出："天覆地载，万物悉备，莫贵于人"；我国隋唐时期最伟大的医药学家孙思邈亦在《千金方》序言中写道："人命至重，有贵千金，一方济之，德逾于此。"如此种种，不胜枚举。

---

[1] 参见李晓明：《罪刑法定原则的确立与刑法观念的变革》，http://www.pp369.com/by/zflw/xflw/29.htm。

[2] ［日］熊仓武：《死刑是刑罚吗》季刊社会改良 11 卷 2 号，第 14—16 页。转引自［日］长井圆：《死刑存废论的抵达点》，载《外国法译评》1999 年第 1 期，第 16 页。

然这种朴素的生命神圣观却不可能将死刑引向消亡的归宿。在中国几千年家国天下的封建历史中，这种生命神圣的观念与我们今天基于对个人基本权利的尊重所强调的生命至上具有质的区别。中国传统价值观念强调的是个人对群体的责任感和义务感，其出发点是整体主义而非个体主义的。在这种整体价值观念下，对生命神圣的颂扬并不必然导致对个体生命价值的高度评价。恰恰相反，在个人生命与集体利益冲突的场合，个体利益，包括生命均被认为是可以牺牲的，或者认为是应当做出牺牲的。

这种观念在今天的社会依然存在，虽然它或许会表现得羞答答一些。如曾经沸沸扬扬的姚丽案即明显反映了社会上普遍存在的个体生命与集体财产冲突下，对公民个体生命的漠视。姚丽案的基本情况是这样的：姚丽是大庆市建设银行某储蓄所的一名普通职员，党员。1999 年 7 月 9 日 12 时许，她与另外 3 名女职员正在吃午饭，突遇两人抢劫银行，其中一人用一把 5—6 磅重的铁锤猛击防弹玻璃，边做边吼："快开门，报警就整死你们。" 3 名职员按了报警器开关。但警讯未能传出。又打电话报警，然而电话不通。此时，玻璃即将砸坏，职员之一孙海波把门开了，两名歹徒进来后，将姚丽办公桌中的 13 568.46 元和孙海波办公桌中的 30 190 元抢走、又威胁姚丽打开保险柜，姚丽骗过歹徒（说其中没有钱），最终未交出保险柜钥匙，使其中的 25 万元安然无恙。歹徒逃离现场后，姚丽又打 110 报了警。第二天，姚丽从家中取来 1.3 万元交给单位。8 月 5 日，建设银行处分她。理由是其没有制止孙海波开门，也未与歹徒搏斗，而是交出了 1.3 万元，属于严重失职，决定开除公职、开除党籍。虽然后经法院判决认定姚丽胜诉，但此案中建设银行对姚丽因"未与歹徒搏斗"而认为其严重渎职的认识以及此后对姚丽申请行政复议的驳回，却表明了将职工不惜牺牲生命保卫国家财产上升为一种职责的做法。这种做法体现出其对国家财产与公民个人生命价值倾向上，毫不掩饰地选择了前者。

做这样选择的，决不仅仅是姚丽案。去年发生的开县井喷案，不能不说也体现了我国个人生命至上观念的匮乏。

从具体个案得出的结论或许是感性的。从可得统计数据来看，人文精神或者对人生命价值强烈的人文关怀也远没有成为社会的主流意识。1995 年，中国社会科学院法学研究所与国家有关统计部门合作，曾专门就死刑问题所做的问卷调查结果显示，在接受调查的 5 006 人中，有 95% 以上支持死刑。其中，在 1 021 名大学文化程度以及 113 名大学以上文化程度的被调查对象中，各仅有

0.69% 和 0.88% 主张废除死刑。[1] 而在 2003 年 1 月新浪网评论死刑存废问题总数超过 4 600 条的帖子中，据不完全统计，其中约有 75.8% 主张坚决保留死刑，而支持废除死刑者则仅约 13.6%（另约 10.6% 为中间派，认为须视中国发展情况决定死刑存废）。[2]

　　鉴于在我国立足于公民基本权利层面的生命至上观念的缺乏，笔者认为，目前刑法所能做的，只能是首先对非故意侵犯生命的犯罪所配置的死刑予以废除，以引导民众对财产等利益与生命之不等价性的认识，再在此废除所引起的生命至上观念深入人心的基础上逐步达到最终废除死刑的目的，而不是奢望一蹴而就，一夜之间实现死刑的彻底废除。

第二节　"同意杀人"的刑事责任

一、"同意杀人"承担刑事责任的根据

　　"同意杀人罪是指受被害人的嘱托，或者得到被害人的承诺而实施杀人行为的犯罪。"[3] 所谓"受托杀人"，指受具有通常辨别能力的人自由、真诚的嘱托而所为的故意杀死嘱托人的行为；而得承诺杀人，则是指行为人事前得到具有通常辨别能力的人自由、真诚的同意而杀死被害人的行为。由于受托杀人与得承诺杀人在该杀人行为得到了被害人明示的同意，因而与被害人的意思不相违背这一点上具有共同性，一并被称为同意杀人。

　　从世界各国或地区刑法立法来看，目前仅为数不多的几个国家在刑法中对同意杀人罪做出了明确的规定，如日本、韩国、瑞士、德国、奥地利、意大利。其中，德国、奥地利、瑞士的刑法仅对受托杀人做出明确规定。此外，我国台湾地区"刑法"（第275条）、澳门地区"刑法"（第132条）、香港地区"刑法"（《杀人罪行条例》第5条第1款）也对相关内容有所规定。根据这些国家或地区刑法的规定，对受托杀人与得承诺杀人行为，一般规定较一般故意杀人行为更轻的刑事责任。如日本刑法对同意杀人（嘱托、承诺）罪规定的刑事责任为"6个月以上7年以下惩役或者监禁"，而对于一般故意杀人罪规定的则是"死刑、无期或者3年以上惩役"；德国刑法对受嘱托杀人罪规定处"6个月以上5年以下自由刑"，而对非属谋杀罪的故意杀人罪规定处以"5年以上自由刑"，"情节特别严重的，

---

[1] 参见胡云腾：《存与废——死刑基本理论研究》，中国检察出版社 2000 年版，第 342—345 页。

[2] 参见曲新久：《推动废除死刑：刑法学者的责任》，载《法学》2003 年第 4 期，第 43 页。

[3] 张明楷：《外国刑法纲要》，清华大学出版社 1999 年版，第 475 页。

处终身自由刑"；意大利刑法规定："经他人同意，造成该人死亡的，处以 6 年至 15 年有期徒刑"（第 579 条），而对于一般杀人罪，则规定"处以 21 年以上有期徒刑"。显然，这些国家或地区刑法对同意杀人规定的刑事责任均比故意杀人罪基本构成的要轻。

我国台湾地区"刑法"对受托杀人与得承诺杀人刑事责任的规定，较前述各国刑法规定则更为轻缓。该"刑法"第 275 条不仅规定对一般受托杀人与得承诺杀人处以较第 271 条对普通杀人罪规定的"死刑、无期徒刑或 10 年以上有期徒刑"轻得多的"1 年以上 7 年以下有期徒刑"，更进一步规定，"谋为同死而犯第一项之罪者，得免除其刑"。

关于同意杀人所以承担刑事责任，学界认识各有不同。

日本学者前田雅英认为，同意杀人之所以不适用"得到承诺的行为不违法"的法律格言，仍应承担刑事责任，在于生命不是由个人任意处理的法益。他在谈到同意杀人罪时指出，（同意杀人罪）"如形式地套用被害人承诺论的基本类型，就该作为违法阻却（减少）或构成要件阻却而不罚"。然而，"生命是不能由个人任意处理的法益，所以可以设想同意不带有违法阻却（减少）效力的说明。但这不能说明因为同意而明显减轻刑罚。因为'从温情主义的观点却无法完全认同被害人同意的看法'，所以为了降低侵害生命行为的违法性，却造成违法性的残存。而走投无路一心求死的委托人的当罚性，与非选择死亡极度状况的被委托人，其所'轻忽他人生命的行为'的当罚性仍有所差异。"[1]

我国刑法学者在对同意杀人刑事责任之承担时，则更多地从保护社会或公共道德等社会因素来考虑。如台湾学者陈朴生认为："受嘱托或得其承诺而杀人，虽不违反被害人之意思，但是从刑法之机能在保护社会之安全上言，亦不能无罚。"[2] 大陆刑法学者在谈及同意杀人所以承担刑事责任时，亦认为："人的生命是最重要的人身权利，受法律的严格保护。受人嘱托毁坏其财物（如拆毁房屋）不构成犯罪，但是受嘱托杀人却不能允许。因为，这种行为不仅造成个人不正常死亡，也给其家庭关系、社会关系带来危害。"[3] 并从被害人同意是否排除同意杀人行为社会危害性和违法性的角度指出："不能说，因被害人的同意而排除这种杀人行为的社会危害性和违法性。每个人都有权自由处置自己权利以内的东西，也可以委托别人代为处置，例如，甲委托乙将自己的房屋拆毁，乙不构成故意毁坏财物罪。但是这种同意必须以不违背法律和公共道德，不危害社会为条

[1]［日］前田雅英：《日本刑法各论》，董璠舆译，台湾五南图书出版公司 2000 年版，第 25 页。

[2] 陈朴生：《刑法各论》，台湾正中书局 1978 年版，第 219 页。

[3] 高铭暄、马克昌主编：《刑法学》（下），中国法制出版社 1999 年版，第 813 页。

件。一个人可以受物主之托而毁掉物主的财物，但是，不能说，被害人要求把他杀死就可以把他杀死。生命是一个人最重要的人身权利，生命只有一次，不能把生命和财产等同看待。救死扶伤，不仅是医务人员的神圣职责，也是每一个公民道义上的责任。……因为这样做（指应其嘱托杀死被害人——笔者注），不仅会给死者的家庭造成极大的痛苦和困难，而且同社会主义的道德观念相抵触，难以得到社会的同情，在群众中造成不良的影响。因此，纵然是受被害人的委托和要求，而把他杀死，也不能认为是合法行为。"[1] 当然，也有学者谈及"生命不是自己可以随意处分的利益"，但不过将之理解为"生命是个人的基础，而个人是国家的一员，故个人生命对国家也是重要的利益"[2]。

从法律是统治阶级意志的体现，统治阶级总是出于维护本阶级的利益或统治秩序的需要，将认为具有严重社会危害性的行为确定为犯罪并给予相应的刑事责任的角度来说，我们丝毫不否认同意杀人被认为是犯罪行为的根源在于对个人生命的侵害，同时也是对国家、社会重要利益的侵犯，是不利于统治阶级利益和统治秩序的行为。在社会主义社会，其被类型化自然也就在于对无产阶级专政秩序的破坏，包括对无产阶级统治相适应的社会主义公共道德的违背。但笔者认为，若立足于被侵犯的客体——生命权本身考虑，似乎同意杀人行为之违法性能得到更为明了的说明。

如前所述，生命权是自然人所享有的，以生命安全维护权与司法保护请求权为内容的一项基本权利。其中，生命安全维护权又包括三项具体权利，即生命延续的权利、自卫权以及改变生命危险环境的权利。而生命支配权则并非生命权的基本内容。因此，虽然"每个人都有权自由处置自己权利以内的东西，也可以委托别人代为处置"，但这同时也表明每个人有权并且仅仅有权自由处置或者委托别人代为处置"自己权利以内"的事项，这在一定程度上与民法领域的委托代理的合法有效要求委托事项必须在委托人权限范围以内具有相似性。生命权人根据法律并不享有生命支配权，因而其也就无权嘱托或同意他人对其生命予以支配。因此，从违法性上看，同意杀人与非同意杀人在对他人生命权的侵犯这一行为本质上，并没有不同，依法当然应承担故意杀人的刑事责任。

二、"同意杀人"承担较轻刑事责任的根据

对同意杀人行为作为法定减轻情节的国家，行为人所以承担较一般故意杀人罪轻的刑事责任，日本学者多从被害人同意的角度加以阐明。如大谷实认为："这

---

[1] 王作富：《中国刑法研究》，中国人民大学出版社 1988 年版，第 511—512 页。
[2] 张明楷：《刑法格言的展开》，法律出版社 2003 年版，第 247 页。

种嘱托或承诺，可以适用被害人同意的法理，从本人同意这一点来看，是减轻杀人罪的违法性事由，所以被作为一种类型而加以规定。"[1] 日本另一著名刑法学家大塚仁也认为："同意杀人，即接受被杀者的嘱托或者得到其承诺而杀害被害者的行为是以被杀者自身放弃对生命的法益为前提而实施的，从被杀者的立场来看，应该认为是准自杀，因此，其违法性的程度比通常的杀人罪轻，而且，不少情况下，也能减轻行为人的责任。"[2]

我国有学者也认为同意杀人所以减轻刑事责任，是基于对被害人个人意志的考虑。[3]

笔者认为，由于生命权并不包括生命支配权，故被害人的同意并不具有影响行为性质的意义。因而在违法性上，同意杀人与非同意杀人并无二致，谈不上违法性的减少；被害人意志，其本身并非决定刑事责任之有无与轻重的因素。至于行为人责任的减轻，似乎也未必是一定的。如本书前文对规定有同意杀人罪的各国家或地区刑法所做分析，各国或地区刑法有的也仅仅对受嘱托杀人作为减轻情节予以规定，而并不对得承诺杀人做一体规定，部分国家还从行为实施的动机方面予以限制，这表明：即使是在这些国家和地区，同意杀人也并非一律被作为减轻情节的杀人罪。

在理想主义的刑法（严重社会危害性与刑事违法性完全一致的情况下）中，一个刑法意义上的行为刑事责任的有无与轻重，取决于并且仅仅取决于该行为社会危害性之有无和严重程度。而社会危害性大小不仅体现于行为所侵害客体的性质。在侵害客体一致的情况下，行为客观所造成社会秩序的破坏程度与体现出的行为人人身危险性的不同也影响行为社会危害性大小的判断。从这点出发，笔者认为，各国或地区刑法之所以将同意杀人作为减轻情节的故意杀人承担较轻的刑事责任，根源亦在于一般情况下同意杀人行为表现出比一般故意杀人行为较轻的社会危害性。

从通常的情况看，同意杀人一般可能有如下几种情况：①相约自杀中的同意杀人。这实际与相约自杀中的教唆、帮助自杀界限十分模糊。所谓"教唆自杀"，是指使产生自杀的决心；所谓"帮助自杀"，是指用有形或无形的方法加强其业已产生的自杀意思或使之便于实施。从理论上看，教唆、帮助自杀的行为与亲自

---

[1]［日］大谷实：《刑法各论》，黎宏译，法律出版社 2003 年版，第 18 页。

[2]［日］大塚仁：《刑法概说》（各论）（第三版），冯军译，中国人民大学出版社 2003 年版，第 34 页。

[3] 如我国有学者认为："各国刑法与司法实践上对得承诺的杀人都给予很轻的处罚，这正是考虑了个人意志。"参见张明楷：《刑法格言的展开》，法律出版社 2003 年版，第 247 页。

杀害被害人的实行行为之间是存在很大差异的。如在相约自杀中，甲买来毒药交给乙，乙自行喝下毒药，构成帮助自杀；而若乙由于生理或心理的原因自己下不了手，请求甲将毒药喂给自己喝下，则构成同意杀人。在同时规定有加功自杀罪与同意杀人罪的日本，一般认为"大致区别的基准似乎在于其人是否直接下手"，但如此"这在同一构成要件中的区别问题上，实益很少"。[1]这样的区分即使是在美国刑法中也同样存在。在美国刑法中，谋杀与帮助自杀之间的界限是，被告人是否实际参与了最终的行为。如果乔治给苏绳子以帮助她自杀，他将就帮助自杀有罪。但如果他帮助她平衡以使得她能够将绳子套在脖子上，则他可能构成谋杀罪。[2]②危重病人为剧烈的肉体痛苦所困扰而不堪忍受，医护人员或其他人出于真诚的怜悯，为了消除其痛苦，根据其嘱托或得其同意，采取积极措施使其提前死去的行为。此即我们通常所说的安乐死。③其他受被害人嘱托或得其承诺而实施的故意杀人行为。

　　一般说来，同意杀人中行为人的人身危险性较小，其行为对社会秩序的冲击也较小。但由于实际情况的千差万别，似乎也不宜笼统地如此认为。当然，对于安乐死这种同意杀人的行为，由于行为人动机的善良及行为客观上对社会造成的较小影响，一般说来可认为社会危害性较小而作为减轻情节的故意杀人。对于相约自杀中的受托杀人或得承诺杀人，我国台湾地区将之称为"谋为同死"，规定得免除其刑。至于如此规定之理由，学者认为更多的是一种基于人情的考虑："因其本身亦具自杀之决心，必有其苦衷，若幸而未死，而仍须服刑，未免悖于情理，过于严酷。"[3]然这其中也未必完全没有出于行为人人身危险性较小的考虑。但第三类同意杀人的行为中，虽可能有被害人由于精神极度痛苦而嘱托或承诺杀人的情况，但其中具有严重社会危害性的同意杀人行为也还是可能存在的。因此，笔者认为，这样的认识是完全值得倾听的："对于受被害人嘱托而杀人的，一般应当从宽处理。但是，也要注意行为的动机、被害人嘱托的原因、产生的社会影响等情节，具体情况具体处理。"[4]

　　如此考虑，并非画蛇添足或杞人忧天，现实已经给我们提供了足够有支持力的论据。震惊世界的德国"食人魔"阿明·梅维斯故意杀害伯恩德·布兰迪斯一案充分地显示了这一点。该案中，行为人阿明·梅维斯实施杀人行为前，为寻找被杀而食之的被害人已与200余人联系，并几次杀人未遂或中止。此次杀人行

[1]［日］前田雅英：《日本刑法各论》，董璠舆译，台湾五南图书出版公司2000年版，第26页。
[2]参见［美］阿诺德·H·洛伊：《刑法原理》（第4版），法律出版社2004年版，第38—39页。
[3]陈焕生：《刑法分则实用》，台湾汉林出版社1979年版，第250—251页。
[4]王作富：《中国刑法研究》，中国人民大学出版社1988年版，第512页。

为中，其在被害人伯恩德·布兰迪斯死亡前将其生殖器炸作小吃、等待几个小时直到被害人因失血过多而昏迷，且后将其尸体肢解为数块分而食之，甚至将被害人的臂骨烤焦，磨成粉，和进面粉里做成食品！[1]尽管该杀人行为经被害人伯恩德·布兰迪斯同意，但全案反映出的其手段之残忍和行为人对"人"之价值的极度蔑视，显示出对社会秩序的强烈冲击和行为人相当的人身危险性，社会危害性十分严重。德国法院或许正是出于同样的认识，未采信阿明·梅维斯的律师关于其行为该当德国刑法第216条规定的受嘱托杀人罪，依法应"处6个月以上5年以下自由刑"的认识，于2004年初判处其自由刑8.5年。

三、安乐死合法化之否定

如前文曾提及的那样，人们日常使用的"安乐死"有自愿安乐死与非自愿安乐死、主动安乐死与被动安乐死之别。主动安乐死与被动安乐死，又称积极安乐死与消极安乐死。其中，主动安乐死（active euthanasia）是指医生为解除病重濒危患者死亡过程的痛苦而采取某种措施加速病人死亡；被动安乐死（passive euthanasia）则是指医生对身患绝症而濒临死亡的病人，中止维持病人生命的措施，任病人自行死亡。所谓"自愿安乐死"，是指由本人自愿提出口头或书面申请而实施的安乐死。其实质是由他人应当事人的请求，故意结束其生命的行为。非自愿安乐死包含两种情形：①当事人没有表示或无法表示意愿的"无意愿安乐死"（non-voluntary euthanasia）；②违反当事人意愿之安乐死（involuntary euthanasia）。无意愿安乐死不一定是违反病人意愿（例如昏迷、痴呆或儿童）的，因为病人的意愿无从知悉。

学界谈论安乐死，大多指的是积极安乐死。[2]我国法学界所讨论的安乐死通常指的都是自愿的、积极的安乐死。如《中国大百科全书·法学》一书对"安乐死"的解释即为："对于现代医学无法挽救的逼近死亡的病人，医生在患者本人真诚委托的前提下，为减少病人难以忍受的剧烈痛苦，可以采取措施提前结束病

---

[1] 参见 http://news.tom.com/1006/2004130-627027.html；http://www.inter-cemetery.com/reports/dis-playdocs.asp?sectionID=6&reportID=2756 等网站的新闻报道。

[2]Lutterotti, Markus V. Eser A. Sterbehilfe. in: Eser, A. u.a. (hrsg.), Lexikon Medizin Ethik Recht, Freiburg i. Br., 1992, 1086; MacKinnon,1995, p.109. 另：日本法学界亦认为："安乐死，是指病人为剧烈的肉体痛苦所困扰而面临自然死亡的时候，根据病人的嘱托，为消除其痛苦，而使其提前死去的措施。"（大谷实：《刑法各论》，黎宏译，法律出版社2003年版，第19页）我国台湾学者孙效智亦认为，安乐死指医生对末期病人或伤患所施行的致死作为或不作为。http://210.60.194.100/life2000/professer/johannes/articles/4euthanasia.htm。

人的生命。"[1]

"非自愿安乐死"要么直接违背病人的意志，要么根本不能体现病人（死者）的意志，与安乐死概念提出之初衷大相径庭，实际上与"安乐死"无关。从刑法意义上看，该行为与其他故意杀人案并没有显著区别，虽然行为人在动机上或许良善。消极安乐死，在美国也称"放弃侵入性治疗措施"。一般认为，在"放弃侵入性治疗措施"中，与病人的死亡具有直接因果关系的，并非停止治疗行为本身，而是疾病之存在，故从刑法角度来看，病人的死亡仍属自然死亡（natural death）。笔者认为，这样的见解不乏合理之处。

鉴于此，本书采取前述大百科全书对安乐死所做之界定，仅限于自愿、积极的安乐死。

安乐死在相当长的时期里，一直是世界范围内的讨论热点。自从1987年蒲连升应垂危病人亲属王明成的要求为病人夏素文注射复方冬眠灵促其死亡案后，关于安乐死是否应在我国合法化也成为了学界广泛关注的问题。

从目前已有资料显示，肯定论者主张安乐死合法化，主要是出于以下几点考虑：①病人有选择死亡的权利；如有学者认为，"马克思主义法学认为，法律在承认人享有生命权利的同时，也应承认人享有选择死的权利"[2]。甚至认为安乐死是公民的基本权利。[3]②实施安乐死可节约大量资财；认为"长期维持越来越多的病人和其他无意义的生命，对任何一个社会都是一个沉重的包袱，尤其是对于发展中国家更是一个难以承担的重负"[4]。③对绝症患者实施安乐死是对患者生命尊严的尊重，符合人道主义原则。[5]④"尊重高质量有价值的生命，而对低质量无价值的生命用安乐死等方法给予妥善处理。"[6]

在此，笔者并不欲如其他安乐死反对者那样，从医者的职业道德、我国医疗保障的不完善、不治之症的不确定性或者病人求死意志的非真实性等方面，去求得安乐死之非正当性，而仅从生命权的法律保护本身出发，从安乐死支持者所主张的各点理由出发，谈谈安乐死合法化对生命权刑法保护之违背。

---

[1] 参见《中国大百科全书·法学》，中国大百科全书出版社1984年版，"安乐死"条。

[2] 叶高峰：《"安乐死"的法律思考》，载《刑法问题与争鸣》（第二辑），中国方正出版社2000年版，第399页。

[3] 参见黄丁全：《医疗、法律与生命伦理》，台湾高雄宏文馆图书公司1998年版，第86页；王晓慧：《论安乐死》，吉林人民出版社2004年版，第40页。

[4] 郭自力：《论安乐死的法律和道德问题》，载《刑法问题与争鸣》（第二辑），中国方正出版社2000年版，第415页；另参见叶高峰：《"安乐死"的法律思考》，载《刑法问题与争鸣》（第二辑），中国方正出版社2000年版，第402页。

[5] 参见欧阳涛：《安乐死的现状与立法》，载《法制与社会发展》1996年第5期，第47页。

[6] 徐宗良等：《安乐死——中国的现状及趋势》，民主与建设出版社1997年版，第13页。

首先，学者所言之死亡权利，所指即为前文我们所讨论之生命利益支配权。如前所述，其并非生命权的具体权利内容。在当代，自求死亡仅作为一种受道德评价的适法行为——一种事实行为而非法律行为存在，根本谈不上是公民的基本权利。许多刑法学者在从个人有处置自己生命的权利的角度论述安乐死的合法化时，常常以为论据的是：运动场上运动员可以交出自己的生命权，为什么身患绝症的人就不能处置自己的生命呢？[1] 问题是：危险运动中生命权人对自己生命的处置不会招致刑事责任并非意味着法律对生命利益支配权的认可，而不过作为一种广义的自杀行为而存在。并且，这里也并不存在生命权的被"交出"。生命权作为最基本的人身权利，它不可转让，也不可能被交出。况且，绝症患者不能处置自己的生命都并非事实。其单纯的自杀仍无刑事责任之适用。安乐死合法化的客观效果是对行为人刑事责任的免除，而非对绝症患者责任的免除。"安乐死的权利"实际是行为人杀人的权利，而非被害人死亡的权利。

实施安乐死可节约大量卫生资源，或许在客观上是实施安乐死的效果。但以之作为将安乐死合法化的重要，甚至是主要理由之一，在伦理上却是无论如何无法接受的。即使是安乐死肯定论者也不得不承认，"人的生命具有某种内在的、基于对其人格尊重这个基础上的价值。人人都有生的权利，这应该是最受到重视的个人权利，也应当是我们人类社会的最基本的出发点。"[2] 作为一个基本的认识前提，法治坚信人类生活意味着单一的、特殊的、不可替代的个体生存，而如果社会是以放弃个体生命为代价的话，这种社会对人类生活将是毫无价值的。"每一个生命体的存在是他目的本身，而不是其他目的或他人利益的手段，正如生命是以其自身为目的的一样。所以，人必须为了自己的缘故而生存下去，既不能为了他人而牺牲自己，也不能为了自己而牺牲他人。为自己而生存意味着达到他自己的幸福是人类最高的道德目的。"[3] 从人类社会的发展历史而言，它总是在扶老携幼，尊重、照顾残弱中蹒跚前行，这也是人类社会与动物世界的一个重要差异所在。人类只有从尊重最弱的人做起，才能保持自己的尊严。企图以任何借口消灭残障、弱势群体而轻装前进的社会，不仅是缺少历史观念的，也将直接导致人类作为基本善良情感的怜悯与同情的泯灭和道德的沦丧。

关于尊重生命尊严与生命权之关系，台湾学者李震山指出："生命尊严仍

---

[1] 参见王作富：《刑法论衡》，法律出版社 2004 年版，第 117 页；赵秉志等：《中国刑法的适用与完善》，法律出版社 1989 年版，第 377 页；田宏杰：《刑法中的正当化行为》，中国检察出版社 2004 年版，第 494 页。

[2] 翟晓梅：《安乐死的伦理学论证》，载《自然辩证法研究》1999 年第 7 期，第 4 页。

[3] ［美］爱因·兰德：《新个体主义伦理观》，秦裕译，上海三联书店 1993 年版，第 23 页。

是以生命存在为前提，实不能因主张生命尊严，而导致可放弃生命之结果。"在优先顺序上，人的生命是人最高的人格利益，具有至高无上的人格价值，是人的第一尊严。"基于有生命存在，方有机会以其他方法强化人性尊严保障。"因此，"生命权保障优先于人性尊严之保障，至于以法律拒绝'尊严死'因而侵害人性尊严，将被生命权保障所吸收与正当化。"[1]应当说，这种见解是妥当的。因为，正如美国反对安乐死者所言，"自杀是一个悲剧，是个体的行为。安乐死则不是一个私人行为。它是关于允许一个人促成另一个人的死亡。这是一个公众非常关切的事情，因为它会导致极大的滥用、爆发和对我们中大部分易受攻击的人照顾的腐蚀。安乐死不是关于给予死者权利，而是关于改变法律和公共政策以使得医生、亲属和其他人可以直接的、故意的结束他人的生命。这种改变不会给被杀害的人权利，而是给了杀人的人以权利。换句话说，安乐死不是关于死亡的权利。它是关于杀人的权利。"[2]在不给人以杀人的权利，以实现生命权的保护，与给人以杀人的权利，以解除病患痛苦的"人道"之间，我们无奈的选择只能是前者。

至于从人的生命价值的角度来看安乐死，更得不出应将安乐死合法化的结论。人的生命具有某种内在的、基于对其人格尊重这个基础上的价值。任何人，无论健康状况、年龄、意识状况等因素，仅以其作为人之存在，便是有价值的。尽管由于其健康状况、意识状况等生理的原因，可能导致其生命质量存在一定的差异，但无论如何，人的生命价值基于生命之自在价值永远是正值而不可能为负值或者零价值。也正是人人固有的生命本身即为一种价值存在，使得国际人权法关于"人人固有生命权"和国内法对生命权的平等保护获得了其观念基础。

当然，笔者基于对生命的尊重，出于生命权保护的角度，反对安乐死合法化，也并非意味着主张对客观存在的对痛苦难当的病患者基于怜悯之心，应其真挚请求而实施的助其"安乐而死"的行为与其他故意杀人行为一体看待。无论如何，此类案件中，行为人动机之良善反映了行为人较弱的主观恶性和反社会性程度轻微。这些应在量刑中予以考虑。从这个意义出发，有人提出建议"确有必要在修改刑法时，对安乐死在定罪量刑上做出与普通杀人罪不同的专门规定"，设立"受嘱托致人死亡罪"[3]，也未必完全没有道理。但出于逻辑的考虑，由于受嘱托杀人无非是具有被害人承诺这一特殊情节的故意杀人，在本质上仍可归属于故意杀人罪，故笔者仅建议将之作为一种得从轻处罚的情节予以明确。如此，则给予了

---

[1] 李震山：《人性尊严与人权保障》，台北元照出版公司 2000 年版，第 135 页、第 139 页。

[2] www.larla.com/Literature/lit_euth-4.htm。

[3] 参见张承：《现阶段安乐死的社会危害性与违法性》，载《刑法问题与争鸣》（第二辑），中国方正出版社 2000 年版，第 388 页。

安乐死应有的否定性刑法评价，同时也充分考虑了该行为与一般故意杀人罪社会危害性程度上的差异。

第三节　残障新生儿生命权的刑法保护

一、问题的提出

残障新生儿，也称缺陷新生儿，是指那些由于遗传、先天、感染或外伤等因素引起胎儿发育不全、变态发育或损伤所致生理缺陷，包括智力缺陷的新生儿。目前一般将缺陷新生儿分为先天性畸形和低出生体重两大类型。其中先天性畸形儿分为四级：Ⅰ级缺陷：缺陷对新生儿今后的体力、智力发展没有影响或轻度影响。如单纯兔唇、并指等。Ⅱ级缺陷：缺陷对新生儿今后的体力、智力发展有重要影响，但到一定年龄可以矫正或部分矫正，有一定劳动力或智力一般。如肢体畸形、严重腭裂和某些心脏病。Ⅲ级缺陷：缺陷对新生儿今后的体力、智力发展有严重影响，长大后会丧失全部劳动力或智力极度低下，目前无法矫正。如唐氏综合征（先天愚型或伸舌样痴呆）、四肢缺损、苯丙酮酸尿症。Ⅳ级缺陷：缺陷极为严重，目前无法救治，新生儿在短期内必死无疑。如无脑儿、严重脊柱裂、某些严重的先天性心脏病和某些严重的畸胎。而低出生体重儿，则是指出生 1 小时内体重测量不足 2 500 克的新生儿。[1]

目前，预防残障新生儿的途径主要通过对可能导致畸形的父母避孕上的控制、孕期检查、孕期保护、提高接生技术等措施。然从目前的医疗技术水平来看，还不太可能识别出可能生出畸形儿的父母，因而通过避孕以预防残障儿的出生，在大多数情况下并不可能。有资料显示，目前世界上抑制遗传病有 6 000 多种，而其中能在母体内被查出的仅 1/4。由遗传因素所致的胎儿畸形，在母体内通过产前诊断能做出诊断的不过几十种，而具体到某个医院，则可能只能查出几种。在这种情况下，绝大多数由遗传因素所引起的缺陷胎儿都将在母体内生长发育成熟直至出生。如此，残障新生儿的出生，在相当长的一段时期，都将是无可避免的。而这些残障儿，通常属于严重残疾，生命质量难以通过现代医学技术得到有效的改善；另一方面，其救治需要花费巨额的医疗费用，给其家庭增加了极大的精神痛苦和经济负担。为了把家庭和社会从残障新生儿所带来的困窘之中解救出来，伦理学界试图从新生儿是否是人这一角度来解决这个问题，有以下几种观点。

---

[1] 参见刘学礼：《生命科学的伦理困惑》，上海科学技术出版社 2001 年版，第 34—37 页。

（1）婴儿是人，是具有本体论地位的实体。只要一个实体是人，就有不可剥夺的生的权利，因为所有的人是平等的，不能因财产、地位或阶级而受歧视，也不能因有缺陷或缺陷严重而受歧视。

（2）婴儿是人，但无绝对的生存之权利。因为人类生命并不具有绝对的价值，生命不一定是最大的善，死亡也不一定是最大的恶。对严重缺陷婴儿的治疗，并不是延长生命，而是延长痛苦、延长死亡。

（3）婴儿不是人，杀婴是允许的。认为生命的价值不能着眼于生物学的价值，而应着眼于人格性的价值。残障新生儿不能视为具有人格的人。[1]

我国大陆伦理学家邱仁宗另外还总结了两种观点：①认为婴儿并无生的权利，但有高度价值；②"按照最大多数人最大幸福的原则，如果根据代价÷收益分析，只要合意的结果（如避免痛苦）超过了损失，结束一个人的生命就是善。"[2]根据这两种观点，要么认为婴儿严格地说并没有生的权利，决定不予治疗或杀死残障新生儿并没有破坏一个人的生命权；要么认为残障新生儿不符合其所界定的人的最低标准，就是一个亚人（subperson）。从对残障新生儿生命权主体地位的否定来看，这两种观点与前述第三种观点并没有本质的不同，故笔者认为没有必要将其单独评述。至于其提出的"婴儿按严格的定义不是人，但按照操作标准是人……对于有严重缺陷的新生儿，可以根据其生命价值或生命质量低下而决定不予治疗"的提法，实质与第二种观点在认为残障婴儿不具有绝对的生命权这一点上并无二致。

除了否定残障新生儿生命权外，伦理学界另外还存在以下一些论调。

（1）对残障新生儿的救治是一种对卫生资源的浪费。如有人认为："缺陷新生儿的存活对家长和社会都是一种不堪重负的精神和经济负担。他们消耗了大量的物质资源，降低了人口的质量和民族素质。为了维持他们的生命，家庭经济被拖累，儿童福利受干扰。更何况这些缺陷新生儿没有正常人的意识和智慧，他们虽能生存，但却是无意义、无价值的生命。"[3]

（2）残障新生儿生命质量低下，其生命没有价值甚至是负价值，这时，生命本身成为了一种伤害。[4]

（3）对有严重缺陷的新生儿做安乐死处理，既是为了家庭和社会的利益，

---

[1] 以上观点参见黄丁全：《医疗、法律与生命伦理》，台湾高雄宏文馆图书公司1998年版，第313—316页。

[2] 邱仁宗：《生命伦理学》，上海人民出版社1987年版，第160—161页。

[3] 刘学礼：《生命科学的伦理困惑》，上海科学技术出版社2001年版，第44页。

[4] 参见刘学礼：《生命科学的伦理困惑》，上海科学技术出版社2001年版，第46页；邱仁宗：《生命伦理学》，上海人民出版社1987年版，第162—168页。

也是为了婴儿的利益。为了婴儿本身的利益，是指不延长他的痛苦，不延长他的死亡，也是致使他不致陷入一个无意义的、不幸的生命。[1]

二、残障新生儿生命权否定之批判

首先，关于婴儿是否是人，在笔者看来，从伦理、社会学的角度看，由于婴儿社会意识的欠缺，或许还是一个可以讨论的问题。但若从法律的视野来考量，则并无讨论之余地。在法律的层面上，生命权起始于出生，终结于死亡。婴儿自活着部分露出母体时起，即可独立地成为直接受到侵害的对象，就必须承认其生命权，作为"人"加以保护，无论该婴儿在生理或精神上具有什么样的特殊之处。正如在缅因州医事中心诉豪勒案中，就该父母拒绝同意修复其具有一定脑伤、缺乏左眼和左耳，且左拇指畸形的新生儿的管瘘（tracheoesophageal fistula），法院毫不迟疑地认为："在活着出生的时候，就确实存在着一个人，他有权得到最充分的法律保护。"[2]

无论是从生命价值应着眼于人格价值或是着眼于"延长痛苦"的考虑，都并非否定残障新生儿生命权的充足理由。人之为"人"，有其自在价值。任何人，无论健康状况、年龄、意识状况等因素，仅以其作为人之存在，便是有价值的，尽管由于其健康状况、意识状况等生理的原因，可能导致其生命质量存在一定的差异。这也正是生命权平等保护的观念基础。残障新生儿在这个意义上，与健康儿享有平等的生命权。所谓的残障新生儿的生命为零值或负值的说法也是难以成立的。这不仅是从我们所说的人人固有的生命基于其本身之存在即为一种价值，即使是从零值或负值说法对生命的价值的计算来看，这种结论也是不可靠的。这种计算认为，在横向比较生命价值时决定于两个因素：①生命本身的价值；②对他人、对社会的意义……生命质量低者，也常常对他人和社会具有很小的甚至负的意义。[3]这种说法未必是事实。许多弱智天才的客观存在足以推翻之。如著名弱智音乐指挥者舟舟即为适例。

至于认为杀死残障新生儿是出于该新生儿利益的考虑，尽管或许是出于同情与怜悯。但在这同情与怜悯的背后，隐藏着的却是对残障儿的歧视与厌恶。不客气地说，是一种带着伪善的同情。

残障新生儿在生理上与一般健康儿童的生活质量上或许会有所差异，但这也并非意味着杀死他就是对其最好的选择。残障儿有缺陷的人生，对其而言，也

---

[1] 参见邱仁宗：《生命伦理学》，上海人民出版社 1987 年版，第 166 页。

[2]Maine Med. Center V. Houle,No.74–145 Superior Court,Cumberland,Maine,dec. Feb.14,1974.

[3] 参见邱仁宗：《生命伦理学》，上海人民出版社 1987 年版，第 163 页。

仍是弥足珍贵的一生。事实上，他们也可能由此享受到生的喜悦。美国里根总统时代的卫生署长 C. E. Koop 说："我的一贯经验是：残障与悲哀不是手拉手的伴侣。我见过的最悲哀的儿童是那些毫无残障的。"[1] 第一位成功移植心脏的医生巴纳德曾在其书《人生来去》中载有这样一个感人的场景：医院里有一个 7 岁的小男孩，双目失明，火烧伤了脸的大部分，下巴也被疤痕所绷紧，像一个会走路的怪物。而另一个 9 岁的小男孩患有不良心脏瓣膜症、小儿麻痹症、骨部裂伤，且因骨癌切除右臂和右肩。在送菜小车推进病房送菜人暂时走开得当儿，"小怪物"推了车，而"独臂侠"则蹲在菜车下层，用那唯一的手抓紧着车，用没有麻痹的脚踏地板控制方向，二人合作做了一场混乱轮车表演，而其他病童则大喊加油。看到这个光景，巴纳德写下他心中的感受："这是两个我见过的社会上最不幸的人，……我真要感谢他们，让我了解生存本身就是喜悦。"[2]

尽管主张对残障新生儿实行"安乐死"的人们为了支持其主张，提出了从否定残障儿生命到似乎温情脉脉地出于残障儿自身利益的人文关怀，到或许科学的生命质量上的诸多理由，然其最为核心的一个理由却是对卫生资源的考虑。

然而，正如我们前文所述，从人本主义的观念出发，人永远应只能被作为目的而非手段。每一个生命体存在的目的是他本身，而不是其他目的或他人利益的手段。所以，人必须为了自己的缘故而生存下去，既不能为了他人而牺牲自己，也不能为了自己而牺牲他人。而对卫生资源的关注如此热切，以至以之作为决定残障儿在内的部分人生与死的重要甚至是主要考虑因素，这种思维方式从根源上说，仍是我们前文所说的功利主义世界观，而非人本主义的世界观。为卫生资源的节约而否定残障新生儿的生命权的出发点仍在于将生命作为增进或减少家庭、社会幸福的手段，并非将生命作为其自身存在的目的。而功利主义不是，也不应是包括生命权在内的基本人权保护的指导思想。尽管"在进行立法制度设计，以宣告和保障人的权利时，总体目标可以以功利主义为原则。而且可以说，法律作为人类自己创设的一种制度，特别是近代以来的人权立法，其所欲实现的也就是人类本身的安全和自由以及幸福和利益这些世俗性目标。因此，我们以总体上的功利主义为目标来设计法律制度，并不为错。但是在论证人权的正当性时，我们就绝不能把功利主义原则贯彻到底，也无法贯彻到底，因为这样就会与人权的根

---

[1] 转引自金象达：《生命的诞生》，http:210.60.194.100/life2000/professer/Chinghsiangkuei/LEBorn1.htm#three。

[2] 转引自金象达：《生命的诞生》，http:210.60.194.100/life2000/professer/Chinghsiangkuei/LEBorn1.htm#three。

本精神发生矛盾。"[1]

三、刑法对残障新生儿生命权的保护

如前所述，生命权的具体权利内容包括生命安全维护权和司法保护请求权。其中生命安全维护权则包括三项具体权利，即生命延续的权利、自卫权以及改变生命危险环境的权利。除了主要体现于民法领域的改变生命危险环境的权利以外，刑法对生命权的保护主要体现在对生命延续的权利、自卫权以及司法保护请求权的保护。而包括残障新生儿在内的婴儿们由于自身自然能力的欠缺，不可能行使自卫权与司法保护请求权（他人为保护婴儿生命延续权而实施正当防卫或请求司法保护则是可能的），刑法对其生命权的保护也就主要体现于对其生命延续权的保护。具体表现为：一方面积极承认其生命平等地具有价值，享有延续其生命的权利，而不论其年龄和健康状况；另一方面则禁止他人否定其生命价值，禁止他人非法剥夺其生命，也就是对非法剥夺其生命的行为确认为犯罪并给予相应的刑事责任。

在我国台湾地区，一般认为，胎儿一经活产出生，即为人，不管其身体或智力特征如何，均有权利受刑法的保护。不给残障婴儿治疗，致其死亡，或径予杀死，均成立杀人罪。如婴儿刚出生之后，医师受婴儿之母请托，不予残障新生儿医疗或中断医疗行为，致婴儿死亡，应与婴儿之母共同构成"刑法"第274条规定的母杀子女罪；而若出生后已过数日，始行杀之，则构成普通杀人罪。[2]

在美国，"由于法律在涉及孩子的治疗决定问题上采取病人中心方法，为了引起其死亡而撤除新生儿必要的医疗照护的父母和医生将会被控诉好几种犯罪，从杀人罪到虐待儿童以及共谋。"[3]

在我国大陆地区刑法中，生命权始于出生，终于死亡。残障新生儿享有完全的生命权，便是自然的结论。因而，从犯罪构成上看，故意杀害残障新生儿的，其行为完全符合刑法关于故意杀人罪在犯罪客体、犯罪客观方面和主观方面的要求，在行为人具有刑事责任能力的情况下，依法当以故意杀人罪定罪与量刑。当然，如果行为人行为出于怜悯等善良动机，则依此及其体现出的行为人较轻的人身危险性，根据罪责刑相适应的原则，予以从轻处罚。

---

[1] 赵雪纲：《论人权的哲学基础：以生命权为例》，2002年中国社会科学院博士论文，第56页。

[2] 参见黄丁全：《医疗、法律与生命伦理》，台湾高雄宏文馆图书公司1998年版，第320—321页。

[3]John A. Robertson.*Legal Aspects of Withholding Medical Treatment from Handicapped Children*. Dennis J. Horan,Melinda Delahoyde.*Infanticide and the Handicapped Newborn*.Bringham Young University Press,Provo,Utah,1982, p.19.

存在的问题是，从行为方式来说，故意杀人的行为既可以是积极作为，也可以是消极不作为。尽管在伦理学界有人认为："采取措施加速病儿死亡……对于大多数选择不治的严重病儿有时是最人道的选择。有人甚至认为，杀掉脊髓脊膜突出的婴儿可能是医生工作的一部分职责。"[1]但在刑法学界，掐死或对残障新生儿注射致死药物等作为方式杀害残障新生儿的，以犯罪构成来衡量，构成故意杀人罪并无疑问。但，对杀害残障新生儿的不作为方式应在多大的范围内认定？

对此，我国台湾有学者认为，不予哺乳，使之饿死；不予衣盖，使之冻死；不予医疗，使之病死等皆属杀婴之消极性行为。[2]

笔者认为，以残障新生儿为对象的故意杀人罪（不作为）的构成，必须严格依据不作为故意杀人的成立条件加以判断。

不作为的故意杀人罪的成立，须具备三个方面的特殊条件：①行为人负有作为义务。同其他不作为犯罪一样，不作为的故意杀人罪成立，其首要条件是作为义务的存在。这种义务，包括法律明文规定的义务、职务或业务上要求的义务、法律行为引起的义务和先行行为引起的义务。②行为人有履行义务的可能性，即行为人有防止他人死亡结果发生的能力。判断行为人有无履行义务的可能性，应结合当时客观环境，以行为人本人的能力为依据。③不履行义务即不作为的行为与他人死亡结果之间具有因果关系。亦即如果行为人履行其作为义务，他人死亡的结果就可避免。

以此衡量父母及医务人员的行为，在作为义务的来源上，父母基于法定的抚养义务，医务人员基于职业和医患合同而对残障新生儿负有防止其死亡的义务。故可讨论之处仅在于因果关系与履行义务的可能性两个方面。

残障新生儿的死亡必须与不给喂养、不给医疗等行为之间具有直接的因果关系。在此因果关系的认定中，尤其值得注意的是：对Ⅳ级缺陷新生儿和体重过低而不可能成活的新生儿（一般认为是 500 克），由于其本身缺陷极为严重，短期内必死无疑，行为人的行为虽然在道德上应给予谴责，但引起婴儿死亡的直接原因并非在于行为人的行为，而在于其自身疾患。行为人因此并不承担故意杀人罪的刑事责任。

残障新生儿处理中，行为人是否具有履行义务的可能性对于刑事责任的影响，主要体现在不给医疗之中。由于我国并不存在全民免费医疗服务（目前，在西方一些发达国家，这一水准已经达到），残障新生儿的医疗基本是其父母的责任。因此这里也就存在一个是否有履行义务能力的问题。对于Ⅳ级缺陷和体重过

---

[1] 邱仁宗：《生命伦理学》，上海人民出版社 1987 年版，第 155—156 页。
[2] 参见黄丁全：《医疗、法律与生命伦理》，台湾高雄宏文馆图书公司 1998 年版，第 320 页。

低而不可能成活，短期内必然走向死亡的新生儿以外的其他残障新生儿，不给其必要医疗以至于残障新生儿死亡的场合，行为人刑事责任之有无，在相当程度上取决于行为人履行义务的能力。如果行为人足够有能力给予其医疗，而出于对该新生儿死亡结果的希望或者放任而故意不予医疗，因而导致该新生儿死亡的，当然构成故意杀人罪。倘使行为人根本无力给予其医疗，则难以完备不作为"行为人有履行义务的可能性"这一要件，不能以故意杀人认定。从这个角度说，有人提出的"如果一个国家禁止对有严重缺陷的新生儿实行安乐死，而这个国家又很穷，一般家庭刚够温饱或还不够温饱，社会上也没有收容有缺陷儿童的设施，那么这种禁止也是无效的"[1]的说法也并非完全没有道理。因此，在一定意义上说，残障新生儿生命权的保障，不仅取决于法律的平等保护，更大意义上还取决于社会残障儿疗养院和全民免费医疗服务等社会保障的实现。

第四节　胎儿生命利益延伸保护

如前所述，胎儿因其尚未出生，不具有主体资格。故合理的结论是，在刑事案件中，胎儿亦无法成为被害人。从被侵害法益的层面着眼，"在所有对潜在利益伤害的案件中，孩子并未最终从子宫中出现。胎儿在具有任何实际的利益之前的死亡，对它并无伤害"[2]。如此理解，一般说来也并无理论上的障碍。但近年来，因一些典型案件的发生，胎儿是否能够作为侵犯生命权与健康权犯罪的对象及此类案件的定性问题，在各国或地区引起了强烈的反响。

美国联邦生命权委员会的网页上，即报道有题名为"Please don't tell me that my dead son was not a real crime victim!"的一个案例：Tracy Marciniak 被严重袭击，导致其腹中之子 Zachariah 死亡。事后执法部门告知对该案只能指控针对 Tracy Marciniak 的伤害。因为，在法律的眼中，此次袭击无人死亡。Tracy Marciniak 对此悲痛之极。该报道同时配有关于 84% 的选民认为此类案件存在两个被害人的民意调查。白宫发言人 Ari Fleischer 也于 2003 年 4 月 25 日发表言论，称美国总统布什"确信当一个未出生的孩子在暴力犯罪中被伤害或杀害时，法律应当承认多数人立刻承认的，这样的犯罪有两个被害人。"[3]

在我国，这种关于胎儿生命健康能否成为法律所保护的客体的讨论也同样

---

[1] 邱仁宗：《生命伦理学》，上海人民出版社 1987 年版，第 167 页。

[2] Joel Feinberg.*The Moral Limits of the Criminal Law: Harm to Others*.Oxford University Press,1984,p.96.

[3] www.nrlc.org/unborn_victims/index.html。

存在。如西安市一市容管理人员在执法过程中踩伤孕妇致胎儿死亡的案件就曾遭到了媒体的广泛关注，甚至有人基于愤怒，要求追究踩人者故意杀人罪的刑事责任。[1]

一、域外刑法对胎儿伤害（杀害）的处理

在日本，对胎儿伤害是否肯定对出生后的"人"的伤害罪、过失伤害罪、伤害致死罪等问题，则是在与公害罪的关联中受到讨论。对母体进行伤害，其有害作用及于胎儿，导致胎儿发育畸形或死亡的，是否构成对人生命、身体的犯罪，日本学说界各执一词。①否定说，认为刑法通过堕胎罪对胎儿的生命进行单独保护，因此，在实行行为对象是胎儿的场合，只能成立堕胎罪；②只要该行为在胎儿出生为人后，仍在继续，就成立对人的犯罪；③认为胎儿是母体的一部分，对胎儿施加伤害，就是对人（母体）施加伤害；④认为侵害了母亲生产正常孩子的机能的意义上，是对母亲的伤害；⑤只要实施了具有致人受伤或死亡的危险行为，发生了致人死伤的结果，不管其结果是及于人还是胎儿，都成立对人的犯罪。而由于日本刑法中胎儿与母体生命分别根据堕胎罪与各侵犯生命权的犯罪独立加以保护，将胎儿作为母体的一部分的③说不能支持；而④说认为致胎儿死伤是对母亲生产机能的伤害，也并非事实。在相当情况下，胎儿死伤并非伤害母体机能的结果；而②说与⑤说在结论上将胎儿类推解释为人，违反了罪刑法定的原则，也受到了学者的批评。故日本学者一般认为，否定说较为妥当。尽管他们也认为有必要在立法上对该问题进行规定。[2]

的确，法治社会中，对于法无明文规定，但严重危害社会的行为刑事责任的解决，立法才是最根本的方法。或许也正是基于这一考虑，美国各州纷纷对未出生被害人制定新的法律予以规定。截至 2003 年 6 月 1 日，美国共计 28 个州对此做出了刑事法律规范，尽管认识未必完全一致。[3]部分州的法律认为杀害胎儿可构成现行法律关于侵犯生命权的所有犯罪，如田纳西州、印第安纳州、阿肯色

---

[1]http://big5.xinhuanet.com/gate/big5/news.xinhuanet.com/comments/2003-02/19/content_734697.htm。

[2] 参见［日］大谷实：《刑法各论》，黎宏译，法律出版社 2003 年版，第 23—24 页。

[3] 根据美国联邦生命权委员会的网络资料，这些州是：亚利桑那州、爱达荷州、依利诺斯州、路易斯安娜州、密歇根州、明尼苏达州、密苏里州、内布拉斯加州、北达科他州、俄亥俄州、宾夕法尼亚洲、南达科他州、犹他州、威斯康星州、阿肯色州、加利福尼亚州、佛罗里达州、乔治亚州、印第安纳州、马萨诸塞州、密西西比州、内华达州、俄克拉何马州、罗德艾兰州、田纳西州、华盛顿州、纽约州以及得克萨斯州。http://www.nrlc.org/Unborn_Victims/Statehomicidelaws092302.html；http://www.nrlc.org/Unborn_victims/newsweekpoll060302.html。

州、威斯康星州、犹他州、南达科他州、宾夕法尼亚州、俄亥俄州、内布拉斯加州、明尼苏达州、依利诺斯州；部分州则规定，杀害婴儿的行为构成非预谋杀人罪，如亚利桑那州、爱达荷州、密歇根州、佛罗里达州、密西西比州、俄克拉何马州、罗德艾兰州、华盛顿州等；少数州则认为杀害胎儿的行为仅构成谋杀罪（如加利福尼亚州）或仍认为构成堕胎罪（乔治亚州）。2004 年 4 月 1 日，美国总统布什签署了《未出生的暴力受害者法案》，正式在联邦刑法的层面上将侵害胎儿的行为列为刑事罪行。

立法态度的不同，直接导致了对具体个案处理结果的不同。在立法确认对胎儿的杀害属于侵犯生命权的犯罪行为的场合，行为人将就杀害胎儿的行为承担谋杀罪、非预谋杀人罪等罪的刑事责任。如 Heaven Rock 案。该案案情为：Shiwona Pace（23 岁，女大学生，5 岁儿子的母亲）2 个月前将腹中的胎儿取名为 Heaven Rock（经超声波检测，Shiwona Pace 得知它为女婴）。1999 年 8 月 26 日（预产期前)Shiwona Pace 遭到了三个男人的袭击。他们反复地踢 Shiwona Pace 的下腹部，其中一个还叫嚣说，"你的孩子今晚就会死掉！"30 分钟后，袭击者们离开了，Shiwona Pace 在地板上哭泣着。后医院发现 Heaven Rock 已经死在腹中。袭击者被逮捕后，证实 Shiwona Pace 的前男友 Erik Bullock 花 400 美元雇用这三个袭击者杀掉 Heaven Rock。由于一个月以前，州一项新的承认未出生的孩子作为被害人的法律生效，Erik Bullock 因杀害 Heaven Rock 被判有罪，其雇佣者们也因他们对 Heaven Rock 所做的被指控。[1] 而前述 Zachariah 案则因该州没有类似规定，行为人仅因其伤害孕妇的行为被起诉。

也有少数国家对杀害或伤害胎儿的行为规定为独立的罪名。如波兰刑法典第 153 条规定："任何人未经孕妇同意的情况下针对孕妇使用暴力或者其他手段为其堕胎，或者以暴力、非法胁迫、欺骗手段诱使堕胎的，处剥夺 6 个月至 8 年的自由。"[2] 欧洲文明古国希腊的刑法典则对故意杀、伤胎儿的行为做了更为细致的区分。其刑法典第 304 条第 1 款规定："在未经孕妇同意的情况下终止其妊娠的，处惩役。"在第 304 条 A 则对伤害胎儿的行为明确规定按照故意伤害罪处理："对孕妇实施非法行为，因此对胎儿造成严重伤害……，按照第 310 条的规定追究刑事责任。"（注：第 319 条规定的是"严重伤害罪"）[3]

[1]www.nrlc.org/unborn_victims/ShiwonaPaceStandard.pdf。

[2]《波兰刑法典》，陈志军译，中国人民公安大学出版社 2009 年版，第 61—62 页。

[3]《希腊刑法典》，陈志军译，中国人民公安大学出版社 2010 年版，第 114—115 页。

二、胎儿在我国刑法中的地位

纵观我国建国以来的刑法立法史，胎儿从来都不是我国刑法所关注的对象。无论是 1979 年《刑法》、已经失效的诸单行刑法，抑或是现行《刑法》、正有效适用着的诸刑法修正案、立法解释，从来也不曾将目光投向伤害胎儿或者杀害胎儿的行为。1979 年《刑法》之前的诸刑法草案中，仅 1950 年的《中华人民共和国刑法大纲草案》中涉及"无正当理由为他人堕胎"，1956 年的刑法草案第 13 稿、1957 年的刑法草案第 21 稿、第 22 稿以及 1962 年刑法草案第 27 稿规定了对"强迫他人堕胎"的行为追究刑事责任。其中第 27 稿中规定的强迫他人堕胎罪的构成还必须以"致人重伤"为要件。即使是对胎儿生命利益的这点眷顾，在 1979 年《刑法》中也并没有得到丝毫的体现。现行《刑法》中，唯一与杀害胎儿存在一定关联的，也仅"非法进行节育手术罪"。但该罪规定的是未取得医生执业资格的人所进行的终止妊娠等手术的行为。现行附属刑法中直接与杀害胎儿行为有联系的，也仅 2002 年 9 月 1 日起实施的《人口与计划生育法》第三十五条规定"严禁非医学需要的选择性别的人工终止妊娠"，并在该法第三十六条规定，"非法为他人施行计划生育术的"、"利用超声技术和其他技术手段为他人进行非医学需要的胎儿性别鉴定或者选择性别的人工终止妊娠的"、"实施假节育手术、进行假医学鉴定、出具假计划生育证明"，"构成犯罪的，依法追究刑事责任"。结合《刑法》分则的相关规定，实际上根据该条追究的仍然只能是非法进行节育手术以及诈骗行为的刑事责任。

对于一般情况杀害胎儿行为的定性，根据 1990 年 3 月 9 日由司法部、最高人民法院、最高人民检察院、公安部颁布并生效的《人体重伤鉴定标准》第七十八条，"孕妇损伤引起早产、死胎、胎盘早期剥离、流产并发失血性休克或者严重感染"，属于重伤的范畴。另外，《人体轻伤鉴定标准》第四十二条明确，"损伤致孕妇难免流产"的，属于轻伤的范畴。《人体重伤鉴定标准》和《人体轻伤鉴定标准》体现了"母体部分伤害说"的主张。即伤害胎儿的，视为是对母体一部分或者母体生理机能的伤害，构成故意伤害罪。由于这里的早产、死胎、流产和难免流产，都以孕妇损伤为前提，因此，在没有损伤孕妇，只伤害或杀害胎儿的情况下，应当如何处理就遇到了问题。因为，在"母体部分伤害说"的主张下，胎儿仅仅是健康的客体，而不是生命权和健康权的主体。

三、检讨与出路

在现行的胎儿与母体被一体评价法律环境下，对胎儿杀伤行为以故意伤害罪认定的确有其合理性。但从行为本质和行为人主观故意的内容来看，如此定性却并非合适。

（1）对作为两个物质存在的胎儿与母体而言，二者具有相对的独立性。胎儿虽不是人，但它也不是母体的一块组织，而是具有特殊道德地位的生物体。这一理解在实践中也得到了司法界的认同。如德国 1961 年的 Thailidomide 药物案件[1]，法院针对检察官提起的以母亲为被害人的伤害罪的回答即认为胎儿与母亲乃两个独立的生命体，胎儿虽依存于母体而存在，唯与母亲各具有独立的器官，并不属于母体的一部分。如此主张有着确实的医学依据。根据美国医学专家的研究结论，胎儿到 43 天后就有了跳动着的心脏和产生脑电波的大脑。到 2 个月后，所有生理体系都出现了。因此胎儿学家们做出结论说，未出生的胎儿到 8 周就可能体验疼痛，到 13 周则确切地能体验疼痛。[2] 这就是说 13 周后的胎儿在相当程度上已经与"人"十分接近。它不是人，但在一定条件下可以成为人，具有生命权延伸保护意义上的生命利益。

（2）从故意伤害罪的犯罪构成来衡量，该行为并不完全具有故意伤害罪的该当性。所谓"伤害"，刑法理论上有几种不同的认识：①认为伤害是指对人的生理机能的损害；②认为伤害是指对人的身体外部完整性的侵害；③认为伤害是指对人的生理机能的损害或使身体外貌发生重要变化。但一般认为是指"对于人之生理机能，或其健康状态，加以损害而言"[3]。我国大陆刑法界一般也认为，"刑法上所谓伤害他人身体健康，应指使他人的生理健康遭受实质的损害，其具体表现为两个方面，一是破坏他人身体组织的完整性，以至健康受伤害……二是虽然不破坏身体组织的完整性，但使身体某一器官机能受到损害或者丧失"[4]。如前所述，致胎儿死亡并不一定导致母体身体器官的损害或丧失，那么，打击母体以使胎儿死亡的行为要完备故意伤害罪的构成，合乎逻辑的结论是：致胎儿死亡的行为损害了他人（母体）身体组织的完整性。然这一点也不是没有疑问的。一般而言，我们所说伤害罪中的损害身体的完整性，指的是对健康具有实质意义的器官、肢体损害。而胎儿对母体而言，既非器官，也非肢体。在不引起母体生育功能或器官性损伤的情况下，仅就胎儿的死亡而言，对母体的实质生理健康的损害常常并未达到具有严重社会危害性的程度，尽管对其心理往往造成严重伤害。

---

[1]Thailidomide 药物案件基本案情：孕妇在怀孕期间，服用了沙利迈德镇静剂后，因药物的作用，妨害了胎儿四肢的生长与发育，以至出生后，形成了畸形儿。

[2]http：//www. nrlc. org/unborn_victims/ShiwonaPaceS' tandard. Pdf。

[3] 陈朴生：《刑法各论》，台湾正中书局 1978 年版，第 225 页。

[4] 王作富主编：《刑法分则实务研究》（上），中国方正出版社 2001 年版，第 864 页；另参见张明楷：《刑法学》（上），法律出版社 1997 年版，第 699 页。

此外，从作为两个物质存在的胎儿与母体而言，二者具有相对的独立性。胎儿虽不是人，但它也不是母体的一块组织，而是具有特殊道德地位的生物体。它不是人，但在一定条件下可以成为人，因而具有生命权延伸保护意义上的生命利益。其次，从主观故意内容看，行为人的主观故意内容在于造成胎儿的死亡，这与故意造成母体身体的完整性或器官机能性损害还是具有一定差异的。

（3）从部门法之间的和谐与平衡来看，对胎儿的先期生命利益不予独立的刑法保护，也不是不存在疑问的。我国《继承法》第二十八条规定："遗产分割时，应当保留胎儿的继承份额"，这就对胎儿的预期继承法益给予了明确的法律保护，有学者将此类规定称为"先期人身法益延伸保护"[1]，至于胎儿的先期生命利益，我国法律并未做出规定。生命利益与继承法益之间孰轻孰重，毋庸赘述。令人费解的是，我国法律对胎儿的预期继承法益尚予以明确保护，对于其预期生命利益却视若无睹。但这个问题在域外，却是存在肯定性的立法和相关判例的。且不论在相当多的规定堕胎罪的国家，并不将堕胎罪规定于侵犯生命权的犯罪之列，而是将之作为独立犯罪予以规定。即使是没有规定有单独的堕胎罪的国家或地区，也多通过判例、单行立法等方式将故意杀害胎儿的行为纳入到刑法的规制范畴之中。如前述美国各州刑法及联邦《未出生的暴力受害者法案》。

（4）从引导尊重生命的观念出发，对胎儿先期生命利益予以保护也是有其必要的。我们知道，与自然界的其他动物相区别的"人"有两大基本特征：自然性和社会性。马克思指出："人不仅仅是自然存在物，他还是属人的自然存在物，也就是说，是为自己本身而存在着的存在物，因而是类的存在物。"人的生命从这个意义上说，可以分为自然生命和社会生命，只有二者的融合才使生命具有完整性，此时的人才是完整意义上的"人"（human being）。而这种完整性完成于独立存在的个体产生之时，也就是出生之时。在出生之前，存在于母体内的胎儿虽然不具有人的社会性但它拥有人之生命基因上的独特性，具有人的社会性之潜在性。其虽尚不是完整意义上的"人"，但却是完整意义上的"人"产生的必经阶段，并且与完整意义"人"的产生在时间上具有紧密连接性。在目前的医疗条件下，绝大多数胎儿都能顺利出生，成为人——未来社会的公民。正是在这个意义上，胎儿作为一种特殊的生命存在物，其先期生命利益对人类而言具有生命价值。尊重胎儿，就是尊重我们自己。如果在一个社会中，人人可以任意处分、残害胎儿，这个社会将会如德沃金所言，是一个冷酷无情、麻木不仁的社会，一个危险的社会。

基于以上考虑，笔者认为，对怀孕的妇女自行堕胎以及计划生育管理部门

---

[1] 杨立新等：《人身权的延伸法益保护》，载《法学研究》1995年第2期，第26页。

工作人员依职权强令堕胎以外的第三人故意杀害已经接近出生的胎儿的行为，应适当借鉴域外刑法，设置独立的罪名，予以犯罪化，有其必要性。

对于胎儿预期生命利益的损害，可能来自三个方面：①母体的堕胎行为。②社会对妊娠的干预。如计划生育政策禁止"超生"。计划生育管理部门及其执行人员据此强令怀孕的妇女堕胎，干预胎儿的预期生命利益成长为现实的生命利益。③前二者以外的第三人用身体行为、药物或器械害及胎儿生命或导致出生后的残疾。如前述 Heaven Rock 案中袭击者出于杀害胎儿的故意而对 Shiwona Pace 腹部实施的打击行为。

主张杀害胎儿罪的犯罪主体仅限于母体和执行计划生育管理部门职务的国家工作人员以外的第三人，主要考虑的是第三人基于杀害胎儿的故意实施的杀害胎儿行为与前两种杀害胎儿的行为社会危害性不同。虽然三种杀害胎儿的行为在对胎儿预期生命利益的剥夺这一后果上并无二致，但对于社会整体法秩序和对家庭造成的伤害却是存在巨大差异的。如 Heaven Rock 案之故意伤害、杀害胎儿之行为，对社会秩序的破坏与对家庭造成的伤害就远大于基于国家意志或母体意志的堕胎。

计划生育政策是以维护社会整体利益为出发点的一种功利性政策。人类生活总是在社会共同体中进行的，为了使这个社会共同体维持下去，作为共同体的成员必须承担一定的社会责任，共同体也需在维护成员整体利益问题上有所作为。在全球人口总体爆炸的背景下，计划生育政策可以被认为是社会共同体为谋求人类整体福祉而做出的选择性牺牲。毕竟胎儿与社会化的人尚具一步之遥。为贯彻计划生育而实行的堕胎符合立法者控制人口这一功利性目标，因而在立法者看来该行为不具有社会危害性和违法性。对胎儿所属家庭和社会一般公众来讲，考虑到作为社会共同体成员，为维护社会共同体所必须承担的社会责任，由计划生育管理部门根据计划生育政策强令实施的堕胎行为对其情感上的冲击也与由第三人实施的杀害胎儿行为不可同日而语。

至于否认母体自行堕胎的行为构成犯罪，则主要是出于以下几个方面的考虑。

（1）尊重女性在是否生育问题上的选择权。堕胎与避孕、性、生殖、分娩等一样，是受宪法所保障的个人基本权利——生育权的内容，任何人不得予以剥夺。

（2）缺乏期待可能性。"法者缘人情而制，非设罪以陷人也。"从实践看来，孕妇主动终止妊娠，通常主要是由于这样两个方面的原因：①孕妇自身因素，如生育会影响其生命、身体健康、经济状况、就业机会、名誉等；②胎儿的因素，主要是遗传性疾病或先天性缺陷等问题。出于为将出生的"人"考虑，母体一般倾向于阻止其出生。

（3）对社会造成的冲击较小。母体主动堕胎的危害性较由第三人实施的杀害胎儿的行为社会危害性小，这一点在规定有堕胎罪的国家亦可见端倪。如，巴西刑法"对造成自己流产或允许别人对自己造成流产的，刑事责任仅1年至3年拘役"（第124条），而"未经孕妇同意而使其流产的，处刑为3年至10年监禁"（第125条），差别可谓大矣。

杀害胎儿罪除了在犯罪主体上应严格限定为母体以外的第三人以外，在客观方面还应以违背母体意志为限。否则将会致医务人员于尴尬境地。因为，根据现行计划生育政策，医疗机构根据母体的意愿，或者出于挽救母体的需要，所实施的堕胎属于正当医疗行为。

至于刑事责任的设置，笔者认为可考虑参考故意杀人罪情节减轻犯的法定刑幅度，考虑三年以上十年以下的有期徒刑。所以认为故意杀害胎儿的刑事责任应低于故意杀人罪的基本法定刑，主要是因为，从被侵犯法益来看，毕竟故意杀害胎儿的行为所侵犯的客体是胎儿的预期生命利益，相比较"人"的生命权而言，后者更具有现实性。此外，如此设置，与和我大陆法律传统类似的台湾地区和日本刑法中关于堕胎罪的刑事责任的规定之间具有相当性。当然，如果残害胎儿同时严重损害到母体身体健康或者生命安全的，则应按照想象竞合犯的处断原则，从一重处断。

结　语

人权是国家的目的。而人权体现于个人的具体生命之中，而非抽象、虚无的存在。正是由于确证了个人对于团体、社会和国家（政府）的基础地位，法治所特别加以关注并将其置于首要重任的乃是对个人权利充分而全面的有效保障。在这个意义上，说生命权法律保护的状况反映了一个法治国家（地区）人权保障的程度，应为中肯之言。

人的生命具有其自在价值。这一点决定了每一个生命体存在是他本身的目的，而不是其他目的或他人利益的手段。以人作为达到任何功利目的的手段的做法和论调，都是对人本身即为目的这一原则的违背和对神圣生命的漠视。从这个角度出发，本书认为，功利主义不是，也不应是生命权刑法保护的指导思想。只有以人本主义取代功利主义作为思想前提，作为个人权利至高者的生命权获得充分有效的刑法保护方能在观念上得到支持。

以人为本的人本主义要求刑法对生命权给予尽可能重视、周全的刑法保护，并要求以功利主义为指导进行制度设计时，生命权应为其基本底限。

正是为了给予生命权尽可能重视、周全的刑法保护，本书认为：①在人生命权之起始上，只要"胎儿"达到从母体中部分露出、能够独立地成为直接受到侵害的对象的程度，就应承认其生命权，作为"人"加以保护；②对一般公民与犯罪嫌疑人、被告人以及犯罪人的生命权应一体保护；③为突显对生命权至上性的认识和对自然人生命权刑法保护的重视，侵犯生命权的犯罪应被置于刑法分则的核心位置；④关于侵犯生命权的犯罪罪名体系设置应尽可能完备，对行为性质与社会危害性明显有别于故意杀人罪的教唆、帮助自杀行为和强迫自杀行为应规定为独立的犯罪，作为侵犯生命权的补充罪，以实现罪刑法定原则下对侵犯生命权行为的全面规制。

以功利主义作为衡量是非曲直的标准，在如今这个信仰缺乏的年代似乎已经司空见惯。因此，学界对死刑之存废、安乐死应否合法化、残障新生儿处理、死亡标准之确立等问题的讨论，往往从死刑是否有效威慑犯罪、节省医疗资源、解决器官移植供体等纯粹功利主义的立场出发，将生命作为一种增进和满足某种目的的手段。本书认为，对这些问题的解决，都应从生命权本身着眼。

在生命权的立法上，必须要有一个限度，这就是决不能以功利的理由牺牲生命、侵犯生命权。并进而认为：

（1）为了威慑犯罪而存在的死刑，有违"人是目的，人在任何时候都要被看成是目的，永远不能只看成手段"的原则。尽管从制定法的层面，作为国家刑罚权体现的死刑，并非对生命权的任意剥夺，因而难以说是对生命权的侵犯。但从自然法的角度，死刑由于其剥夺不可剥夺的权利——生命权，仍不免被认为是对生命权的一种侵犯。而对故意杀人或与恶意杀人或谋杀相当的罪行以外的其他罪行生命刑的设置，则更是对生命的轻视。

（2）为了"最大多数人的幸福"和节省医疗资源而主张对杀害危重病人、残障新生儿的行为予以合法化，也明显是以功利主义作为衡量生命价值的标准，是对生命权的侵犯。

（3）在死亡标准的确定问题上，脑死亡标准之所以优于心死标准，在于其对可认识的作为客观现实的死亡这一事件发生时间的科学认识，而非为了解决器官移植供体缺乏。

当然，对生命权给予尽可能重视、全面的刑法保护也并非意味着对客观存在的一切危及生命的行为均予犯罪化或者强调对侵犯生命权的犯罪在立法或司法上的重刑主义，更不是对"杀人者死"这一传统群众观念的鼓吹。

早在十年前，高铭暄教授即提出要树立起包括适度刑法观在内的"十大刑法观"。[1]虽然其提出该观念时，主要是针对刑法对社会经济生活的干预和调整而言的，但笔者认为，在讨论生命权的刑法保护时，它也绝无不适。一方面，刑法对危及生命权的行为的犯罪化，必须适度，不能将本应由社会道德等调整的行为，如见危不救的行为，纳入刑法的范畴；另一方面，对侵犯生命权犯罪行为刑事责任的确定应适度。这有赖于罪责刑相适应原则的充分贯彻。

罪责刑相适应原则在生命权刑法保护中的贯彻，既体现于司法的层面，更体现于立法层面。它一方面要求，在各具体相关个罪中，应根据情节和社会危害性程度的不同，充分运用基本构成和修正构成的立法技术，规定轻重有别而又合理衔接或交叉的刑度；另一方面也要求各罪之间刑度的横向平衡。对侵犯生命权的诸犯罪，严重程度相当的，规定大体一致的法定刑幅度，严重程度相异的，则重罪重罚，轻罪轻罚。具体说来：①对侵犯生命权的具体各罪，尤其是最严重、最多发的故意杀人罪，应实现量刑情节的法定化；②故意犯罪中故意杀人的，应以故意杀人罪认定，并将故意实施其他罪的行为作为故意杀人罪的从重情节考虑，

---

[1] 参见高铭暄：《刑法肆言》，法律出版社2004年版，第223—226页。

而非随意地以相关故意犯罪加重犯认定、数罪并罚或另设转化犯的规定；③对业务过失致死罪应配置较一般过失致死罪更重的法定刑。

2004 年 3 月 14 日第十届全国人民代表大会第二次会议通过《中华人民共和国宪法修正案》首次在宪法中庄严宣告，"国家尊重和保障人权"。这将我国的人权事业推进到一个新的阶段。我们相信，随着法治的发展和人权事业的进步，我国生命权刑法保护中现存的诸多不足也将逐步得到弥补和完善。

主要参考文献

一、中文著作

1. 《马克思恩格斯全集》第1卷、第8卷，人民出版社1956年版、1961年版。

2. 高铭暄：《刑法肆言》，法律出版社2004年版。

3. 高铭暄主编：《中国刑法学》，中国人民大学出版社1989年版。

4. 高铭暄主编：《新编中国刑法学》（下册），中国人民大学出版社1998年版。

5. 高铭暄主编：《刑法学原理》（第三卷），中国人民大学出版社1994年版。

6. 高铭暄主编：《刑法专论》（上、下编），高等教育出版社2002年版。

7. 高铭暄主编：《刑法修改建议文集》，中国人民大学出版社1991年版。

8. 高铭暄：《中华人民共和国刑法的孕育诞生和发展完善》，北京大学出版社2012年版。

9. 高铭暄、马克昌主编：《刑法学》，北京大学出版社、高等教育出版社2012年版。

10. 高铭暄、马克昌主编：《刑法热点疑难问题探讨》，中国人民公安大学出版社2002年版。

11. 高铭暄、赵秉志编：《新中国刑法立法文献资料总览》（下），中国人民公安大学出版社1998年版。

12. 王作富：《刑法论衡》，法律出版社2004年版。

13. 王作富：《中国刑法研究》，中国人民大学出版社1988年版。

14. 王作富主编：《刑法分则实务研究》（上），中国方正出版社2001年版。

15. 马克昌主编：《犯罪通论》，武汉大学出版社1999年版。

16. 马克昌主编：《刑罚通论》，武汉大学出版社1999年版。

17. 马克昌：《比较刑法原理》，武汉大学出版社2002年版。

18. 马克昌：《马克昌文集》，武汉大学出版社2012年版。

19. 赵秉志主编：《海峡两岸刑法各论比较研究》，中国人民大学出版社

2001 年版。

20. 赵秉志译：《现代世界死刑概况》，中国人民大学出版社 1992 年版。

21. 赵秉志主编：《刑法争议问题研究》，河南人民出版社 1996 年版。

22. 赵秉志、张智辉、王勇：《中国刑法的适用与完善》，法律出版社 1989 年版。

23. 陈兴良：《刑法的价值构造》，中国人民大学出版社 1998 年版。

24. 陈兴良：《本体刑法学》，商务印书馆 2001 年版。

25. 陈兴良：《刑罚适用总论》（上卷），法律出版社 1999 年版。

26. 陈兴良：《刑法理念导读》，法律出版社 2003 年版。

27. 张明楷：《刑法学》（上），法律出版社 1997 年版。

28. 张明楷：《外国刑法纲要》，清华大学出版社 1999 年版。

29. 张明楷：《刑法格言的展开》，法律出版社 2003 年版。

30. 金子桐等：《罪与罚——侵犯公民人身权利、民主权利罪的理论与实践》，上海社会科学院出版社 1986 年版。

31. 储槐植：《美国刑法》，北京大学出版社 1996 年版。

32. 甘雨沛等主编：《犯罪与刑罚新论》，北京大学出版社 1991 年版。

33. 苏惠渔等：《量刑与电脑——量刑公正合理应用论》，百家出版社 1989 年版。

34. 王政勋：《正当行为论》，法律出版社 2000 年版。

35. 郑伟：《刑法个罪比较研究》，河南人民出版社 1990 年版。

36. 肖中华：《侵犯公民人身权利罪》，中国人民公安大学出版社 1998 年版。

37. 宣炳昭：《香港刑法》，中国法制出版社 1997 年版。

38. 胡云腾：《死刑通论》，中国政法大学出版社 1995 年版。

39. 胡云腾：《存与废：死刑基本理论研究》，中国检察出版社 2000 年版。

40. 田宏杰：《刑法中的正当化行为》，中国检察出版社 2004 年版。

41. 李海东：《刑法原理入门》，法律出版社 1998 年版。

42. 邱兴隆主编：《比较刑法——死刑专号》，中国检察出版社 2001 年版。

43. 谢望原：《刑罚价值论》，中国检察出版社 1999 年版。

44. 左振声主编：《杀人犯罪的定罪与量刑》，人民法院出版社 2000 年版。

45. 丁慕英主编：《杀人罪》（案例丛书），中国检察出版社 1991 年版。

46. 宁汉林：《杀人罪》，群众出版社 1986 年版。

47. 钊作俊：《死刑罪名通论》，郑州大学出版社 2002 年版。

48. 李云龙、沈德咏：《死刑制度比较研究》，中国人民公安大学出版社

1992 年版。

49. 李云龙、沈德咏：《死刑专论》，中国政法大学出版社 1997 年版。

50. 许发民：《刑法文化与刑法现代化研究》，中国方正出版社 2001 年版。

51. 钊作俊：《死刑限制论》，武汉大学出版社 2001 年版。

52. 单长宗等主编：《新刑法研究与适用》，人民法院出版社 2000 年版。

53. 何显明：《中国人的死亡心态》，上海文化出版社 1993 年版。

54. 徐宗良等：《安乐死：中国的现状及趋势》，民主与建设出版社 1997 年版。

55. 徐宗良等：《生命伦理学理论与实践探索》，上海人民出版社 2002 年版。

56. 富学哲：《从国际法看人权》，新华出版社 1998 年版。

57. 陈舜：《权利及其维护：一种交易成本观点》，中国政法大学出版社 1999 年版。

58. 白桂梅等编著：《国际法上的人权》，北京大学出版社 1996 年版。

59. 刘学礼：《生命科学的伦理困惑》，上海科学技术出版社 2001 年版。

60. 李恩昌等：《医学伦理学》，陕西人民出版社 2002 年版。

61. 彭开坤等:《中国社会主义医学伦理学》,青岛海洋大学出版社 1999 年版。

62. 夏勇：《人权概念起源：权利的历史哲学》，中国政法大学出版社 2001 年版。

63. 徐显明：《人权研究》（第一卷），山东人民出版社 2001 年版。

64. 徐显明主编：《公民权利义务通论》，群众出版社 1991 年版。

65. 《西方法律思想史资料选编》，北京大学出版社 1983 年版。

66. 邱仁宗：《生命伦理学》，上海人民出版社 1987 年版。

67. 王利明、杨立新主编：《人格权与新闻侵权》，中国方正出版社 2000 年版。

68. 张俊浩主编：《民法学原理》，中国政法大学出版社 1991 年版。

69. 杨立新：《人格权法论》，人民法院出版社 2002 年版。

70. 张文显：《法哲学范畴研究》（修订版），中国政法大学出版社 2001 年版。

71. 沈宗灵、黄枬森主编：《西方人权学说》（下），四川人民出版社 1994 年版。

72. 刘学礼：《生命科学的伦理困惑》，上海科学技术出版社 2001 年版。

73. 董云虎编著：《人权基本文献要览》，辽宁人民出版社 1994 年版。

74. 国际人权法教程项目组编写：《国际人权法教程》（第二卷）（文件集），中国政法大学出版社 2002 年版。

75. 张希坡编：《中华人民共和国刑法史》，中国人民公安大学出版社 1998 年版。

76. 蔡枢衡：《中国刑法史》，广西人民出版社 1983 年版。

77. 尚彝勋：《中国古代刑法史》，湖北财经学院法律系刑法教研室 1983 年印。

78. 周密：《中国刑法史纲》，北京大学出版社 1998 年版。

79. 乔伟：《中国刑法史稿》，西北政法学院科研处 1982 年印。

80. 张晋藩等：《中国刑法史新论》，人民法院出版社 1992 年版。

81. 长孙无忌等撰：《唐律疏议》，中华书局 1983 年版。

82. 王晓慧：《论安乐死》，吉林人民出版社 2004 年版。

83. 黄丁全：《医疗 法律与生命伦理》，台湾高雄宏文馆图书公司 1998 年版。

84. 蔡墩铭：《刑法各论》，台湾三民书局 1995 年版。

85. 李震山：《人性尊严与人权保障》，台北元照出版公司 2000 版。

86. 林山田：《刑罚学》，商务印书馆 1987 版。

87. 林山田：《刑法特论》，台湾三民书局 1978 年版。

88. 陈朴生：《刑法各论》，台湾正中书局 1978 年版。

89. 陈焕生：《刑法分则实用》，台湾汉林出版社 1979 年版。

90. 陈志龙：《法益与刑事立法》，台湾林学丛书编辑委员会 1992 年版。

91. 王利明：《人格权法研究》，中国人民大学出版社 2012 年版。

92. 韩大元：《生命权的宪法逻辑》，译林出版社 2012 年版。

93. 赵雪纲：《论人权的哲学基础：以生命权为例》，社会科学文献出版社 2009 年版。

94. 上官丕亮：《宪法与生命：生命权的宪法保障研究》，法律出版社 2010 年版。

95. 刘长秋：《生命科技犯罪及现代刑事责任理论与制度研究》，上海人民出版社 2011 年版。

96. 刘长秋：《生命科技犯罪及其刑法应对策略研究》，法律出版社 2006 年版。

97. 熊永明：《现代生命科技犯罪及其刑法规制》，法律出版社 2012 年版。

98. 赵西巨：《医事法研究》，法律出版社 2008 年版。

99. 黎宏：《刑法总论问题思考》，中国人民大学出版社 2007 年版。

100. 黎宏：《日本刑法精义》，中国检察出版社 2004 年版。

101. 马振超：《从工具理性到价值理性》，吉林大学 2002 年博士论文。

102. 王晓慧：《安乐死问题研究》，吉林大学 2002 年刑法博士论文。

103. 林亚西：《谁生谁死：论科技发展对生命伦理学的挑战》，复旦大学 2001 年马克思主义哲学（伦理学）博士论文。

104. 翟晓梅：《安乐死：概念和伦理问题》，中国社会科学院 1998 年博士论文。

105. 蔡永宁：《论命运：关于个人生存状态与生命历程的哲学反思》，中国人民大学 2000 年马克思主义哲学博士论文。

106. 王延光：《艾滋病、政策与生命伦理学》，中国社会科学院 1996 年科学技术哲学博士论文。

二、法 典

1. 萧榕主编：《世界著名法典选编》，中国民主法制出版社 1998 年版。

2. 《各国刑法汇编》（上、下册），台湾司法行政部印 1980 年版。

3. 《俄罗斯刑法典》，黄道秀等译，中国法制出版社 1996 年版。

4. 《日本刑法典》，张明楷译，法律出版社 1996 年版。

5. 《德国刑法典》，徐久生、庄敬华译，中国法制出版社 2000 年版。

6. 《最新意大利刑法典》，黄风译，法律出版社 2007 年版。

7. 《法国刑法典 刑事诉讼法典》，罗结珍译，国际文化出版公司 1997 年版。

8. 《瑞士联邦刑法典》，徐久生、庄敬华译，中国方正出版社 2004 年版。

9. 《韩国刑法典及单行刑法》，金永哲译，中国人民大学出版社 1996 年版。

10. 《新加坡刑法》，刘涛、柯良栋译，北京大学出版社 2006 年版。

11. 《印度刑法典》，赵炳寿等译，四川大学出版社 1988 年版。

12. 《泰国刑法典》，吴光侠译，中国人民公安大学出版社 2004 年版。

13. 《加拿大刑事法典》，卞建林等译，中国政法大学出版社 1999 年版。

14. 姜士林等主编：《世界宪法全书》，青岛出版社 1997 年版。

15. 赵秉志总编：《澳门刑法典 澳门刑事诉讼法典》，中国人民大学出版社 1999 年版。

16. 陶百川等编著：《最新综合六法全书》，台湾三民书局 2001 年版。

17. 《捷克刑法典》，陈志军译，中国人民公安大学出版社 2011 年版。

18. 《希腊刑法典》，陈志军译，中国人民公安大学出版社 2010 年版。

19. 《阿尔巴尼亚刑法典》，陈志军译，中国人民公安大学出版社 2011 年版。

20. 《波兰刑法典》，陈志军译，中国人民公安大学出版社 2009 年版。

21. 《保加利亚刑法典》，陈志军译，中国人民公安大学出版社 2007 年版。

22. 《菲律宾刑法典》，陈志军译，中国人民公安大学出版社 2007 年版。

23. 《大洋洲十国刑法典》（上、下册），于志刚、李红磊译，中国方正出版社 2009 年版。

24. 《瑞典刑法典》，陈琴译，北京大学出版社 2005 年版。

25.《丹麦刑法典与丹麦刑事执行法》，谢望原译，北京大学出版社 2005 年版。

26.《蒙古国刑法典》，徐留成译，北京大学出版社 2006 年版。

27.《马耳他刑事法典》，李凤梅译，北京大学出版社 2006 年版。

28.《挪威一般公民刑法典》，马松建译，北京大学出版社 2005 年版。

29.《芬兰刑法典》，肖怡译，北京大学出版社 2005 年版。

30.《新西兰刑事法典》，于志刚、赵书鸿译，中国方正出版社 2007 年版。

31.《喀麦隆刑法典》，于志刚、赵书鸿译，中国方正出版社 2007 年版。

32.《尼日利亚刑法典》，于志刚等译，中国方正出版社 2007 年版。

33.《阿根廷刑法典》，于志刚译，中国方正出版社 2007 年版。

34.《越南刑法典》，米良译，中国人民公安大学出版社 2005 年版。

35.《奥地利联邦共和国刑法典》，许久生译，中国方正出版社 2004 年版。

36.《西班牙刑法典》，潘灯译，中国政法大学出版社 2004 年版。

37.《斯洛伐克刑法典》，陈志军译，中国人民公安大学出版社 2011 年版。

38.《巴西刑法典》，陈志军译，中国人民公安大学出版社 2009 年版。

三、译　著

1. ［英］彼得斯坦等：《西方社会的法律价值》，王献平译，中国人民公安大学出版社 1990 年版。

2. ［意］贝卡里亚：《论犯罪与刑罚》，黄风译，中国大百科全书出版社 1993 年版。

3. ［日］大须贺明：《生存权论》，林浩译，法律出版社 2001 年版。

4. ［日］前田雅英：《日本刑法各论》，董璠舆译，台湾五南图书出版公司 2000 年版。

5. ［日］中山研一：《器官移植与脑死亡》，丁相顺译，中国方正出版社 2003 年版。

6. ［日］大谷实：《刑法各论》，黎宏译，法律出版社 2003 年版。

7. ［日］大塚仁：《刑法概说》（各论）（第三版），冯军译，中国人民大学出版社 2003 年版。

8. ［日］木村龟二：《刑法学词典》，顾肖荣等译，上海翻译出版公司 1991 年版。

9. ［英］J·C·史密斯、B·霍根：《英国刑法》，陈兴良等译，法律出版社 2000 年版。

10. ［俄］B·B·拉托列夫主编：《法与国家的一般理论》，王哲等译，法律出版社 1999 年版。

11. ［俄］斯库拉托夫、列别捷夫主编：《俄罗斯联邦刑法典释义》（上册），黄道秀译，中国政法大学出版社 2000 年版。

12. ［德］康德：《道德形而上学原理》，苗力田译，上海人民出版社 1986 年版。

13. ［法］卢梭：《社会契约论》，何兆武译，商务印书馆 1980 年修订版。

14. ［法］卢梭：《论人类不平等的起源和基础》，李常山译，商务印书馆 1962 年版。

15. ［美］博登海默：《法理学——法哲学及其方法》，邓正来、姬敬武译，华夏出版社 1987 年版。

16. ［英］J·W·塞西尔·特纳：《肯尼刑法原理》，王国庆、李启家等译，华夏出版社 1989 年版。

17. ［美］D·布迪、C·莫里斯：《中华帝国的法律》，朱勇译，江苏人民出版社 1995 年版。

18. ［美］加里·S·贝克尔：《人类行为的经济分析》，王业宇、陈琪译，上海三联书店、上海人民出版社 1995 年版。

19. ［美］汤马斯·萨斯：《自杀的权利》，吴书榆译，台北商业周刊出版公司 2001 年版。

20. ［法］埃米尔·迪尔凯姆：《自杀论》，冯韵文译，商务印书馆 2003 年版。

21. ［美］恩格尔哈特：《生命伦理学与世俗人文主义》，李学均、喻琳译，陕西人民出版社 1998 年版。

22. ［美］科斯塔斯·杜兹纳：《人权的终结》，郭春发译，江苏人民出版社 2002 年版。

23. ［美］保罗·库尔兹：《21 世纪的人道主义》，肖峰等译，东方出版社 1998 年版。

24. ［美］卡尔·门林格尔：《人对抗自己——自杀心理研究》，冯川译，贵州人民出版社 1990 年版。

25. ［美］罗纳德·德沃金：《认真对待权利》，信春鹰、吴玉章译，中国大百科全书出版社 1998 年版。

26. ［美］威克科克斯、苏顿：《死亡与垂死》，严平等译，光明日报出版社 1990 年版。

27. ［美］艾德勒：《六大观念》，郗庆华、薛金译，生活·读书·新知三联书店 1991 年版。

28．［美］爱因·兰德：《新个体主义伦理观》，秦裕译，上海三联书店1993年版。

29．［美］L·P·波伊曼：《解构死亡：死亡、自杀、安乐死与死刑的剖析》，魏德骥译，桂冠图书公司（台北）1997年版。

30．［德］英戈·穆勒：《恐怖的法官——纳粹时期的司法》，王勇译，中国政法大学出版社2000年版。

31．［法］马丁·莫内斯蒂埃：《人类死刑大观》，袁筱一译，漓江出版社1999年版。

32．［法］玛丽·德·翁泽：《我们并未互道再见：关于安乐死》，吴美慧译，张老师文化事业公司（台北）2001年版。

33．[瑞典]格德门德尔·阿尔弗雷德松、[挪威]阿斯布佐恩·艾德编：《〈世界人权宣言〉：努力实现的共同标准》，中国人权研究会组织翻译，四川人民出版社1999年版。

34．［英］潘恩：《潘恩选集》，马清槐等译，商务印书馆1981年版。

35．［英］丹宁：《法律的训诫》，杨百揆等译，法律出版社1999年版。

36．［德］克劳斯·罗克辛：《德国刑法学》（总论），王世洲译，法律出版社2005年版。

37．［日］西田典之：《日本刑法总论》，刘明祥、王昭武译，中国人民大学出版社2007年版。

38．［韩］李在祥：《韩国刑法总论》，[韩]韩相敦译，中国人民大学出版社2005年版。

39．［德］冈特·施特拉腾韦特：《刑法总论——犯罪论》，杨萌译，法律出版社2006年版。

40．［德］米夏埃尔帕夫利克：《人格体　主体　公民：刑罚的合法性研究》，谭淦译，中国人民大学出版社2012年版。

41．［日］山口厚：《刑法各论》，王昭武译，中国人民大学出版社2011年版。

42．［法］卡斯东·斯特法尼等：《法国刑法总论精义》，罗结珍译，中国政法大学出版社1998年版。

43．［意］杜里奥·帕多瓦尼：《意大利刑法学原理》，陈忠林译，法律出版社1998年版。

四、外文著作

1．［日］齐藤诚二：《刑法中生命的保护》，多贺出版1989年版。

2．［英］乔纳森·赫林：《刑法》（第三版），法律出版社 2003 年版。

3．［美］约翰·卡普兰等：《刑法：案例与资料》（第四版），中信出版社 2003 年版。

4．［美］史蒂文·L·伊曼纽尔：《刑法》，中信出版社 2003 年版。

5．［美］阿诺德·H·洛伊：《刑法原理》（第 4 版），法律出版社 2004 年版。

6．Elizabeth Wicks.*The Right to Life and Conflicting Interests*.Oxford University Press,2010.

7．Christian Tomuschat,Evelyne Lagrange and Stefan Oeter.*The right to life*.Martinus Nijhoff Publishers,2010.

8．Jon Yorke.T*he Right to Life and the Value of Life*.Ashgate Publishing,2010.

9．Luke Clements,Janet Read.*Disabled People and the Right to Life*.Routledge Publishing,2008.

10．George E. Dix,M. Michael Sharlot.*Criminal Law Cases and Materials*(Third Edition).West Publishing Co.,1987.

11．Peter Singer.*Rethinking Life & Death:The Collapse of Our Traditional Ethics*.Melbourne,Vic.:Text Pub.Co.,1994.

12．Dennis J. Horan,Melinda Delahoyde.*Infanticide and the Handicapped Newborn*.Provo,Utah:Brigham Young University Press,1982.

13．Joel Feinberg.*The Moral Limits of the Criminal Law:Harm to Others*.Oxford University Press,1984.

14．Jan Gorecki.*Capital Punishmen：Criminal Law and Social Evolution*.New York:Columbia University Press,1983.

15．B. G. Ramcharan.*The Right to Life in International Law*.Martinus Nijhoff Publishers,1985.

16．T. S. Batra.*Criminal Law in India*.Amir Singh Parashar at Parashar Printing Press,1981.

17．Joel Samaha.*Criminal Law*(Fourth Edition).1993.

18．Louis P. Pojman.*Life and Death:Grappling With the Moral Dilemmas of Our Time*.Wadsworth publishing company,Canada,2000.

19．Jules Coleman.*Permissible Killing:the Self-defence Justification of Homicide*.Cambridge university press,1994.

20．Samuel H. Pillsbury.*Judging Evil:Rethinking the Law of Murder and Manslaughter*.New York University Press,1998.

21. S. P. Singh Makkar.*Law of Culpable Homicide Murder and Punishment in India*.Deep & Deep Publications,1988.

22. Kurt Bayertz.*Sanctity of Life and Human Dignity*.Kluwer Academic Publishers,1996.

23. Williams G. Knop.*The Sanctity of Life and the Criminal Law*.1957.

24. Moral Law and Life.C. B. Daly.*An Examination of the Book:The Sanctity of Life and the Criminal Law*.Clonmore and Reynolds,1962.

25. John-Stevas.*The Right to life*.N.St,Holt,Rinehart and Winston,1963.

26. L. Waller,C. R. Williams.*Criminal Law Text and Cases*(ninth edition). Butterworths,Australia, 2001.

27. D. Lorenz.*Recht auf Leben und kȫperliche Unversehrtheit*.in Isensee/ *Kirchhof*,Handbuch des Staatsrecht, Ⅵ 128,1989.

28. Parul Sharma.*Welfare state,Right to Life and Capital Punishment in India*. Sampark,2005.

五、论 文 类

1. 高铭暄：《从国际人权公约看中国非暴力犯罪的死刑废止问题》，载《法制日报》2003 年 6 月 26 日理论专刊。

2. ［美］T·雷根：《关于动物权利的激进的平等主义观点》，载《哲学译丛》1999 年第 4 期。

3. ［坦］科斯特马海路：《人权和发展：一种非洲观点》，载《法学译丛》1992 年第 3 期。

4. 胡云腾等：《中国废除死刑之路》，载《中国律师》1998 年第 9 期。

5. 张明楷：《论以危险方法杀人案件的性质》，载《中国法学》1999 年第 6 期。

6. 刘明祥：《脑死亡若干法律问题研究》，载《现代法学》2002 年第 4 期。

7. 吴翠丹：《浅谈植物人的生命权利》，载《中国医学伦理学》2002 年第 3 期。

8. 甘雨沛：《刑法学中几种重罪比较学上的解释论》（续），载《国外法学》1981 年第 5 期。

9. 李立众：《再论以危险方法杀人案件之定性》，载《政法论坛》2002 年第 2 期。

10. 陈兴良：《罪刑均衡的立法确认》，载《检察理论研究》总第 23 期。

11. 张明楷：《论绑架勒赎罪》，载《法商研究》1996 年第 1 期。

12. 张绍谦：《略论教唆、帮助他人自杀行为的定性及处理》，载《法学评论》

1993 年第 6 期。

13. 朱力：《旁观者的冷漠》，载《南京大学学报》（哲人社版）1997 年第 2 期。

14. 范忠信：《国民冷漠、怠责与怯懦的法律治疗——欧美刑法强化精神文明的作法与启示》，载《中国法学》1997 年第 4 期。

15. 王琼雯：《对见危不救行为的法律矫治》，载《江苏公安专科学校学报》2001 年第 4 期。

16. 赵瑞罡：《关于增设不予救助罪的探讨》；载《法学论坛》2001 年第 3 期。

17. ［日］长井圆：《围绕舆论与误判的死刑存废论》，张弘译，载《外国法译评》1999 年第 2 期。

18. ［日］长井圆：《死刑存废论的抵达点——关于死刑的正当根据》，载《外国法译评》1999 年第 1 期。

19. ［美］雨果·亚当·比多：《生命权与杀人权》，载邱兴隆主编：《比较刑法——死刑专号》，中国检察出版社 2001 年版。

20. 邱兴隆：《边沁的功利主义死刑观》，载《外国法学研究》1987 年第 1 期。

21. 叶高峰：《"安乐死"的法律思考》，载《刑法问题与争鸣》（第二辑），中国方正出版社 2000 年版。

22. 郭自力：《论安乐死的法律和道德问题》，载《刑法问题与争鸣》（第二辑），中国方正出版社 2000 年版。

23. 欧阳涛：《安乐死的现状与立法》，载《法制与社会发展》1996 年第 5 期。

24. 翟晓梅：《安乐死的伦理学论证》，载《自然辩证法研究》1999 年第 7 期。

25. 张承：《现阶段安乐死的社会危害性与违法性》，载《刑法问题与争鸣》（第二辑），中国方正出版社 2000 年版。

26. 杨立新等：《人身权的延伸法益保护》，载《法学研究》1995 年第 2 期。

27. ［日］松本浩也：《选择死刑的标准》，郭布、罗润麒译，载《法学译丛》1985 年第 6 期。

28. 纪宗宜：《现代生命法学涉及的死亡问题探略》，载《暨南学报》（哲学社会科学版）2001 年第 5 期。

29. 张毅：《安乐死立法当慎行》，载《人民法院报》2003 年 7 月 28 日。

30. 李明、杨明力：《试论相约自杀》，载《当代法学》1990 年第 5 期。

31. 黄留群：《试论自杀案件的刑事责任问题》，载《法学研究》1984 年第 5 期。

32. 赵长青：《自杀案件的因果关系与刑事责任》，载《法学季刊》1984 年第 1 期。

33. 夏勇：《唐律中的谋杀罪》，载《法学研究》1984 年第 6 期。

34. 黎煜昌：《论故意杀人罪的立法完善》，载《河南大学学报》（社会科学版）1994 年第 4 期。

35. 李韧夫：《英国刑法中的谋杀罪》，载《法制与社会发展》2001 年第 5 期。

36. 周振晓：《也论以危险方法杀人案件的定性》，载《政法论坛》2001 年第 2 期。

37. 于志刚、许成磊：《再论教唆他人自害行为的定性》，载《河南省政法干部管理学院学报》2000 年第 6 期。

38. 阮方民：《印度刑法中的杀人罪与谋杀罪及其相互关系》，载《杭州大学学报》1994 年第 6 期。

39. 肖中华：《论转化犯》，载《浙江社会科学》2000 年第 3 期。

40. ［苏］М·N·巴热夫：《情节严重的故意杀人罪》，冯卓慧译，载《国外法学动态》1998 年第 2 期。

41. 余刚：《我国安乐死立法的思考》，《刑法问题与争鸣》（第二辑），中国方正出版社 2000 年版。

42. 宋道君：《安乐死——终结生命权之争》，载《科技与法律》1988 年第 3 期。

43. 梁根林：《实施上的非犯罪化与期待可能性》，载《中外法学》2003 年第 2 期。

44. 熊玮、江华：《脑死亡的概念和历史发展》，载《三思科学》电子杂志 2002 年第 9 期。

45. 方材娟：《我国脑死亡立法应该缓行》，载《黑龙江政法管理干部学院学报》2003 年第 3 期。

46. 丁岩：《推开脑死亡的社会之窗》，载《科学决策》2003 年第 3 期。

47. 杨文：《论脑死亡标准中的法律问题》，载《法律与医学杂志》2003 年第 10 卷。

48. 谷振勇、韩业兴：《脑死亡及其法医学意义》，载《法律与医学杂志》1995 年第 2 卷。

49. 刘长秋：《论死亡权的特点及我国死亡权的立法设计》，载《同济大学学报》（社会科学版）2003 年第 3 期。

50. 高立忠：《对我国脑死亡法律标准制定依据的探讨》，载《哈尔滨工业大学学报》（社会科学版）2003 年第 1 期。

51. 聂飞勇：《如何为"脑死亡"立法》，载《探索与争鸣》1999 年第 5 期。

52. 翟滨：《生命权内容和地位之探讨》，载《法学》2003 年第 3 期。

53. 孙大雄：《论生命权及其宪法保障》，载《信阳师范学院学报》2002

年第 5 期。

54．陈仲：《关于生命权的几个问题》，载《达县师范高等专科学院学报》（社会科学版）2002 年第 3 期。

55．曹诗权、李政辉：《论侵害生命权在民法上的责任》，载《法学评论》1998 年第 5 期。

56．张国瑞、谢晓：《论侵害生命权的损害赔偿请求权》，载《天津政法管理干部学院学报》1999 年第 3 期。

57．汪进元：《生命权的构成和限制》，载《江苏行政学院学报》2011 年第 2 期。

58．周详：《胎儿"生命权"的确认与刑法保护》，载《法学》2012 年第 8 期。

59．易军：《生命权发展中的权利论证》，载《法学研究》2009 年第 4 期。

60．易军：《生命权：藉论证而型塑》，载《华东政法大学学报》2012 年第 1 期。

61．Adelina Diana Iftene Nicolae Pasca,RELIGIOUS FOUNDATIONS OF THE PROTECTION OF THE RIGHT TO LIFE, 载《美中法律评论》2011 年第 6 期。

62．吴培锦：《论胎儿生命权立法保护的缺陷与完善构想》，载《时代报告：学术版》2012 年第 6 期。

63．刘宇萍：《胎儿生命权：一个欧洲人权法院裁而未决的问题》，载《中国检察官》2009 年第 4 期。

64．余高能：《尊重生命权利 注重生命价值——中国刑法关于杀人罪的立法缺陷及其完善》，载《西北大学学报》（哲学社会科学版）2008 年第 6 期。

65．何家伟、谭小辉：《法律文化与中国死刑之存废》，载《山西大学学报》（哲学社会科学版）2006 年第 4 期。

六、网络资料

1．http://www.nrlc.org/Unborn_Victims/Statehomicidelaws092302.html。

2．http://big5.xinhuanet.com/gate/big5/news.xinhuanet.com/comments/2003-02/19/content_734697.htm。

3．http://www.law999.net/dissertation/doc/MSFA/2003/06/07/00003365.html。

4．http:cn.news.yahoo.com/021223/72/1dt9f.hmtl。

5．http://www.law.com.cn/pg/newsShow.php?Id=4724。

6．http://big5.xinhuanet.com/gate/big5/news.xinhuanet.com/newscenter/2003-08/26/content_1044667.htm。

7．http://www.nrlc.org/unborn_victims/index.html。

8．www.nrlc.org/unborn_victims/ShiwonaPaceStandard.pdf。

9．http://www.azrtl.org/abortion/Abortion.html。

10．http://news.enorth.com.cn/system/2003/11/23/000672796.shtml。

11．http://health.enorth.com.cn/system/2003/11/10/000665282.shtml。

12．http://news.sina.com.cn/c/2004-02-06/11132786240.shtml。

13．http://www.townhall.com/columnists/dennisprager/dp20030617.shtml。

14．http://www.pbs.org/wgbh/pages/frontline/angel/procon/haagarticle.html。

15．http://w1.155.telia.com/~u15525046/document.htm。

16．http://news.tom.com/1006/2004130-627027.html。

17．http://www.inter-cemetery.com/reports/displaydocs.asp?sectionID=6&reportID=2756。

18．http://210.60.194.100/life2000/professer/johannes/articles/4euthanasia.htm。

19．www.larla.com/Literature/lit_euth-4.htm。

20．http://210.60.194.100/life2000/professer/Chinghsiangkuei/LEBorn1.htm#three。

21．http://imc.gsm.com/demos/dddemo/consult/sanctity.htm。

22．http://www.pp369.com/by/zflw/xflw/29.htm。

23．http://szbo.myetang.com/xfzm/232.htm。

24．http://cn.news.yahoo.com/040220/83/1zzp2.html。

25．http://news.huash.com/gb/news/2004-04/26/content_984536.htm。

26．http://news.sina.com.cn/s/2010-05-14/020320267500.shtml。

27．http://article.chinalawinfo.com/Article_Detail.asp?ArticleId=56705。

后　记

本书是在我的博士学位论文《生命权的刑法保护研究》的基础上修订而成的。人生如梦梦杳然。

学生时代远去一晃八年有余。回首二十余年的漫长求学路，五味杂陈。

《生命权的刑法保护研究》一文，作为我学生生涯的句号，难免赋予过多的期望。2004年6月顺利通过论文答辩后，一直不敢也不愿将其交付出版。虽然其间诸多师长、同仁、朋友及家人也曾多番催促，但终因我固执地想进一步充实、修改、完善而作罢。不想由于工作、身体健康状况以及家事烦扰等诸多原因，"丑媳妇"最终也未能如愿"整容"，而仅得略做修饰。故，文中不妥之处仍有许多，祈盼专家同仁不吝赐教为幸！

衷心感谢恩师高铭暄先生！恩师的道德文章堪称学界典范。吾自知愚钝，报考之后，以为奢望。然蒙先生不弃，收我于门下。多年来，深感有负所望，惴惴之感，始终如一。而恩师以其博大胸怀与宽容之心，学业上细心栽培，生活上多有叮咛。关爱之情，有若春风。本文写作过程中，恩师亦倾注了大量的心血。师恩浩荡，非言所及。

感谢中国人民大学法学院刑法教研室王作富教授、赵秉志教授、黄京平教授、姜伟教授、卢建平教授、冯军教授、韩玉胜教授的教诲和关怀。谢望原教授、刘志伟教授曾无私地给予我诸多提携，师姐秀梅教授多年来在学习和生活上对我不吝帮助，让我感怀在心！

感谢我的母校武汉大学。不仅缘于其青山碧水见证了我的如歌年华，更因为本科硕士就读期间法学院刑法教研室马克昌先生、赵廷光教授、李希慧教授、刘明祥教授、莫洪宪教授、林亚刚教授、康均心教授的不倦教诲和悉心培育。尤其是我的硕士生导师林亚刚教授及其夫人姚绯绯女士，情同家严（慈）。此恩此情，没齿难忘。

师兄梁健博士，在生活上、学业上常为我答疑解惑和援助，给我胞兄般的关怀。本文写作过程中，其亦为我不定时讨论的对象。清华大学法学院黎宏教授、武汉大学法学院皮勇教授、湖北省人民检察院赵慧博士、学友曾粤兴教授、郭理蓉博士、黄俊平博士等，也在论文写作或生活上给我以帮助或鼓励。论文写作过程中，尚未谋面的中国政法大学赵雪纲博士（现为中国政法大学副教授）慷慨地发给了我他的博士论文《论人权的哲学基础：以生命权为例》，令我十分感动。再次对诸君的热情帮助表示深深的谢意！

感谢北京交通大学孔琳老师及法学院毕颖教授、南玉霞教授、张瑞萍教授、陈力铭博士和其他同事们。在北京交通大学执教以来，如果没有他们在工作上的支持和提携、生活上的帮助和鼓励，青涩的我或许更加懵懂，徘徊不知何往。

感谢我的家人。在家庭极其困苦甚至变故时期，他们对我的执意求学表示了充分的理解和宽容，使我得以顺利完成学业。夫君绍海二十年来疼惜有加，并与爱女笑笑教会我爱与被爱和乐观向上的生活态度，给我以战胜困难、不断前行的勇气。

感谢孔令钢编辑。在我只身在纽约访学期间，孔编辑通过网络力促本书付梓。如果没有孔编辑的热心联络及其大量有效的工作，或许我的懈怠仍将继续。在此，谨致以诚挚的谢意！

感谢所有在我人生中出演过或大或小角色的人们，无论曾给予我关爱或者历练。

朱本欣

2004 年 5 月初记于中国人民大学研二楼

2012 年 12 月再记于北京交通大学青博楼